utb 5568

Grundstudium Erziehungswissenschaft

herausgegeben von
Sabine Seichter

Bislang in der Reihe erschienen:

utb 4874 Jörg Zirfas: *Einführung in die Erziehungswissenschaft*

utb 4859 Roland Reichenbach: *Ethik der Bildung und Erziehung*

utb 5243 Winfried Böhm, Ernesto Schiefelbein, Sabine Seichter: *Projekt Erziehung – Eine Einführung in pädagogische Grundprobleme*

utb 5036 Marcelo Caruso: *Geschichte der Bildung und Erziehung*

Jörg Zirfas

Pädagogische Anthropologie

Eine Einführung

Ferdinand Schöningh

Der Autor:
Jörg Zirfas, Dr. phil., Professor für Erziehungswissenschaft mit dem Schwerpunkt Pädagogische Anthropologie an der Universität zu Köln. Vorsitzender der Kommision Pädagogische Anthropologie (DGfE) und der Gesellschaft für Historische Anthropologie (FU Berlin); Mitglied des Interdisziplinären Zentrums Ästhetische Bildung (FAU Erlangen-Nürnberg), des Arbeitskreises Pädagogik und Vulnerabilität (UzK) und des Arbeitskreises Psychoanalyse und Lebenskunst (Berlin). Arbeitsschwerpunkte: Pädagogische und Historische Anthropologie, Bildungsphilosophie und Psychoanalyse, Pädagogische Ethnographie und Kulturpädagogik.

Die Herausgeberin:
Sabine Seichter ist Professorin für Allgemeine Erziehungswissenschaft an der Universität Salzburg. Ihre Arbeitsschwerpunkte sind Geschichte und Theorie von Erziehung und Bildung, Anthropologie und Pädagogik der Person.

Online-Angebote oder elektronische Ausgaben sind erhältlich unter **www.utb-shop.de**

Bibliografische Information der Deutschen Nationalbibliothek

Die Deutsche Nationalbibliothek verzeichnet diese Publikation in der Deutschen Nationalbibliografie; detaillierte bibliografische Daten sind im Internet über http://dnb.d-nb.de abrufbar.

Internet: www.schoeningh.de

Herstellung: Brill Deutschland GmbH, Paderborn
Einbandgestaltung: Atelier Reichert, Stuttgart

UTB-Band-Nr: 5568
ISBN 978-3-8252-5568-8

Vorwort der Herausgeberin

Thematisch und konzeptionell angelehnt an das für das universitäre Studienfach Erziehungswissenschaft definierte Kerncurriculum der Deutschen Gesellschaft für Erziehungswissenschaft wird mit dieser neuen Reihe von Lehr- und Lernbüchern eine umfassende und fundierte Orientierung für das gesamte Bachelor-Studium Erziehungswissenschaft vorgelegt.

Die für das Studium der Erziehungswissenschaft erforderlichen Basisthemen werden in den einzelnen Bänden systematisch und adressatenorientiert aufbereitet und geben jeweils den aktuellen Forschungsstand der Disziplin wieder. Alle Themen werden methodisch aus drei Perspektiven problembezogen aufgearbeitet: *historisch, systematisch* und *empirisch*. Jeder Band erhebt den Anspruch, sowohl die Heterogenität und Pluralität der Disziplin Erziehungswissenschaft als auch die sich daraus ergebende Vielfalt pädagogischen Handelns in erkenntnis- und wissenschaftstheoretischer sowie in problem- und professionsorientierter Perspektive anschaulich aufzuzeigen. Alle Bände eint – und das ist eine der Besonderheiten dieser Lehrbuchreihe – ein durchgängig geistes- bzw. kulturwissenschaftlicher Themenzugang.

Die Studienbücher zeichnen sich neben der fachlichen Expertise der AutorInnen vor allem dadurch aus, dass mit den Büchern auch selbstständig gearbeitet und gelernt werden kann. Das garantieren – über die gut verständliche Vermittlung von theoretischen, historischen, systematischen und empirischen Grundlagen hinaus – ein Glossar-Teil, ein Frage-Antwort-Teil und weiterführende Literaturhinweise.

Ziel der gesamten Buchreihe ist es, die Studierenden in die durch das Ineinander von Theorie und Praxis gegenstandsbedingte Komplexität ihrer Disziplin unterstützend einzuführen, sie orientierend zu begleiten sowie für den unabdingbaren Zusammenhang theoretisch-systematischen Denkens und konkret-praktischen Handelns im Kontext einer praxeologischen Wissenschaft zu sensibilisieren.

Sabine Seichter,
Salzburg

Inhalt

Einleitung: Pädagogische Anthropologie als *Science-Fiction*

„Ein geschlossenes Menschenbild kann
die Anthropologie in der Tat nicht liefern,
weder als philosophische noch als pädagogische Anthropologie.
Was sie herausarbeitet, sind immer nur einzelne Aspekte,
sich von bestimmten Gesichtspunkten ergebende
anthropologische Zusammenhänge."
Otto Friedrich Bollnow

Der Mensch als pädagogisches Problem

Das folgende Zitat von Max Scheler bildet den Ausgangspunkt und das Leitmotiv für dieses Buch: „Wir sind in der ungefähr zehntausendjährigen Geschichte das erste Zeitalter, in dem sich der Mensch völlig und restlos problematisch geworden ist: in dem er nicht mehr weiß, was er ist; zugleich aber auch weiß, dass er es nicht weiß" (Scheler 1927, S. 162).

Fraglichkeit

Ich sehe in dieser Fraglichkeit anthropologischen Wissens eine große Chance – auch und gerade für die Pädagogik. Warum das so ist, soll dieses Buch verdeutlichen. Es wird zu zeigen versuchen, dass der Mensch ein Lebewesen ist, das sich nicht selbstverständlich ist, das ungeheuer komplex und vielschichtig ist, das sich in wesentlichen Aspekten – immer noch nicht – vollständig begriffen hat und wohl auch nicht begreifen wird. Der Mensch ist zudem ein Lebewesen, das sich dadurch, dass es sich in einer anderen Art und Weise wahrnehmen und verstehen, auch verändern, gestalten und entwickeln kann. Vielleicht ist der Mensch sogar das einzige Lebewesen, dem diese Eigenschaft zukommt: sich durch ein anderes Verständnis seiner selbst bilden zu können.

Problem

Für die Pädagogik ist dieses komplexe und fraktale Wesen „Mensch", das sich häufig nicht positiv bestimmen lässt, ein „Problem". Unter diesem Begriff verstehe ich im Sinne des Lateinischen *problema* etwas „Vor-gelegtes", Aufgegebenes, eine unhintergehbare pädagogische Frage, die nicht primär auf schöne und eindeutige Lösungen, sondern auf die Reflexion und die Diskussion von pädagogischen Sachverhalten zielt. In diesem

Sinne verweist die Frage nach dem Menschen häufig auf pädagogische Handlungsweisen und Institutionen und identifiziert und differenziert die Dimensionen der damit verbundenen Probleme, allerdings ohne sie einer eindeutigen Lösung zuführen zu können. Eine Pädagogische Anthropologie – dazu gleich mehr – bietet insofern kein technisches pädagogisches Wissen mit Erfolgsgarantie; indem sie erziehungswissenschaftliche Grundlagenarbeit betreibt, hat sie keine eindeutigen Antworten darauf, wie man sich in konkreten Fällen zu verhalten habe und wie nicht. Ihre pädagogische Anwendbarkeit besteht darin, einen pädagogischen Denk- und Handlungsrahmen zu definieren, innerhalb dessen pädagogisches Denken und Handeln stattfinden kann – und aus dem Blickwinkel einer Pädagogischen Anthropologie auch stattfinden sollte.

Offenheit

In diesem Sinne ist dieses Buch kein Rezeptbuch, das beschreibt, wie Pädagogik aus Sicht der Anthropologie gelingen kann. Das Theorie-Praxis-Problem bleibt auch mit einer Pädagogischen Anthropologie weiterhin offen und ungelöst. Und diese Offenheit hängt auch mit einer weiteren zentralen Annahme der Anthropologie zusammen: Der Mensch ist nicht nur ein Lebewesen, das sich selbst verstehen und (dadurch) verändern kann, er ist auch ein Lebewesen, das sich entscheiden kann – und entscheiden muss. Menschen entwickeln Präferenzen und Gewohnheiten – auch und gerade im pädagogischen Denken und Handeln – und sie können zu diesen Präferenzen und Gewohnheiten Stellung beziehen, d.h. auch anders denken und handeln lernen. Mit dem anthropologischen Wissen wird die Pädagogik komplex, aber auch uneindeutig und ungewiss, paradox und widersprüchlich. Das muss kein Nachteil sein, im Gegenteil. Denn nur dann, wenn wir pädagogische Situationen als komplex, uneindeutig, ungewiss, paradox und widersprüchlich wahrnehmen, haben wir auch die Wahl der Entscheidung. Als Pädagog*in zu arbeiten, hat daher viel mit Positionierung, mit Stellungbeziehen zu tun: im Verstehen des Menschen, im Umgang mit ihm und in der Vermittlung einer Sache. Es hat auch sehr viel damit zu tun, wie wir uns selbst verstehen, wie wir mit uns selbst umgehen und wie wir selbst lernen.

Einführung

Eine Einführung in die Pädagogische Anthropologie gestaltet sich aber nicht nur problematisch. Unproblematisch ist eine solche Einführung, weil jeder angehenden Pädagogin bzw. jedem angehenden Pädagogen die Thesen einleuchten dürften, dass wir es in der Pädagogik mit Menschen zu tun haben und dass wir ein gewisses Wissen über Menschen brauchen, wenn wir pädagogisch professionell mit ihnen umgehen wollen. Diese Überlegungen müssen natürlich spezifiziert werden: Wir haben es in der Pädagogik nicht mit (*dem*) Menschen (*an sich*), sondern mit Kindern, Jugendlichen, Erwachsenen und alten Menschen, und wir haben es dabei mit Jungen und Mädchen bzw. Männern und Frauen oder auch mit behinderten und nicht-behinderten Menschen zu tun. Und Pädagog*innen lassen sich dann noch einmal professionell ausdifferenzieren etwa in Kindergärtner*innen, Lehrer*innen, Erwachsenenbildner*innen und Geragog*innen. Und schließlich: Wir haben es nicht einfach mit Menschen „zu tun“, sondern wir haben im pädagogischen Umgang mit Menschen sehr spezifische Aufgaben wie Erziehen, Unterrichten, Informieren, Beraten, Arrangieren, Animieren etc., die wiederum in sehr spezifischen Institutionen – in Kindergärten, Schulen, Volkshochschulen oder Erzählcafés stattfinden.

Es scheint daher naheliegend, dass Pädagog*innen sich nicht nur mit sehr unterschiedlichen Facetten des Menschen – seiner Entwicklung, seinem Geschlecht, seiner Gesundheit, seinem sozialen und kulturellen Umfeld, seiner religiösen Einstellung, seiner Bildung und Ausbildung etc. – auseinandersetzen müssen; sondern auch mit den Fragen, inwieweit und wie diese Facetten wiederum mit bestimmten pädagogischen Zielen, Praktiken und Institutionen zusammenhängen. Vielleicht ahnen wir hier schon, dass dieses Wissen durchaus komplex zu werden verspricht – und diese Komplexität wird in den nächsten Abschnitten der Einleitung noch gesteigert.

Komplexität

Teildisziplin

Pädagogische Anthropologie lässt sich als die Teildisziplin der Erziehungswissenschaft verstehen, die allgemeines und spezifisches Wissen zum Menschen für das pädagogische Denken und Handeln bereitstellt. Die Begriffe „Pädagogik“ und „Anthropologie“ sind beide griechische Komposita: Im Begriff Pädagogik „stecken“ *pais, der Knabe* oder *das Kind* und *agogos, der Führer, der Leiter* und im Begriff *Anthropologie* finden wir *ánthropos, der Mensch* und *lógos, das Wissen* bzw. *die Wissenschaft*. Eine Pädagogische Anthropologie im strikten Wortsinn ist also das Wissen und die Wissenschaft von der Knabenführung bzw. von der Kindererziehung. Hierbei ist noch nicht gesagt, ob wir es mit einem theoretischen oder praktischen Wissen zu tun haben, ob also Pädagogische Anthropologie ein praktisches, auf das konkrete Führen, Erziehen und Unterrichten bezogenes Regelwissen oder ein theoretisches, d.h. auf Meinungen oder gesicherte Erkenntnisse über den Menschen und seine Erziehungsverhältnisse bezogenes Wissen impliziert. Wir werden später sehen, dass beide Wissensbestände mit gemeint sind.

Was sich aber jetzt schon sagen lässt, ist, dass die pädagogische Wissenschaft vom Menschen sich nicht nur auf die Kinder bzw. die Kindheit bezieht. Zwar hat die Pädagogik – als praktisches Wissen über Sachverhalte der Erziehung und des Unterrichts, nicht als theoretisch-wissenschaftliche Disziplin – ihren Schwerpunkt in der Erziehung und Unterrichtung von Kindern (und Jugendlichen). Und man könnte sagen, dass sie ihn bis heute in diesem Lebensabschnitt hat, kann doch die Schule als die bedeutsamste pädagogische Institution gelten. Doch nicht nur in der Antike und im Mittelalter finden sich eine Fülle von pädagogischen Hinweisen, die sich auch der Bildung und dem Lernen des Erwachsenen oder der alten Menschen widmen. Und mit der Etablierung der Pädagogik als Disziplin – Ernst Christian Trapp (1745-1818) war 1778 der erste Lehrstuhlinhaber für Pädagogik an der Universität Halle – verstärken sich die Fragen nach dem Lernen im gesamten Lebenslauf. Dass wir mittlerweile lebenslang lernen (müssen) und dafür auf begleitende pädagogische Institutionen angewiesen sind, kann als ebenso feststehende pädagogische Gewissheit gelten, wie der Umstand, dass sich die Pädagogik mittlerweile um buchstäblich alle Lebensbereiche kümmert: von der Ernährungserziehung bis zur digitalen Bildung, von der ästhetischen Erziehung bis zur Weiterbildung, von der Verkehrserziehung zur interkulturellen Bildung, von der Umweltpädagogik bis zur Organisationspädagogik usw. Das aber bedeutet auch, dass die Pädagogische Anthropologie sich nicht nur auf den gesamten Lebenslauf, sondern auch auf alle Lebensbereiche bezieht.

Lebenslauf

Lebensbereiche

Notwendigkeit und Fiktionalität von Menschenbildern

In dieser Einleitung und in diesem Buch soll den Leser*innen eine Vorstellung von der Pädagogischen Anthropologie als wissenschaftliche Betrachtungsweise vermittelt werden, wobei die Komplexität dieser Betrachtungsweise im Mittelpunkt steht. Diese Vermittlung soll zunächst mit der Idee beginnen, dass eine Pädagogik ohne Menschenbild eine Unmöglichkeit darstellt. Wer immer ein Kind erzieht oder Schüler*innen unterrichtet, wer einen Erwachsenen berät oder einem alten Menschen pädagogische Unterstützung anbietet, hat ein „Bild" von seinem pädagogischen Gegenüber. Hierbei ist noch nichts über die Wissenschaftlichkeit dieses „Bildes" gesagt, unterstellt wird lediglich, dass es existiert. Darüber hinaus gibt es eine Fülle von Menschenbildern, die mit diesen pädagogischen Bildern zusammengehen, etwa ein christ-

Menschenbild

liches Menschenbild, ein darwinistisches Menschenbild, ein humanistisches Menschenbild oder auch ein ökonomisches Menschenbild. Ein Menschenbild ist eine Idee davon, was der Mensch *ist* (in diesem Augenblick), wie er zu dem *geworden* ist, der er ist (biographische Geschichte), was er sein *kann* (in der Zukunft) und auch, was er sein *soll* (moralische Ansprüche). Menschenbilder enthalten insofern Vorstellungen von einem empirisch-deskriptiven Ist-Zustand, einem Entwicklungs- und Bildungspotential und einem normativ geforderten Soll-Zustand. Menschenbilder sind sowohl deskriptiv, optativ und normativ (vgl. Meinberg 1988; Liebau 2004).

Menschenbilder sind Bestandteile von Philosophien, Religionen, Weltbildern oder Pädagogiken, sie sind aber auch Bestandteile von allem, was Menschen kulturell erschaffen haben. Von den ersten künstlerischen und schriftlichen Zeugnissen an bis zu den jüngsten aktuellen Errungenschaften in der KI-Forschung oder der Raumfahrt ist die Frage nach dem Sinn des Menschen zu finden. Bilder vom Menschsein kommen in allen kulturellen Gegebenheiten zum Ausdruck – ob wir es dabei mit einer Jurte, einer mittelalterlichen Bibel, einem modernen Parkplatz oder einer Reformschule zu tun haben oder ob wir uns über ein Theaterstück unterhalten, in einer therapeutischen Sitzung nach Lösungswegen aus Krisen suchen oder ein Brötchen kaufen: Allen diesen Gegebenheiten liegt auch eine Vorstellung vom Menschen und dem, was er ist, wie er geworden ist, was er sein kann und soll, zugrunde. Diese umfassende These kann hier nur aufgestellt, aber nicht eingehend belegt werden. Ich vermute aber, dass man der Plausibilität dieser Idee folgen kann, wenn man sich einen Augenblick auf sie einlässt.

Nun kann man einerseits feststellen, dass wir zu jeder Zeit und an jedem Ort auf ein anthropologisches (was nicht unbedingt heißt wissenschaftliches) Wissen stoßen, dass also Menschen immer bestimmte Auffassungen oder bestimmte Bilder vom Menschen haben – auch wenn sie diesen mit einer Pflanze, einem Tier oder einer Maschine (modern: Computer) – identifizieren. Menschen, so ließe sich nun folgern, leben ihr Leben gewissermaßen anthropologisch, d.h., sie haben immer eine Vorstellung davon, was ein Mensch ist, was er kann oder auch, was er sein soll. Und sie verändern mit diesen Vorstellungen auch ihr Leben selbst bzw. erscheint der Mensch als das einzige Lebewesen, das in der Lage ist Interpretation, Praxis und Sein miteinander zu verknüpfen (vgl. Taylor 1985). Pointiert hat Helmuth Plessner (1892-1985) diesen Sachverhalt auf den Punkt gebracht: „Sich und die Welt anders sehen heißt für den Menschen eben auch anders sein" (Plessner 1985, S. 60). Und schließlich verknüpfen Menschen anthropologische Vorstellungen häufig mit pädagogischen Ideen etwa darüber, welche pädagogischen Entwicklungen (nicht) sinnvoll, welche Vermittlungstätigkeiten (nicht) wirkungsvoll und welche Ziele (un)angemessen sind.

Gilt diese These in der sehr verkürzt dargestellten Form, dann gilt sie auch für die Pädagogik – was wir eingangs schon in einer induktiven Form angesprochen haben. Und nun stellt sich die Frage, wozu die Pädagogik eigentlich Menschenbilder braucht – wenn sie schon welche hat. Obwohl häufig schon recht komplex, reduzieren Menschenbilder die enorme Komplexität pädagogischen Denkens und Handelns, indem sie den Versuch unternehmen, den Menschen begreifbar und verstehbar zu machen; sie vermitteln damit der pädagogischen Praxis Ansätze und Ziele.

Funktionen

Dieser Sachverhalt lässt sich wie folgt in formaler Hinsicht ausdifferenzieren: Pädagogische Menschenbilder haben in der Pädagogik *theoretische* Funktionen, indem sie klären,

- mit wem sie es als Gegenüber zu tun hat; Festhalten der anthropologischen Ausgangslage (z.B. Verständnis des Kindes in entwicklungspsychologischen Studien),
- in welchen Umwelten und Institutionen z.B. Kinder groß werden (Kontextualisierung der Entwicklung in einem spezifischen Umfeld),
- und wie professionelles pädagogisches Denken und Handeln begründet werden kann (Legitimation des professionellen Handelns: Weil das Kind diese Entwicklung hat und selbstständig werden soll, habe ich folgende Maßnahme ergriffen ...).

Und pädagogische Menschenbilder haben ganz *praktische* Funktionen, indem sie

- problematisieren, wie z.B. Kinder bei spezifischen Ausgangslagen erzogen werden können und sollen (praktische Hinweise auf Erziehungsmodelle),
- die Umwelten für Erziehung und Entwicklung verändern (z.B. durch die Anschaffung anderer Spielsachen für Kinder),
- Bewertungsmuster des pädagogischen Denkens und Handelns thematisieren (Orientierung durch pädagogische Zielvorstellungen, z.B. das Kind soll selbstständig werden).

Dennoch bleiben Menschenbilder immer kompensatorische Notbehelfe menschlichen (Nicht-)Wissens. Sie reduzieren zwar Komplexität, aber führen andere Formen der Uneindeutigkeit und Fraktalität ein. Um diese These zu plausibilisieren, möchte ich an

Bildlichkeit

dieser Stelle auf die Überlegungen von Christoph Wulf zur Bildlichkeit zurückgreifen – ohne dessen strukturelle und historische, sowie interkulturelle und interdisziplinäre Betrachtungsweise auch nur annähernd nachzeichnen zu können. Ich greife nur die Differenzierung zwischen Wahrnehmungsbildern (der Gegenwart), Erinnerungsbildern (der Vergangenheit) und Projektionen (der Zukunft) auf und konzentriere mich auf die antizipativen Phantasien. Wulf fasst die wichtigsten Aspekte der (pädagogischen) Projektionen wie folgt zusammen:

1. „Auf Zukünftiges projizierte Bilder sind Möglichkeitsbilder vor einem Horizont der Ungewissheit und Unschärfe.
2. Ob und wie sich diese Projektionen realisieren lassen, ist prinzipiell offen.
3. Projektionsbilder versuchen, die Zukunft einzuholen und vorzubereiten.
4. Sie sind notwendig unscharf und harren der Konkretisierung.
5. Projektionsbilder sind Bilder der Sehnsucht, des Begehrens, der Antizipation, bedroht vom Fehlschlag.“(Wulf 2014b, S. 57)

Übersetzt man diese Charakteristika in den Kontext einer Pädagogischen Anthropologie, so lassen sich analog diese Gesichtspunkte festhalten:

1. In der Pädagogik geht es (auch) um die Entwicklung neuer Lebens-, Handlungs- und Sinnperspektiven, und um das Aushalten der mit ihnen verbundenen Unsicherheiten (Kontingenzkompetenz eines Lebensentwurfes).
2. Hierbei geht es zentral darum, das bloße „wishfull thinking“ zugunsten von realistischeren Zukunftsperspektiven zu suspendieren. Es geht um die Entwicklung einer „exakten Phantasie“ (Goethe 1893, S. 74), um die Herausarbeitung realitätsnaher Entwicklungen auf dem Weg in ein gelungeneres Leben (Realitätskompetenz).
3. Im pädagogischen Prozess ändern sich die Zukunftsentwürfe und gewinnen sowohl an Konkretisierung, aber auch an Abstraktion. Beide Tendenzen – geschlossenere und offenere Entwicklungen – kennzeichnen gleichermaßen den Weg zu einem stabileren imaginären Entwurf (Konkretisierung- und Abstraktionskompetenz).
4. Die Funktion der Pädagogik kann dementsprechend als Wahrnehmung und Entwicklung von Konkretisierungs- wie Abstrahierungsmöglichkeiten gesehen werden. Es geht – allgemein gesprochen – darum, dem pädagogischen Gegenüber Entwicklungsmöglichkeiten zu eröffnen, ohne diesen auf konkrete Entwicklungen festlegen zu wollen. An Pädagog*innen kann das Gegenüber das aktive Imaginieren lernen und somit

eigenständige Zukunftsentwürfe entwickeln (Imaginationskompetenz).

5. Ausgangspunkt der Bilder sind Wünsche, Begehrens- und Angststrukturen, die den Menschen weniger über die Zukunft, sondern sehr viel mehr über sich selbst belehren (Reflexionskompetenz der Wünsche).

Zusammenfassend erscheinen hier als Ziele einer Pädagogischen Anthropologie Imaginations- und Realitäts-, Konkretisierungs- und Abstraktions- sowie Kontingenz- und Reflexionskompetenz eines imaginierten (pädagogischen) Lebens. Aber nicht nur, weil wir es mit Menschen, sondern auch, weil wir es *pädagogisch* mit Menschen zu tun haben, bleiben Offenheit, Dynamik und Unabgeschlossenheit, bleiben Risiko, Versagen und Scheitern – nicht nur des pädagogischen Gegenübers, sondern auch der professionell Tätigen – ständige „Begleiter“ des pädagogischen Geschehens. Einmal abgesehen davon, dass noch nicht geklärt ist, wie die o.g. spezifischen Kompetenzen *en detail* ausbuchstabiert werden sollten.

Lernende

Betrachten wir kurz die Frage der Komplexitätsreduktion durch Bilder aus Sicht der Lernenden. Hier erscheint das Bedeutsame an Entwicklungs- und Bildungsprozessen zu sein, dass die vorgestellten, projektiven Bilder ständig neu organisiert werden (vgl. Mollenhauer 1994, S. 157): Denn Projektionen enthalten immer viele Momente, die zunächst nicht berücksichtigt worden sind, dann aber bedeutsam werden – gemäß der Idee, dass das Mögliche immer mehr enthält als das (vorgestellte) Wirkliche; und pädagogische Projektionen sind riskante Entwürfe, weil sie die Bildungs- und Entwicklungsdynamiken in zeitlicher Perspektive nicht einholen können. Kurzum: Pädagogische Menschenbilder sind in ihren Komplexitätsreduktionen *Fiktionen*, sind Bestandteile einer pädagogischen *science fiction* – die empirisch gesichertes Wissen mit optativen Bildungsmodellen und normativen Zielvorstellen verknüpft – und dabei *weiß* die Pädagogik, dass sie weder alles über den Ist-Zustand des Menschen noch über seine Entwicklungsdynamik oder die Legitimität von an ihn gestellten Forderungen wissen kann. Pädagogische Anthropologie weiß, dass sie es *nicht weiß* (und nicht wissen kann); sie weiß aber auch, dass die Fiktion „eine notwendige Bedingung des Bildungsprozesses [ist], denn nur durch sie bleibt er im Gang“ (Mollenhauer 1994, S. 158). Pädagogische Menschenbilder sind Fiktionen, weil sich die Zöglinge zu diesen Bildern in der Zukunft immer auch anders verhalten können als diese Bilder es vorsehen; und diese können wiederum zweifelhaft und problematisch werden, gerade

Fiktionen

dann, wenn sich die Zöglinge *anders* entwickeln als vorgesehen. Und dennoch braucht es diese Bilder, damit Menschen sich entwickeln können. Die Pädagogik braucht mithin die anthropologische Fiktion.

Weltanschauungen

Pädagogische Menschenbilder sind auch Fiktionen, weil ihnen letztlich fundamentale Überzeugungen oder Weltanschauungen zugrunde liegen, die nicht vollkommen wissenschaftlich eingeholt werden können. Unter dem Begriff der „Weltanschauung", der sich zum ersten Mal in Immanuel Kants (1724-1804) *Kritik der Urteilskraft* (1790) im § 26 findet, ist an dieser Stelle dasjenige gemeint, was der Einzelne durch seine Sinnlichkeit von der Welt erfährt und wie er nun wiederum diese Eindrücke für sich selbst interpretiert und zusammenfasst. Weder die Eindrücke, noch die Deutungen oder Zusammenfassungen lassen sich an wissenschaftlichen Kriterien (Objektivation, Reliabilität, Validität) entlang vollständig bestimmen: Sie lassen sich nicht vollkommen *objektivieren* (Weltanschauungen verschiedener Menschen weichen voneinander ab), sie lassen sich nicht komplett *reliabel* machen (Menschen entwickeln sich und ihre Weltanschauungen) und sie sind auch nicht vollständig *valide* (im Sinne dessen, dass die umfassenderen Weltanschauungen mit den spezifischeren Menschenbildern eindeutig, widerspruchsfrei und strukturiert miteinander verbunden wären). Verstehen wir den Begriff der Weltanschauung in einem noch weiteren Sinn als mögliche Leitauffassung vom Menschen, vom Leben und von der Welt als einem Ganzen (vgl. Brockhaus 2009), so wird der fiktionale Charakter von Menschenbildern noch deutlicher, denn hierbei wird der patchworkartige und konstruktivistische Charakter der Anthropologien noch einmal stärker unterstrichen.

Reflektionen

Und schließlich sind pädagogische Menschenbilder Fiktionen als Reflektionen, da das „Erkennen des (zu erkennenden) Menschen immer ein Erkennen des (erkennenden) Menschen ist, selbst dann, wenn es sich um vermeintlich völlig objektive (objektivierte bzw. objektivierbare) Sachverhalte handelt" (Kamper 1973, S. 32). Auch die Pädagogische Anthropologie sollte den „schlichten" Sachverhalt nicht übergehen, dass (pädagogische) Anthropolog*innen Menschen sind, die (auch) über sich selbst reden und die damit gewissermaßen gezwungen sind, sich selbst zu interpretieren und die bei ihren Interpretationen durchaus einkalkulieren müssen, dass sie als Interpretierende das zu Verstehende – nämlich den Menschen – verfehlen können. Zudem darf unterstellt werden, dass dieses interpretative Selbstverständnis nicht individuell originär hervorgebracht wird, sondern sich dem (alltäglichen und wissenschaftlichen) Wissen einer konkreten Epoche verdankt, das in seinen Voraussetzungen und Implikationen wiederum nicht vollständig durchschaut werden kann. In diesem Sinne sind Menschenbilder durch Reflektionen und Selbstkritiken hindurchgegangene Entwürfe vom Menschen, die mit einem hohen Maße an Unsicherheit und Nichtwissen einhergehen. „Sicherheit gäbe [...] lediglich dadurch, daß Anthropologie das Wissen des Nichtwissens ausdrücklich verfolgt, also die mit ‚Unsicherheit' umschriebene Problematik der Reflexivität thematisiert" (Kamper 1973, S. 35) – ohne letztlich in die Sicherheit eines allumfassenden und festgestellten Menschenbildes des „totalen Menschen" umzuschlagen. Dieser wäre „der Mensch als Resultat individuellen Erkennens, der völlig mit sich selbst identische, der *perfekte* Mensch, der Mensch der Indifferenz, eine verwirklichte, abstrakte Theorie" (Kamper 1973, S. 239). Perfekte Menschen wären Fixierungen und Fest-Stellungen, denen etwas sehr bedeutsames Pädagogisches fehlt: Sie können sich *nicht* mehr entwickeln.

Geschichte der Pädagogischen Anthropologie

Es erscheint auf den ersten Blick – und ohne im Einzelnen die unterschiedlichen Modelle von Menschenbildern *en detail* zu kennen – einsichtig, dass es z.B. in der Geschichte der Pädagogik vor dem Hintergrund unterschiedlicher historischer Zeiten und Räume eine ganze Fülle von sehr unterschiedlichen Menschenbildern mit sehr unterschiedlichen theoretischen und praktischen pädagogischen Implikationen gibt (vgl. Scheuerl 1982; Wulf 1996). Hier ein paar Beispiele:

- Erziehung des Herakles in zwölf zu bewältigenden Aufgaben zu einem „musischen Krieger";
- Platons Bildung des Philosophen, der nicht nur die intellektuellen, sondern auch die politischen Geschäfte zu übernehmen hat;
- Quintilians Erziehung zum Redner in eigens dafür eingerichteten Rhetorikschulen;
- Augustinus Erziehung zur Demut und zur Anerkennung der Prädestination (in der das menschliche Leben von Gott vorherbestimmt ist);
- Thomas von Aquins Verbindung von Kontemplation (in die letzte Wahrheit) und Aktivität (der Vermittlung) im Unterricht;

- Höfische Höflichkeits- bzw. Sittenerziehung, die in sog. „Benimmbüchern" kodifiziert wurden (die im 18. Jahrhundert vom „Knigge" abgelöst wurde);
- erste Ansätze einer Individual- bzw. Persönlichkeitserziehung in der Renaissance bzw. im Humanismus, die mit einem kultivierten bzw. zivilisierten Verhalten, mit Anstand und Takt, einhergeht;
- Barocker Nürnberger-Trichter-Unterricht, der auf Klarheit, Ordnung und Überblick des Wissens in den Köpfen der Schüler*innen zielt;
- Pietistische Untertanen- und Fleißerziehung, die Frömmigkeit mit Arbeitsamkeit verknüpft;
- Rousseaus natürliche Erziehung, die in einer „natürlichen" Umgebung eine „natürliche" Entwicklung anbahnen will, die auf das „natürliche" Ziel der Identität des Zöglings gerichtet ist;
- Humboldts idealistische Selbstbildung, die vor allem im Umgang mit Kunst, Kultur und Sprache das humanistische Ziel einer individuellen Humanität verfolgt;
- Fröbels Spielerziehung, die im „Kindergarten" das geeignete Umfeld sieht, die großen und kleinen Gesetze des Lebens zu lernen;
- Aktualität: die Turbo-Kompetenz-Lernenden, die als konstruktive Selbstoptimierer ein Leben lang intensiv, umfassend und allzeitig lernen.

Schon dieser kleine Überblick verdeutlicht, dass jede pädagogische Epoche ganz spezifische Menschenbilder hat und dass diese Bilder nicht nur mit Weltanschauungen, sondern auch mit realen Gegebenheiten verknüpft sind. Es macht einen Unterschied, ob die Menschenbilder in einem griechischen Stadtstaat, einem mittelalterlichen Kloster, einer bildungsbürgerlichen oder adligen Schicht oder in einem spätkapitalistischen Umfeld formuliert und ob „die" Menschen dabei als freie Mitbürger*innen, Ebenbilder Gottes, mündige Kosmopolit*innen oder ökonomische Ich-AGs adressiert werden. Das hat nicht nur Auswirkungen auf unseren pädagogischen Blickwinkel, sondern auch auf unser pädagogisches Handeln. Um hier noch einmal ein Beispiel zu bemühen: Wenn wir unter einem „Kind" ein sich in der Entwicklung befindliches, vulnerables und schützenwertes Lebewesen verstehen, werden wir mit ihm höchstwahrscheinlich pädagogisch anders umgehen, als wenn wir glauben, dass das „Kind" von Natur aus durch die Erbsünde und das Böse vorbelastet ist und zu Egoismus und Gewalt neigt.

Handeln

Kurzum: Nun kann man einerseits feststellen, dass wir zu jeder Zeit und an jedem Ort auf ein anthropologisches (was nicht unbedingt heißt: wissenschaftliches) Wissen stoßen, dass also Menschen immer eine bestimmte Auffassung oder bestimmte Bilder vom Menschen haben – auch wenn sie diesen mit einer Pflanze, einem Tier oder einer Maschine identifizieren. Menschen, so ließe sich nun folgern, leben ihr Leben gewissermaßen anthropologisch, d.h. sie haben immer eine Vorstellung davon, was ein Mensch ist, wie er geworden ist, was er kann oder auch, was er sein soll (vgl. Ricken 2004). Das gilt natürlich auch für Pädagog*innen.

Menschenbild

Jede pädagogische Theorie und jedes pädagogische Handeln enthält ein explizites oder implizites Menschenbild. Häufig sind diese Menschenbilder implizit, d.h., dass die Grundlagen, die Beschreibungen, die Entwicklungsperspektiven und die geforderten Zielzustände nur unzureichend herausgearbeitet wurden oder dem pädagogisch Handelnden nur unzureichend bewusst sind. Da Menschenbilder auch Vorstellungen darüber enthalten, was Erziehung, Bildung, Unterricht, Entwicklung, Spiel etc. sind, wozu sie dienen und wie sie umzusetzen sind, sollten im professionellen Geschehen Menschenbilder und ihre pädagogischen Implikationen soweit wie möglich bekannt und in ihren Implikationen durchdacht sein.

Pädagogischen Menschenbildern kommen im komplexen pädagogischen Geschehen Deutungs-, Orientierungs-, Praxis- und Legitimierungsfunktionen zu, weil sie Zuschreibungen ermöglichen, Erwartungen strukturieren, Handlungen präferieren und erzieherische Maßnahmen legitimieren. Pädagogische Menschenbilder sind mit Vorstellungen von wahr und falsch, gut und böse, schön und hässlich, gesund und krank etc. untrennbar verknüpft. Diese Menschenbilder gehören einerseits zu den Tiefenstrukturen pädagogischen Denkens und Handelns und sie sind andererseits von historisch-kulturellen Lebenslagen abhängig. Sie stehen insofern wiederum einerseits in einer sie fundierenden Beziehung zu den historisch-kulturellen Gegebenheiten wie sie andererseits auch selbst dazu beitragen, den pädagogischen Geist der Zeit zu stabilisieren oder zu verändern.

„Anthropologie“

Interessant und bedeutsam erscheint, dass das Wort „Anthropologie“ selbst nicht aus der griechischen Antike stammt, sondern eine Neuschöpfung des 16. Jahrhunderts darstellt, die sich in den darauffolgenden zwei Jahrhunderten in den verschiedenen Diskursen etabliert. Seitdem besteht das Thema der Anthropologie in der Spannung des Menschen zwischen seiner Herkunft aus der Natur und der Zukunft seiner Bestimmung in der Kultur. Während sich die Anfänge anthropologischen Denkens vor dem Hintergrund metaphysischer, d.h. kosmologischer und theologischer,

Denksysteme schon in der Antike und dann im Mittelalter finden lassen, wird der Beginn moderner, nachmetaphysischer, anthropologischer Denkfiguren, die vor allem die Selbstbeobachtung und Selbstreflexivität fokussieren, i.d.R. in dieser Zeit, also in der Renaissance, angesetzt: Montaigne (1533-1592) oder Descartes (1596-1650) sind einschlägige Beispiele für diese neue Anthropologieform. Das Zeitalter der Glaubens- und Bürgerkriege, der politischen und intellektuellen Unruhen sowie der Erfahrungen der Fremden in der „Neuen Welt" nötigen die Menschen, über ihr Menschenbild neu nachzudenken, so dass eine neue wissenschaftliche Disziplin erforderlich wird, die festzustellen in der Lage ist, was zur *conditio humana* gehört und mit welchen Methoden und Beschreibungen diese Erkenntnisse rekonstruiert, analysiert und gesichert werden können. Die Herauslösung des Menschen aus kosmologischen und religiösen Kontexten, die die Frage nach dem Menschen erst dringlich werden lässt, vollzieht sich über mehrere Jahrhunderte und wird im Zeitalter der Aufklärung zu einem Kristallisationspunkt für die unterschiedlichsten medizinischen, philosophischen, psychologischen, literarischen, ethnographischen etc. Diskurse, in denen sich dann die „Wissenschaft vom Menschen" etablierte. Die Anthropologie als systematisch betriebene Wissenschaft ist mithin eine Schöpfung des sich selbst zur Frage werdenden Menschen der frühen Neuzeit, die dann in der Aufklärung in vielfacher Hinsicht eine (diskursive) Institutionalisierung erfährt. Auch dafür gibt es ein prägnantes Indiz, nämlich die Gründung der *Societé des Observateurs de l'Homme* in Paris im Jahre 1799.

Naturwissenschaft

Als *naturwissenschaftliche* Disziplin, die sich als Ergänzung der Zoologie im 18. Jahrhundert zu entwickeln beginnt, geht es der Anthropologie zunächst darum, Aussagen über die biologische, physiologische und morphologische Entwicklung des Menschen bis weit in seine Vorgeschichte hinein zu erarbeiten. Dabei wird der Mensch im Kontext evolutionärer Prozesse, d.h. von genetischen Kombinationen, Mutationen und Auslesevorgängen, die in Wechselwirkung mit ökologischen, sozialen und kulturellen Faktoren stehen, in den Blick genommen.

Philosophie

Mit Beginn des 20. Jahrhunderts gewinnt die Anthropologie vor allem in der *Philosophie* mit Max Scheler (1874-1928), Helmuth Plessner und Arnold Gehlen (1904-1976) die Bedeutung einer Grundlagendisziplin, die die *conditiones humanae* im Zusammenhang mit der Stellung des Menschen zu sich, zum anderen Menschen, zur Welt und zum Kosmos zu fassen versucht. Im Mittelpunkt der philosophischen Anthropologie stehen Fragen nach Existenz und Freiheit, nach Körperlichkeit und Sozialität, aber auch nach der konstitutiven anthropologischen Mängelstruktur und deren Kompensationsmöglichkeiten (vgl. Böhme 1985). Die philosophischen Erkenntnisse greifen aber oftmals zu kurz, da sie lediglich allgemeine Aussagen über den Menschen machen und von den konkreten historischen Bedingungen menschlichen Lebens zu verschiedenen Zeiten und in verschiedenen Kulturen abstrahieren.

Phänomenologie

Die *Phänomenologie* im Sinne von Edmund Husserl (1859-1938) und Maurice Merleau-Ponty (1908-1961) zielt mit ihren Hinweisen auf die Bedeutung von Lebenswelten, auf Wahrnehmungs- und Erkenntnisformen sowie auf den grundlegenden sozialen und leiblichen Charakter menschlichen Lebens einerseits auf allgemeingültige transhumane Strukturen, anderseits aber auch auf eine differentielle, mit diesen Eigenwelten und Erfahrungsformen verbundene Betrachtungsweise.

Ethnologie

Eine ähnlich duale Perspektive behandelt die, mit der biologischen Ausrichtung von Anfang an verbundene, Anthropologie als *völkerkundliche* und *ethnologische* Disziplin. Die starken historischen und kulturellen Unterschiede der Menschen zwingen dazu, den Menschen nicht nur als identisches Gattungswesen, sondern zudem in seinen Differenzen zu betrachten.

Geschichtswissenschaft

In der *Geschichtswissenschaft*, die sich traditionell um die Erkenntnis des Menschen bemüht, fanden unter dem Einfluss der Schule der *Annales* und der Mentalitätsgeschichte anthropologische Themen im Hinblick auf eine historische Anthropologie im Laufe der 1980er Jahre zunehmende Beachtung. Autoren wie Marc Bloch (1886-1944), Georges Duby (1919-1996) oder Jacques LeGoff (1924-2014) – oder in Deutschland: Richard van Dülmen (1937-2004), Gert Dressel, Rebekka Habermas – untersuchen Verbindungen von Volks- und Mentalitätsgeschichte mit Blick auf Generationen, Familien, Regionen oder einzelne Biographien.

Kulturwissenschaften

Auch die sich in jüngster Zeit etablierenden *Kulturwissenschaften* rekurrieren in ihren hermeneutischen, interkulturellen und historischen Rekonstruktionen der Lebensformen und symbolischen Systemen der Kultur auf anthropologische Grundfragen. Hierbei werden vor allem die Themen Erkenntnis- und Wissenschaftskulturen, Kulturgeschichte der Natur, Gedächtnis und Erinnerung, aber auch Technik und Medien zu zentralen Untersuchungsfeldern.

Historische Anthropologie

Die modernste Variante der Anthropologie bildet eine ebenfalls sich als *Historische Anthropologie* bezeichnende Richtung, die den Versuch unternimmt, die Geschichtlichkeit ihrer Perspektiven und Methoden und die Geschichtlichkeit ihres Gegenstandes aufeinander zu beziehen; sie bleibt in diesem Sinne weder auf bestimmte kulturelle Räume, noch auf einzelne Epochen beschränkt. Autoren wie Dietmar Kamper (1936-2001), Konrad Wünsche (1928-2012), Christoph Wulf und Gunter Gebauer vertreten etwa in der Thematisierung von Alterität und Fremdheit, von Körperlichkeit und Mimesis, von Medien und Bildung, von Gesellschaft und Kultur eine wissenschaftliche Position, die in der Lage ist, die Ergebnisse der Humanwissenschaften transdisziplinär zu integrieren, die anthropologischen Fragestellungen für kulturelle Gemeinsamkeiten und Differenzen, d.h. für den Zusammenhang von Universalismus und Partikularismus, zu öffnen sowie historische, aktuelle wie zukunftsorientierte anthropologische Problematiken aufzugreifen (vgl. Wulf 1997, 2009).

Fassen wir zusammen: Gegenstand der Pädagogischen Anthropologie ist der Mensch und seine Erziehungs- und Bildungsverhältnisse. Die Aufgaben einer anthropologischen Betrachtungsweise der Pädagogik bestehen einerseits darin, den Menschen von der Erziehung, Bildung und Sozialisation her und pädagogische Überlegungen vom Menschen her zu verstehen und andererseits abzuklären, welche Methodiken und Systematiken dafür erforderlich sind. Im Zentrum stehen dabei pädagogische Menschenbilder, die – und es sollte jetzt deutlich geworden sein, warum es sich so verhält – einen *fiktiven* wissenschaftlichen Charakter haben (vgl. Zirfas 2002a).

Pädagogische Anthropologie ist heute pluralistisch, d.h., sie bezieht ihr Wissen zu den Menschenbildern aus unterschiedlichen Disziplinen und – sehr bedeutsam – auch aus unterschiedlichen Kulturen: Sie ist inter- und transdisziplinär und inter- und transkulturell im Wissen darum, dass die unterschiedlichen disziplinären und kulturellen Wissensformate durchaus im Widerstreit liegen können (vgl. Antweiler 2009). Die Pädagogische Anthropologie bietet ein offenes Feld des Wissens, dessen Ränder unscharf konturiert sind und das Überschneidungen mit vielfältigen Wissensformen (Philosophie, Geschichte, Ethnologie, Biologie, Psychologie, Theologie, Ästhetik usw.) enthält. Sie bildet keinen fest umrissenen, systematischen Wissenskanon, sondern eine wissenschaftliche Einstellung oder Haltung, die die Frage nach dem Spezifisch-Menschlichen stellt, weil sie unterstellt, dass dieses rätselhaft und nicht vollständig erkennbar ist. Pädagogischer Anthropologie geht es um die Erprobung einer Betrachtungsweise, die mit Hilfe geistes-, sozial- und naturwissenschaftlicher Befunde die gegenwärtig gültigen kategorialen Begriffsrahmungen relativieren und das Fragmentarische und Vorläufige jeder pädagogisch-

offenes Feld des Wissens

Betrachtungsweise

anthropologischen Bestimmung deutlich machen will. Sie definiert sich über die Perspektivierungen und Problematisierungen, die sich in ihrem pädagogisch-anthropologischen Wissen abzeichnen (vgl. Wulf/Zirfas 2014c).

historisch-apriorische Dimensionen

Pädagogische Anthropologie stellt sich heute nicht mehr die Frage nach *dem* Menschen, sondern die Frage nach den je spezifischen, historisch-apriorischen Dimensionen, die für die Erziehungs- und Bildungsprozesse des Menschen als konstitutiv betrachtet werden. Nunmehr geht man davon aus, dass man ohne die Aspekte der menschlichen Grenzen, der Zeit- und Räumlichkeit, der Körper- und Leiblichkeit, der Kulturalität und Sozialität sowie der Subjektivität und Individualität den Menschen in der Pädagogik nicht angemessen verstehen kann (vgl. Zirfas 2004; Wulf/Zirfas 2014a).

Zur Erläuterung dieser Dimensionen: Der Mensch ist, und diese Dimension stand historisch lange im Schatten des Geistes, der Rationalität oder Vernunft, ein *körperliches* Wesen. Der Körper ist Ausgangspunkt, Zielpunkt, Gegenstand und Mittel pädagogischer Einwirkungen und hinsichtlich seiner Sinnlichkeiten und Praktiken in den Blick zu nehmen. Der Mensch ist weiterhin, und das wurde in der Geschichte der Pädagogik – gerade auch in der modernen – nicht häufig genug betont, ein *soziales* Wesen. Die Beziehungen zu sich, zur Welt und anderen Menschen werden wesentlich über soziale Beziehungen vermittelt und entwickelt, was u.a. mit den Umständen zusammenhängt, dass die sozialen Erfahrungen ontogenetisch schon vor der Geburt von zentraler Bedeutung für den Menschen sind und dass sie es in Kindheit und Jugend aufgrund von Vulnerabilität und Abhängigkeit auch noch länger bleiben. Der Mensch ist sodann ein *zeitliches* Wesen, das eine phylogenetische und eine ontogenetische Geschichte hat; zudem findet er spezifische Zeitformen vor (Körperzeiten, Jahreszeiten) oder er erfindet verschiedene Zeitformen (Uhrzeiten, Beschleunigung) in und mit denen er sein Leben gestaltet. Insofern ist auch die Thematik der genetischen, sozialen, individuellen etc. Zeiten und der Umgang mit ihnen ein konstitutives Thema der Pädagogischen Anthropologie. Das gilt auch für den *Raum*: So wie sich der Mensch von der Zeit her verstehen lässt, so auch vom Raum. Er schafft sich – mehr oder weniger – (pädagogische) Räume und er versteht sich selbst in räumlichen Kontexten. Dabei lassen sich unterschiedliche Räumlichkeiten thematisieren, z.B. architektonische, psychische oder soziale. Der Mensch ist ein *Kulturwesen*, wobei hier unter Kultur die Gesamtheit von Lebensformen und mentalen Grundlagen einer Gruppe verstanden wird.

Für die anthropologische Kulturalität spielen vor allem performative, mimetische und symbolische Dimensionen eine wichtige Rolle. Die Kultur dient dem Menschen zum Verständnis seiner selbst und der Welt und zur Gestaltung des Überlebens wie des guten Lebens – wozu auch ein Buch wie dieses gehört, das zum pädagogischen Verstehen wie Gestalten Anregungen bietet. Sodann lässt sich der Mensch auch als *subjektives* Lebewesen verstehen, als Individuum mit einer einzigartigen Biographie. Erfahrungen, Reflektionen und Wertmaßstäbe haben einerseits einen radikal individuellen Kern und verweisen doch andererseits auf die sie ermöglichenden allgemeinen Strukturen der Gesellschaft, der Normativität und der Macht. Und schließlich ist der Mensch ein Wesen, das sich durch *Grenzziehungen* auszeichnet, es zieht Grenzen *im* Humanen (etwa zwischen gesund und krank oder zwischen weiblich und männlich) und es zieht Grenzen *des* Humanen (indem es Differenzen zu Gott, dem Tier oder der Maschine markiert), die wiederum auch ihre pädagogischen Effekte haben.

homo educandus

homo educabilis

Aus einer anthropologischen Perspektive, und darauf ist immer wieder hingewiesen worden (vgl. Wulf 2001; Zirfas 2004; Wulf/Zirfas 2014b), ist der Mensch ein *homo educandus*, ein erziehungsbedürftiges Lebewesen. Neben der Erziehungsbedürftigkeit hat die Pädagogische Anthropologie noch ein anderes Moment betont, nämlich die Erziehungsfähigkeit des Menschen, *homo educabilis*. Auf diese beiden konstitutiven Momente ist die Pädagogische Anthropologie gegründet: Nur wenn der Mensch erziehungsbedürftig ist, *soll* er auch erzogen werden, und nur dann, wenn er erziehungsfähig ist, *kann* er auch erzogen werden.

Grundriss der Anthropologie

An anderer Stelle haben Christoph Wulf und ich (2014b, S. 14ff.) die pädagogischen Bestimmungen der Anthropologie um folgende Aspekte erweitert und einen pädagogischen Grundriss der Anthropologie vorgeschlagen. Dieser Vorschlag soll hier wieder aufgegriffen werden:

1. Der Mensch ist ein erzieherisches Wesen, insofern er einerseits erzogen wird (d.h. ein erziehungsfähiges und erziehungsbedürftiges Wesen ist) und anderseits ein Wesen, das selbst erzieht.
2. Der Mensch ist ein lernendes (lernfähiges und -bedürftiges) Wesen.
3. Der Mensch ist ein sich bildendes (bildungsfähiges und -bedürftiges) Wesen.
4. Der Mensch ist ein lehrendes, unterrichtendes Wesen.
5. Der Mensch ist schließlich ein sich sozialisierendes und kultivierendes Wesen.

Wer für *immer, über alle Kulturen und Zeiten hinweg,* über Menschen spricht, muss folgende pädagogische Kategorien unterstellen: Menschen lernen und bilden sich, werden erzogen bzw. erziehen sich selbst, lehren andere und entwickeln sich schließlich im Umgang mit Kultur und Sozialem. Während die Begriffe „Lernen" und „Bildung" stärker auf die Eigenaktivität und Aneignung der einzelnen Individuen abheben, betonen Erziehung und Lehren stärker die an die Educanden gerichteten Anforderungen und Vermittlungsleistungen der Pädagog*innen; der Sozialisationsbegriff wiederum umfasst – zumal in Doppelung seiner transitiven und reflexiven Form – diese beiden Perspektiven in ihren sozialen und kulturellen Dimensionen. Gleichwohl gelten für alle diese pädagogischen Bestimmungen, dass sie für die Pädagogische Anthropologie, ja für die Pädagogik insgesamt konstitutiv sind.

Systematik des Bandes

Dieses Buch ist an Immanuel Kants Fragen zur Bestimmung der Philosophie orientiert, setzt aber im Sinne der Pädagogischen Anthropologie andere Akzente. Kant hat das Feld der Philosophie auf folgenden Grundriss gebracht: „1) Was kann ich wissen? 2) Was soll ich tun? 3) Was darf ich hoffen? 4) Was ist der Mensch?" (Kant 1800/1982, S. 448). Und er hatte erläuternd hinzugefügt: „Die erste Frage beantwortet die *Metaphysik*, die zweite die *Moral*, die dritte die *Religion*, und die vierte die *Anthropologie*. Im Grunde könnte man aber alles dieses zur Anthropologie rechnen, weil sich die drei ersten Fragen auf die letzte beziehen" (Kant 1800/1982, S. 448). Gehen wir also von Kant aus, dann sind die Fragen nach dem Wissen, der Moral und der Hoffnung zentriert und begründet in der Frage nach dem Menschen. Anders formuliert: Wenn wir wissen, was wir als Menschen sind, dann wissen wir auch, was wir wissen, wie wir handeln und was wir erhoffen können. Und wir wissen mit Kant, dass sich Menschsein vor allem durch Fraglichsein auszeichnet. Anthropologische Fragen sind dergestalt, dass sie nicht durch ihre Bestimmbarkeit oder Beantwortbarkeit, sondern durch ihre historisch und kulturell je andere Fraglichkeit ausgezeichnet sind. Diese Fraglichkeit kommt bei Kant in der ontologischen Frage nach dem „Sein" des Menschen zum Ausdruck – im Unterschied zu den drei anderen Fragen, die am „Subjekt" des Fragens orientiert sind. Anthropologie bezeichnet in diesem Sinne die Fraglichkeit aller Fragen, „aber nicht primär in dem Sinne, daß sie Hoffnungen auf die Beantwortung der Frage

Fraglichsein

setzt oder erweckt, sondern in dem Sinne, daß sie im Hinblick auf diese Formel fragt: Was war es, was wir wissen wollten? Und was kann es sein, was wir erfahren könnten?" (Blumenberg 2006, S. 483) In diesem Sinne lässt sich die Pädagogische Anthropologie als diejenige Betrachtungsweise verstehen, die versucht, in angemessener Weise pädagogisch nach dem Menschen zu fragen, weil sie unterstellt, dass Menschen Lebewesen sind, die sich (auch) pädagogisch deuten und verstehen müssen. In diesem Sinne gilt: „In der Weise des Fragens, die mit der Weise der anthropologischen Erkenntnis unauflöslich zusammenhängt, liegt die Entscheidung darüber, wer oder was der Mensch sei" (Kamper 1973, S. 23).

Von diesem Grundriss ausgehend klärt der erste Teil: „Was kann ich wissen?" das Deutungswissen der Pädagogischen Anthropologie. Im zweiten Abschnitt geht es um die Frage: „Was soll ich tun?", womit ihr Handlungswissen angesprochen wird. Im dritten Kapitel: „Was darf ich hoffen?" wird ihr Orientierungswissen thematisch und zum Schluss wird die Frage: „Was ist der Mensch?" die unterschiedlichen Menschenfassungen der Pädagogischen Anthropologie diskutieren.

***

Zu großem Dank bin ich folgenden Personen verpflichtet, die mir sowohl in inhaltlicher als auch in formaler Hinsicht wichtige Hinweise beim Bearbeiten dieses Textes gegeben haben: Theresa Lechner, Timur Rader, Matthias Steffel, Abdyl Veseli – und Sabine Seichter.

Weiterführende Literatur

Bauer, Horst Phillip/Schieren, Jost (Hrsg.) (2015): Menschenbild und Pädagogik. Weinheim/Basel: Beltz Juventa. – Dieser Sammelband enthält 11 Texte, die das Wechselverhältnis von Menschenbildern sowie pädagogischen Vorstellungen und Praktiken im Kontext der Reformpädagogik (u.a. bei Montessori und Steiner), der Erlebnispädagogik, der Medienpädagogik und der Inklusionspädagogik sowie im Kontext der politischen Bildung, der Ökonomisierung und der Bildungstheorie diskutieren.

Bollnow, Otto Friedrich (1965): Die anthropologische Betrachtungsweise in der Pädagogik. Essen: Neue deutsche Schule. – Sehr kurzer Einführungstext, der zunächst die anthropologische Frage, die Bedeutung von Menschenbildern und den Ertrag anderer Disziplinen, insbesondere der

Philosophie für die Pädagogik klärt; anhand von Beispielen und Modellen (Geborgenheit, Wohnen) wird die anthropologische Betrachtungsweise erläutert.

Lassahn, Rudolf (1983): Pädagogische Anthropologie. Eine historische Einführung. Heidelberg: Quelle & Meyer. – Rudolf Lassahn verschränkt eine Ideengeschichte der pädagogischen Anthropologie mit einer pädagogischen Realanthropologie. Dabei geht er vor allem auf die Geschichte der Kindheit seit der Antike, auf die Bedeutung der technischen, maschinellen und industriellen Entwicklung für pädagogische Menschenbilder seit der Aufklärung und auf das zeitgenössische Paradigma der Selbstorganisation ein, das er in einen naturwissenschaftlichen Kontext stellt.

Rathmayer, Bernhard (2013): Die Frage nach dem Menschen. Eine Historische Anthropologie der Anthropologien. Opladen/Berlin/Toronto: Barbara Budrich. – Bernhard Rathmayer vertritt in seinem Buch eine historische, kritische und pluralistische Perspektive auf den Menschen, indem er vor allem dessen Entwicklungs- und Gestaltungsmöglichkeiten betont. Das Spektrum des Buches umfasst Positionen der philosophischen, natur- und kulturwissenschaftlichen, psychoanalytischen und pädagogischen Anthropologie. In den Blick kommen auch (pädagogische) Fragen der Verhaltensforschung und Soziobiologie, der Humangenetik und der Hirnforschung.

Scheuerl, Hans (1982): Pädagogische Anthropologie. Eine historische Einführung. Stuttgart: Kohlhammer. – Die Darstellung folgt dem Wandel der Menschenbilder vor dem Hintergrund ihrer geistes- und sozialgeschichtlichen Voraussetzungen von antiken Ansätzen (Platon) über christliche (Augustinus) und aufklärerische Modelle (Rousseau) bis hin zu modernen Positionen (Nietzsche, Portmann).

Wulf, Christoph (Hrsg.) (1997): Vom Menschen. Handbuch Historische Anthropologie. Weinheim/Basel: Beltz. – Das Handbuch widmet sich in fast 100 Beiträgen den sieben Themenfeldern Kosmologie, Welt und Dinge, Genealogie und Geschlecht, Körper, Medien und Bildung, Zufall und Geschick, Kultur. Herausgearbeitet werden die Vielgestaltigkeit und Partikularität der Menschen in ihren historischen und kulturellen Kontexten.

Wulf, Christoph (2001): Einführung in die Anthropologie der Erziehung. Weinheim/Basel: Beltz. – Das Buch thematisiert die Vervollkommnung des Menschen im Hinblick auf den Traum der Erziehung, den pädagogischen Diskurs der Moderne und die Vervollkommnung des Individuellen; die soziale Mimesis der Gestik, des Rituals, der Arbeit und der Phantasie; globale und interkulturelle Erziehung, die die Fragen nach dem Anderen und der Gewalt stellt, sowie Perspektiven der Geschichtlichkeit, Kulturalität und Transdisziplinarität einer historisch-pädagogischen Anthropologie.

Wulf, Christoph (2009): Anthropologie. Geschichte, Kultur, Philosophie. Köln: Anaconda. – Das Buch ist in zwei Teile geteilt: Während der erste Teil mit der Evolutionstheorie, der Philosophischen Anthropologie, der geschichtswissenschaftlichen Anthropologie, der Kulturanthropologie und der Historischen Anthropologie die paradigmatischen Zugänge zur Anthropologie rekonstruiert, repräsentiert der zweite Teil die Themenfelder: den Körper, die Mimesis, das Performative, das Ritual, die Sprache, das Bild und die Imagination sowie Tod und Alterität. Dabei werden die im ersten Teil dargestellten disziplinären Zugänge im zweiten Teil wiederum aufgegriffen.

Wulf, Christoph/Zirfas, Jörg (Hrsg.) (2014): Handbuch Pädagogische Anthropologie. Wiesbaden: Springer VS. – In diesem Handbuch mit insgesamt 64 Beiträgen werden folgende Themenfelder behandelt: Menschenbilder, Körper, Soziales, Zeit, Raum, Kultur, Subjekt, Grenzen, wissenschaftliche Zugänge und Perspektiven der Pädagogischen Anthropologie. Diese Themen werden aus historischen, naturwissenschaftlichen, philosophischen und kulturwissenschaftlichen Blickwinkeln erläutert.

Zirfas, Jörg (2004): Pädagogik und Anthropologie. Eine Einführung. Stuttgart: Kohlhammer. – Systematische Einführung in die Pädagogische Anthropologie, die die Vervollkommnungsfähigkeiten und Grenzen des Humanen, das Lernen und die Zeit, den Körper und seine Gefühle, die Fremdheitserfahrung und das Generationenverhältnis sowie die Selbstbestimmung und die Identitätsentwicklung thematisiert.

Kapitel 1: Deutungswissen oder: Was kann ich wissen?

„Aber was soll das alles, wo ist der Kern?
Was wissen wir vom Menschen? Alles unklar!
Dabei ist das Wesen des Menschen viel erörtert,
eigentlich unaufhörlich seit zweitausend Jahren."
Gottfried Benn

Für die Pädagogische Anthropologie gibt es keinen fest umrissenen Wissenskanon. Das wissenschaftliche Wissen, das für sie bedeutsam ist, gewinnt sie aus ganz unterschiedlichen Bezugsdisziplinen, aus den Geisteswissenschaften wie der Philosophie und der Geschichte ebenso wie aus den Sozialwissenschaften wie der Soziologie und der Psychologie oder den Naturwissenschaften wie der Evolutionsforschung und den Neurowissenschaften oder schließlich auch den Kulturwissenschaften wie der Ethnologie und der Kunstwissenschaft. Es gibt daher auch nicht „die" Pädagogische Anthropologie, sondern nur Pädagogische *Anthropologien*, die mit je unterschiedlichen – philosophischen, psychologischen, neurowissenschaftlichen, ästhetischen etc. – Zugängen Fragen nach dem Zusammenhang von „Mensch", „Erziehung" und „Bildung" zu klären versuchen.

Bezugs-disziplinen

Dieses Faktum macht die Pädagogische Anthropologie einerseits spannend, weil man in ihren Perspektiven viele unterschiedliche Wissensbestände und Zugangsweisen zum Menschen und seinen Erziehungs- und Bildungsverhältnissen findet; andererseits aber für ein Studium auch nicht gerade einfach, denn wenn man sich mit Pädagogischer Anthropologie beschäftigt, ist man gezwungen, sich auch mit diesen sehr unterschiedlichen methodischen Zugängen und inhaltlichen Sachverhalten auseinandersetzen zu müssen. Und das bedeutet etwa je nach Fragestellung sehr konkret, sich mit der historischen Forschung des Mittelalters, japanologischen Untersuchungen zur Familie oder mit neurowissenschaftlichen Modellen des Gehirns beschäftigen zu müssen. In diesen „Blickwechseln" steckt selbstredend einiges an Zumutung, aber auch einiges an Gewinn: Denn den Menschen aus unterschiedlichen Blickwinkeln zu betrachten bedeutet, sich in durchaus Pädagogik-ferne und sehr komplexe Sachverhalte einarbeiten zu müssen – und dabei in Rechnung zu stellen, dass eine autodi-

Blickwechsel

daktische Herangehensweise über einen gewissen Dilettantismus nicht hinauskommt. Allerdings ergibt dieser durchaus nicht pejorativ zu verstehende wissenschaftliche Dilettantismus nicht nur ein reicheres und dichteres Bild vom pädagogisch-anthropologischen Zusammenhängen, sondern häufig auch einen Bildungsgewinn für den Forschenden selbst, der in der Konfrontation mit unterschiedlichen Zugängen und Blickwinkeln seine eigenen Perspektiven bereichert und verdichtet (vgl. Bohlken/Thies 2009).

Dieses Kapitel skizziert die unterschiedlichen wissenschaftlichen Bezugsdisziplinen der Pädagogischen Anthropologie mit ihren je unterschiedlichen Methodologien, Methoden und Wissensbeständen im Hinblick auf vier in der Einleitung skizzierte Kategorien und versucht insofern die skizzierte doppelte „Bereicherung" und „Verdichtung" exemplarisch zu verdeutlichen: Der *Körper* kommt in neurowissenschaftlichen Perspektiven zur Sprache; die Bedeutung der *Zeitlichkeit* wird in historischen Analysen erläutert; psychoanalytische Perspektiven nehmen sich der *Subjektivität* an und die Performativitätsforschung thematisiert die *Kultur*. In diesem Überblick soll deutlich werden, dass und wie die Pädagogische Anthropologie je nach Fragestellung auf die Forschungen unterschiedlicher Disziplinen zurückgreift und diese in ihren eigenen Diskurshorizont integriert.

Es soll zudem einerseits erwähnt werden, dass sich der Körper, die Zeit, die Subjektivität und die Kultur natürlich auch aus anderen, hier nicht aufgegriffenen disziplinären Blickwinkeln diskutieren lassen, etwa biologischen, medizinischen, ethnographischen, soziologischen oder theologischen. Anderseits soll erwähnt werden, dass folgende grundlegende anthropologische Perspektiven aus Platzgründen nicht aufgegriffen werden, nämlich die *Räumlichkeit* (vgl. Liebau/Miller-Kipp/Wulf 1999), die *Sozialität* (vgl. Bilstein/Zirfas 2017) und die *Liminalität* (vgl. Marotzki/Masschelein/Schäfer 1998).

Neurowissenschaften: Körper und Gehirn

Jahrhundertelang stand der Körper in der Pädagogik sozusagen im „Schatten des Geistes". Zwar finden wir schon in der griechischen und römischen Antike die Vorstellung eines engen Zusammenhangs von Körper und Geist, aber wir finden auch in den Anfängen des abendländischen Denkens eine bis heute andauernde Vormachtstellung des Geistes (der Vernunft, des Verstandes, der Rationalität, des Intellekts etc.) über den Körper.

Ausgehend von der Phänomenologie, der Psychologie, der Soziologie, der Philosophie und der Geschichtswissenschaft bemüht sich seit dieser Zeit auch die Pädagogische Anthropologie verstärkt um eine theoretische Aufarbeitung des Körpers bzw. des Leibes. Denn dieser ist nicht nur Voraussetzung jeder Form von Erziehung, sondern auch sein prinzipielles Medium: Erziehungsprozesse verlaufen zentral über die Körperlichkeit der zu Erziehenden wie der Erzieher*innen. Als eine Grundthese der zeitgenössischen Überlegungen kann gelten, dass es einen sog. „natürlichen" Körper nicht gibt (und daher auch keine „natürlichen" Sinnlichkeiten, Leidenschaften, Bewegungen etc.), und dass wir daher nur von Körperkonstruktionen unterschiedlichster Provenienz sprechen können (vgl. Kamper 1997). Diese haben wiederum in der Pädagogik zu unterschiedlichen Bildungs- und Erziehungskonzeptionen Anlass gegeben und insofern auch unterschiedliche Effekte gezeitigt. Die Vorstellungen, die die Antike von einem „Körper" hatte (vgl. Snell 1993), sind andere, als diejenigen, die wir im zeitgenössischen Indien finden (vgl. Michaels/Wulf 2009), der Körper eines Bauarbeiters ist ein anderer als der Körper des Künstlers (vgl. Lohwasser/Zirfas 2014) und insofern sind auch die sozialen Erwartungen im körperlichen Verhalten und im körperlichen Miteinander sehr unterschiedlich. Wenn hier von „Natürlichkeit" die Rede ist, so sind damit nicht die genetischen Ausstattungen des Menschen gemeint (auch diese sind ja durchaus different) und auch nicht die physiologischen und biochemischen Stoffwechselprozesse des Körpers oder der Körper als Organismus. „Natürlichkeit" als feststehende (biologische) Grundlage lässt sich im Kontext der (evolutionären) Entwicklung des Körpers nicht auffinden.

Körperkonstruktionen

In jüngerer Zeit ist ein besonderes Körperteil vor allem in den Blickwinkel der Pädagogik geraten: das Gehirn (vgl. Benthien/Wulf 2001; Zirfas 2020). Und damit verbunden ist die Neurowissenschaft zu einer Art Leitwissenschaft der Pädagogik avanciert. Die insgesamt sehr starken öffentlichen wie erziehungswissenschaftlichen Rezeptionen der Biowissenschaften in den letzten beiden Jahrzehnten und die damit einhergehenden anthropologischen, ethischen, epistemologischen und wissenschaftspolitischen Fragestellungen können natürlich hier nicht umfassend referiert werden (vgl. Singer 2003; Liebau/Zirfas 2006; Müller 2007). Es geht hier zunächst um den Sachverhalt, dass die Pädagogik zur Beschreibung ihrer Themen häufig auf naturwissenschaftliche, resp. neurowissenschaftliche Fachsprachen zurückgreift. Hier geht es, wenn wenn man so will, um eine „realanthropologische" Betrachtung (vgl. Loch 1963, S. 21ff.). Sodann geht es dezidiert um

Neurowissenschaft

die Frage, ob und inwiefern die Zugänge der Neurowissenschaften Erkenntnisse liefern, die für die Pädagogik interessant, aufschlussreich und anschlussfähig sind und inwiefern diese Modelle auch ihre pädagogischen Grenzen haben. Aus dem kritischen Blickwinkel der Pädagogik lautet die zentrale Frage: Nehmen die Neurowissenschaften tatsächlich Lernen oder (nur) die mit dem Lernen verbundenen biologischen, physischen und psychischen Prozesse in den Blick? Können sie Lernen ausreichend verstehen?

Gehirn

Betrachten wir das Gehirn zunächst aus einer sehr allgemeinen Perspektive (vgl. Roth 1997), dann betrachten wir ein Organ, das aus Nervenzellen besteht, die für Umweltereignisse (z.B. elektromagnetische Wellen, Schalldruckwellen, mechanischen Druck, Schwerkraft) nicht empfindlich sind. Das Gehirn ist ohne direkten Umweltkontakt. Wir kennen seinen Grundaufbau: Verlängertes Mark; Kleinhirn; Mittelhirn; Zwischenhirn; Vorderhirn (besteht aus Paleo-, Archi-, Neocortex; letzterer besteht aus primären/sekundären sensorischen und motorischen Arealen und assoziativen Feldern) und wir wissen, dass es drei vom Gehirn zu lösende Aufgaben gibt: die Steuerung der Aufmerksamkeit, die Handlungsplanung, die Handlungsentscheidung und die Verhaltensbewertung – wobei es mit dem Gedächtnis und den Gefühlen Bindeglieder zwischen diesen drei Aufgaben gibt. Da alle Nervenzellerregungen im Prinzip gleich sind, wissen wir aber noch nicht, wie es zu Bedeutung und Sinn kommt, denn die elektrische Aktivität trägt keine Information im Sinne von Bedeutung. Der Sinn ergibt sich, wie Gebhard Roth (2001, S. 363) anmerkt, aus dem vom Gehirn aktuell erschlossenen Kontext, doch welcher Kontext wie – und ggf. richtigerweise – herangezogen wird, um Phänomene zu erschließen, ergibt sich aus der Betrachtung des Gehirns nicht. Um Lernprozesse zu verstehen und sie auch pädagogisch vernünftig anzuleiten, müssen wir aber die Frage nach der Bedeutung klären, denn diese ist für die Lernenden zentral.

Zudem können wir aus der neurowissenschaftlichen Perspektive erfahren, dass Lernen von der Aufmerksamkeit, den Emotionen und der Motivation beeinflusst wird (vgl. Spitzer 2002). In diesem Sinne ist das Ausmaß des Gedächtnisses abhängig davon, wie sehr wir uns dem Material zuwenden. Aufmerksamkeit wird hierbei verstanden als allgemeine Wachheit (Vigilanz) und selektive Fokussierung auf Ort, Aspekt und Gegenstand; d.h., achten wir auf Bewegung, so wird unser Bewegungsverarbeitungsareal aktiver, als wenn wir nicht auf Bewegung achten würden. Emotionen (etwa Freude, Unbehagen) helfen bei der Orientierung und Bewertung in der Welt. So erzeugt ein bestimmter Stress, Eu-

Stress, eine biologisch sinnvolle Anpassung an eine spezifische „Gefahr“ (etwa: Testaufgaben), und führt damit zu verbessertem Lernen; extrem starker und vor allem chronischer Stress (i.S. von Prüfungsangst) führt dagegen zu negativen Effekten für die Gedächtnisleistungen. Und schließlich: Für die Motivation ist Dopamin, ein Botenstoff des Gehirns, ausschlaggebend. Das Dopaminsystem ist für die Bewertung von Reizen und für die Motivation zuständig; ein netter Blick, ein nettes Wort, Begeisterung u.ä. können zur Aktivierung des Dopaminsystems und damit zur Motivation führen.

Lernen

Vor dem Hintergrund neurowissenschaftlicher Überlegungen definiert Manfred Spitzer Lernen wie folgt: „Lernen bedeutet Modifikation synaptischer Übertragungsstärke“ (Spitzer 2002, S. 146). Das hier zugrunde liegende kausale Modell ist simpel, denn je höher die Synapsenstärke, desto mehr wird gelernt, je niedriger diese Stärke, desto weniger wird gelernt. Einmal abgesehen davon, dass die (quantitative, qualitative, strukturelle, evolutive?) Graduierung des Lernens selbst noch einer genaueren Betrachtung bedarf und mit der Synapsenstärke auch die Modularitäten des Lernens nicht impliziert zu sein scheinen (i.e. theoretisches, technisches, praktisches, soziales, ästhetisches etc. Lernen), bleibt der Verdacht, dass mit den neuronalen Aktivitäten der Informationsübertragung mit Hilfe spezieller Transmitter von den Übergangsstellen für neuronale Erregungen Lernen noch nicht *zureichend* erklärt und verstanden worden ist, wenn es nur in einem Input-Output-Modell von Übertragungsstärken gedacht wird.

Hirnforschung

Der Hirnforschung muss man attestieren, dass es ihr gelingt, die Modifikation synaptischer Übertragungsstärke mit Phänomenen der Aufmerksamkeitssteigerung in Verbindung zu bringen und zu veranschaulichen sowie die Funktion des Neurons als Informationsverarbeitungselement rekonstruieren zu können. Insofern kann sie auf für Lernprozesse bedeutsame, ja notwendige physiologische wie psychologische Abläufe *hinweisen*. Doch aufgrund der Komplexität des Gehirns, dessen interne Verbindungen sich auf eine Zahl von 10^{14} belaufen und dessen Zahl der Ein- und Ausgänge auf 10^{7} beziffert wird, und aufgrund der Tatsachen, dass die Informationsmenge, die unser Gehirn erreicht, knapp 100 Megabyte pro Sekunde beträgt, ein Neuron es auf „Feuerraten“ von bis zu etwa 300 Impulsen pro Sekunde bringt und die Anzahl der Neuronen rund 21 Milliarden beträgt, erscheint es zumindest fragwürdig, Lernen *nur* auf die punktuelle Verstärkung von Synapsen und nicht auf weitergehende neuronale Zusammenhänge zurückführen zu wollen.

Wenn sich mit den Neurowissenschaften festhalten lässt, dass die äußere Welt impliziter Bestandteil der Systembeschreibung und Funktionalität etwa von Nervenzellen ist, die Selektion von kortikalen Neuronen durch das ganze Leben hindurch etwa durch Erziehung, Bildung und Sozialisation erheblich beeinflusst werden kann, die Rindenfelder des Gehirns, die einen bestimmten Körperteil repräsentieren, nicht starr voneinander abgegrenzt sind, die Kontakte der Milliarden von Zellen nicht im Einzelnen vorprogrammiert erscheinen, Zelldifferenzierung und Morphogenese Selbstorganisationsprozesse darstellen etc., wenn das Gehirn vor allem komplex ist, welche Folgen ergeben sich daraus dann für die Pädagogik?

pädagogisch relevante Sachverhalte

Durch die Neurowissenschaften werden folgende, pädagogisch relevante Sachverhalte des Gehirns bestätigt (vgl. Rittelmeyer 2013): Die Entdeckung der milieuabhängigen Plastizität des menschlichen Gehirns, die Menschen zu lebenslangen Gehirn-Plastiker*innen und zu aktiven Mitgestalter*innen der organischen Voraussetzungen ihrer emotionalen, sozialen und geistigen Fähigkeiten machen; sodann der Hinweis, dass es nicht zuletzt körperliche Tätigkeiten und emotionale Gegebenheiten sind, die für Lernprozesse einen auschlaggebenden Charakter haben. Diese beiden Erkenntnisse verweisen darauf, dass eindimensionale, anregungsarme Umwelten mit kanalisierten Erfahrungen nicht nur ein entsprechendes Korrelat im Gehirn, sondern auch Einschränkungen in den Lernbereichen zur Folge haben werden. Eine weitere Einsicht besteht in der individuellen Hirnstruktur eines jeden Menschen – selbst im Fall eineiiger Zwillinge –, was eine individualisierte Pädagogik nahelegt und darüber hinaus eine Erkenntnis darin, dass eine Einschulung vor dem fünften Lebensjahr nicht empfehlenswert ist, da eine solche schulische Frühförderung die Leistungen und Fähigkeiten der Kinder nicht steigert.

Für eine pädagogische Theorie des Lernens lässt sich positiv festhalten, dass mit ihr erklärbar wird, warum und wie sich gelerntes Wissen bilden und aktualisieren lässt. Die dabei in Anschlag gebrachte Gedächtnistheorie wird als funktionales, dynamisches und autopoietisches System gedacht, das sich im Rahmen der Gesamtheit von neuronalen Prozessen selbst organisiert. Aus pädagogischer Sicht sind hier biowissenschaftliche Ergebnisse von Belang, die einen Zusammenhang von Übungs-, Gedächtnis- und Lernleistungen herausgearbeitet haben. Mit dem neurowissenschaftlichen Konstruktionsmodell des Gedächtnisses und seiner inhärenten Logik von Erinnern und Vergessen werden zudem die Grenzen von Lehrinterventionen nachvollziehbar.

Insofern verweisen die Neurowissenschaften die Pädagogik auf mehrere Sachverhalte: auf die Notwendigkeit einer reich ausdifferenzierten Lernumwelt; auf die interindividuell unterschiedlichen Lerngeschwindigkeiten und Lernpräferenzen; auf eine frühe, differenzierte und praktische Lernförderung; auf eine hohe Lernmotivation und auf die Bedeutung des praktischen, aktiven Lernens sowie auf die Vermeidung von Deprivationen bzw. auf die neurologische Basis von Lernschwächen (vgl. Singer 2000).

Kritik

Kritisch erscheint aus pädagogischer Sicht, dass die Neurowissenschaften Lernen durch die Rückführung auf ein *materielles* Substrat bestimmen. Das, was Lernen ausmacht, wird auf materielle (biologische, physikalische, chemische, neuronale etc.) Prozesse bezogen. Damit leisten sie einer neurowissenschaftlichen Verengung des Blickwinkels Vorschub. Zwar kann man mittlerweile lückenlose Assoziationsketten zwischen Hirnleistungen und molekularen Prozessen rekonstruieren, doch sprechen selbst Hirnforscher hier von einem notwendigen *Reduktionismus* (Singer 2003, S. 67, S. 93), der die Komplexität der Phänomene, auch das des Lernens, in Einzelteile zerlege. Der Mensch erscheint in dieser Perspektive wie eine Lernmaschine, bei der letztlich nur Stoffwechselprozesse interessieren. Hierbei kann man fragen, wer letztlich denkt: das Gehirn oder der Mensch?

Außenperspektive

Auch kann man sich fragen, ob man mit der damit verbundenen experimentellen Außenperspektive auf das Lernen, die die Perspektive der Lernenden nicht einbezieht, eine zureichende Theorie des Lernens entwickeln kann. Hierbei wird die Frage nach der Bildlichkeit des Körpers resp. des Gehirns virulent. Denn zunächst sehen wir Bilder vom Gehirn, die etwa durch Elektroenzephalographie (EEG), Magnetoenzephalographie (MEG), Computertomographie (CT), Magnetresonanztomographie (MRT/MRI), Positronen-Emissions-Tomographie (PET), Single Photon Emission Computed Tomography (SPECT) oder Nahinfrarotspektroskopie erzeugt worden sind. Lernen ist hierbei nicht unmittelbar erfahrbar, sondern wird durch *Veranschaulichungen* und *Modelle* erklärbar; insofern lässt sich von *repräsentationellen* Lernmodellen der Hirnforschung sprechen: Diese lassen sich als Vereinfachungen, als Komplexitätsreduktionen von Wirklichkeit verstehen, die die entscheidenden Strukturen und Relationen des Lernens bestmöglich abbilden möchten. Die Frage ist allerdings, ob die Untersuchungen kategorial verschiedener Vorgänge – lernende Selbsterfahrungen auf der einen und naturwissenschaftliche, experimentelle Erkenntnisse auf der anderen Seite – dem Sachverhalt des Lernens gerecht werden können (Spitzer 2000, S. 322f.). Neurowissenschaftliches Erklären bezieht sich somit bei der Darstellung von Lernen auf verschiedene Ebenen und auf verschiedene Sprachen: Man isoliert, reizt und vermisst Hirnaktivitäten – und zeigt diese dann mit Hilfe bildlicher Verfahren. Diese Modelle zeigen Aktivitäten des Gehirns. Man erfährt etwas darüber, wo und in welcher Intensität und ggf. zeitlichen Ausdehnung energetische Aktivitäten stattfinden. Ob dieses neurotische Feuern letztlich Lernen *bedeutet*, erfährt man aus den Bildern nicht – auch wenn das mit dem Slogan: „Dem Gehirn beim Lernen zuschauen" (Spitzer 2002, S. 165) suggeriert wird. Damit Bilder preisgeben, woraufhin sie zeigen, damit man sie versteht, müssen sie interpretiert werden. So kann z.B. die Hirnforschung Erregungszustände im Gehirn über Stoffwechselprozesse sichtbar machen und über farbliche Abstufungen auf das Ausmaß von simulierten wie realen Reizen und Aktivitäten zurückschließen (Singer 2002, S. 110f.). Die Frage ist allerdings, ob kognitive oder emotionale Lernprozesse sich mit physikalisch-chemischen Interaktionen von Neuronennetzen identifizieren lassen. Denn auch für diese Bilder gilt, dass sie als Spuren zwar ein *Quod* (Dass), aber kein *Quid* (Was) angeben. Die Bilder sind keine Abbilder des *Quid*. Sie lassen sich allenfalls als Hinweis, als Verweis auf ein auf andere Weise zu Findendes gebrauchen. Sie bedürfen der Interpretation, denn die farblichen Varianten können vieles bedeuten; und sie verweisen (vermutlich) nicht unmittelbar auf ihre Bedeutungen, sondern eher in die Richtung genauerer Analysen (vgl. Mersch 2005).

Vor diesem Hintergrund scheinen die Biowissenschaften nicht letztlich geklärt zu haben, ob die Lernprozesse mit den neuronalen Veränderungen oder dem Prozessieren des neuronalen Systems insgesamt identifiziert werden müssen, oder ob jene Voraussetzungen für diese bilden. Ist jede neuronale Veränderung schon Lernen, oder die Gesamtheit der in bestimmten Aktivitätsmustern koaktiven Synapsen oder jede Änderung kortikaler Repräsentationen, oder bilden diese nur die Voraussetzungen für Lernen (Grzesik 2002, S. 240)? Wann lernt das Gehirn nicht – und woher weiß ich das? „Es ist gerade der Witz am Gehirn, dass es auch dann lernt, wenn der lernende Organismus keine Ahnung hat, was vor sich geht" (Spitzer 2002, S. 64). Dieses Statement kann zwar auf Pädagog*innen beruhigend wirken, klärt aber nicht, ob Menschen wirklich etwas gelernt haben.

Lernen

Für eine Theorie des Lernens erscheint eine experimentelle Außenperspektive insofern nicht ausreichend, weil Lernen mit individueller Bedeutungszuschreibung und mit subjektivem Sinn, mit körperlichen Erfahrungen, biographischen Erlebnissen und kultureller Symbolik verschränkt ist. Dabei sollte auf die unaufhebbare (?) Differenz zwischen subjektivem Erleben und individuellen Erfahrungen von Lernprozessen auf der einen und bildlicher Repräsentation und wissenschaftlicher Rekonstruktion von Hirnleistungen auf der anderen Seite hingewiesen werden. Lernen kann gut und schlecht, bedeutsam und unwichtig, wertvoll und wertlos sein, neuronale Aktivitäten können das nicht: Sie machen buchstäblich „keinen Sinn". Da das Gehirn als selbstreferentiell geschlossenes System gedacht wird, kann durch die experimentelle Fremdreferenz kein Zugang zum eigentlichen Lernprozess erfolgen; *unterstellt* wird eine Korrelation von Erfahrung und neuronalen Veränderungen, die von biographischen, kulturellen und historischen Semantiken abstrahiert. Das Lernen selbst wird mit einer Verhaltensänderung – und nicht mit einer Veränderung der Wahrnehmungs-, Denk-, und Handlungsstrukturen und damit mit Bewusstseinsveränderungen, Intentionalitäten und Erkenntnissen – in Verbindung gebracht.

pädagogischer Gegenstand pädagogische Situation

Schließlich wird in diesen Theorieansätzen weder die soziale bzw. pädagogische Situation noch der in Frage stehende pädagogische Gegenstand mitbedacht, d.h. weder der Zusammenhang von Lernen und Lehren, noch die soziale Einbettung von Lernprozessen oder auch die Inhalte des Lernens werden in den Neurowissenschaften explizit thematisch (bzw. können es auch nicht, vgl. Müller 2007, S. 210f.). Insofern vermitteln die Neurowissenschaften gerade nicht das, was sich Pädagog*innen vielleicht am meisten von ihnen erhoffen: Sicherheit im pädagogischen Handeln und vorhersagbare Ergebnisse. Aufgrund der pädagogischen Unterbestimmtheit neurowissenschaftlicher Ergebnisse werden nach wie vor neben Erfahrungen und praktischem Wissen, erziehungswissenschaftliches Wissen und präskriptives Wissen für die pädagogische Praxis von Belang sein (müssen). Wir erfahren von der Hirnforschung eben nicht, wie Pädagogik „gehen" soll.

optimistisches Lernmodell

Die Hirnforschung präsentiert ein recht optimistisches Lernmodell: Menschen lernen kontinuierlich, wenn die Aufmerksamkeitsschwelle hoch ist, wenn die richtigen Beispiele präsentiert werden und dann, wenn es „Spaß macht" und positive Konsequenzen mit sich bringt. Am besten lernen sie in Gemeinschaft. Geglücktes Lernen führt dann (zwangsläufig?) zu hoher Leistung. Dass hiermit wichtige Bedingungen für Lernen angesprochen sind, liegt auf der Hand, nur: Verkennen die Biowissenschaften nicht die Negativität in den Lernprozessen? Lernen wir nicht auch bruchstückhaft, bei gleichschwebender bzw. niedriger Aufmerksamkeit und schlechten Beispielen, wenn wir Fehler machen, wenn es keinen Spaß macht, wenn wir alleine und die Konsequenzen bedauerlich sind?

Wie dem auch sei, Pädagog*innen können mit der Hirnforschung darauf vertrauen, dass die „jungen Gehirne selbst am besten wissen, was sie in den verschiedenen Entwicklungsphasen benötigen und dank ihrer eigenen Bewertungssysteme kritisch beurteilen und auswählen können“ (Singer 2002, S. 59); man braucht lediglich für die nötigen, umfassend anregungsreichen Umwelten zu sorgen und Debatten um soziales und kritisches Lernen, um Methodiken und Didaktiken und sozial und kulturell höchstunterschiedliche Lernvoraussetzungen erübrigen sich. Denn wenn sich das lernende Gehirn selbst seine Umwelt sucht, so reduziert sich die Arbeit der Pädagog*innen auf das Design einer höchstdifferentiellen Umwelt, in der die Gehirne die ihnen eigenen Lernfortschritte machen können. In diesem Sinne lässt sich diese Forschung auch als eine Entlastung für die Pädagogik verstehen: Denn wenn es gelingen sollte, eine gehirngerechte Schule (Erwachsenenbildung, kulturelle Kinder- und Jugendarbeit etc.) zu realisieren, dann sind letztlich die Lernenden (bzw. deren Gehirne) und nicht die Lehrenden (bzw. deren Gehirne) für den Unterrichtserfolg verantwortlich.

begrenzter Erklärungswert

Zusammenfassend lässt sich festhalten, dass das reduktionistische, mechanistische, funktionalistische und repräsentationelle Lernmodell der Neurowissenschaften nur einen sehr begrenzten Erklärungswert für die Pädagogik hat. Es erklärt als neurowissenschaftliche Hintergrundtheorie sehr allgemeine Lernmöglichkeiten und -grenzen, die konkretisiert zu Wiederholungen von in der Geschichte der Pädagogik schon sattsam bekannten Einsichten führen. Zudem verweist es auf die biologischen und neurologischen Korrelate des Lernens, ohne dabei das Lernen selbst mit Leben, d.h. mit Bedeutung, zu füllen.

Geschichte der Pädagogik: Eigenzeit und Sozialzeit

Der Mensch ist ein zeitliches Wesen. Er versteht sich in zeitlichen Kategorien, etwa von früher und später, vorher und nachher, jetzt und immer, oder auch von Entwicklungen, Tempi und Rhythmen, von Anfang und Ende. Und er unterliegt der Zeit im Sich-Verändern und Sich-Entwickeln, im Älterwerden, in der Langweile und der Beschleunigung. Weil der Mensch zugleich Subjekt und Objekt der Zeit ist – sich selbst in diesen zeitlichen Kategorien versteht und gleichzeitig in zeitliche Prozesse involviert ist –, begreift er nicht nur pädagogische Sachverhalte wesentlich zeitlich, sondern auch „die“ bzw. „seine“ Zeit selbst.

Und dieses Begreifen ändert sich in der Geschichte. Insofern spielt die Zeitlichkeit in Bildungsprozessen historisch auf unterschiedliche Weise eine Rolle. Im Folgenden wird „Zeit“ daher nicht als eine objektive naturwüchsige Kategorie, sondern als eine Konstruktion des Menschen verstanden. Menschen schaffen Zeitvorstellungen, die sie produktiv nutzen, unter denen sie aber auch selbst leiden können. Zeit lässt sich verstehen als „‚In-Beziehung-Setzen‘ von Positionen oder Abschnitten zweier oder mehrerer kontinuierlich bewegter Geschehensabläufe“ (Elias 1997, S. XVII), die selbst nicht wahrnehmbar sind, aber durch Zeitsymbole (z.B. Uhren) wahrnehmbar gemacht werden können. In diesem Sinne stellt Zeit eine symbolische Synthese dar, mit deren Hilfe Veränderungen im physikalischen Naturgeschehen und in gesellschaftlichen und kulturellen Prozessen einerseits und Abläufe des individuellen Lebens andererseits in eine geordnete Beziehung zueinander gebracht werden können (Elias 1997, S. XXIV). Zeit ist ein symbolisches Medium einer sozial erlernten Synthese zur Orientierung in der sozialen und natürlichen Welt und zur Regulierung im Zusammenleben der Menschen. Dabei ist nicht nur zu beachten, dass sie ein Konstrukt ist, d.h. in soziale und kulturelle Zusammenhänge eingebettet ist und von diesen nicht unabhängig interpretiert und diskutiert werden kann, weil die Ausformulierungen von Zeit in den jeweiligen Kulturen recht unterschiedlich ausfallen, sondern auch, dass die Zeit eine „Geschichte“ hat, die eben die Geschichte ihrer Konstruktionen und Interpretationen darstellt. Und schließlich: Weil die Zeit nicht (nur) etwas Natürliches, sondern etwas Künstliches, Soziales und Kulturelles ist, muss sie, wie alle anderen wesentlichen kulturellen Inhalte, gelernt werden. Denn die Zeit dient dazu, individuelle und soziale Erfahrungen und Erwartungen in Deckung zu bringen, Entwicklungen und Fortschritte zu prognostizieren und zu bestimmen, Unwahrscheinliches zu begrenzen, Risiken zu minimieren, sich der Traditionen zu erinnern, ein kollektives Gedächtnis auszubilden, die Gegenwart zu genießen und nicht an morgen zu denken etc.

Konstruktion

kulturelle Inhalte

Seit der Renaissance, etwa ab 1500, beginnt sich eine neue Zeitumgangsmoral herauszubilden. Von nun an lässt sich ein Zivilisierungsprozess beobachten, der zunehmend auf ein Verhalten drängt, das die Pünktlichkeit, die intensive Zeitnutzung, die Differenzierung von Lern- bzw. Arbeitszeit und Freizeit, die Ausrichtung des Lebens am Diktat der Uhrzeit in den Mittelpunkt rückt. Das

Renaissance

Erlernen der richtigen (Uhr-)Zeit wird „von oben" verordnet, durch humanistische Intellektuelle, frühkapitalistische Kaufleute, Handwerkerzünfte und durch die städtischen Magistrate. (Zeit-)Lernen ist ein elitäres Planungsprodukt, das zunächst in Schulordnungen festgehalten wird, die fast *unisono* mit der Maxime der Schulpflicht beginnen. Bereits gegen Ende des 15. Jahrhunderts lässt sich von einer deutlichen Zunahme des Zeitreglements in den Schulen sprechen. Problematisch erscheint den frühneuzeitlichen Pädagogen dabei vor allem die Einpassung der Körper der Kinder in das neu auftauchende Zeitmaß. Denn erst die Habitualisierung der Zeit, der zeitgemäße Umgang mit Launen und Lüsten, ermöglicht eine intensive, nutzenorientierte Lernzeit. Zeit wird zur knappen Ressource, die nutzbringend in die Lern- und Bildungsprozesse investiert werden muss. So wird sich auch die „protestantische Ethik" (Weber 1920) nach der Maßgabe entwickeln, dass Zeit (himmlisches) Geld darstellt, das auf Erden erworben werden kann.

Selbstkontrolle

Im 18. Jahrhundert beginnt das, was sich moralisch als Selbstkontrolle, als Zwang zur Selbstbeobachtung und als permanentes Sicherheitsdenken, als Kultur des Aufschubs, systematische Lebensführung und Zeitfixierung am Ende des 20. Jahrhunderts ausgeprägt hat: Lebe Dein Leben pünktlich, spare Zeit! (vgl. Neumann 1993). Einen markanten Entwicklungsschritt bilden hierbei die Zeitbestimmungen von Frederick Taylor (1856-1915), dem Vater des modernen Managements und der rationalen Betriebsorganisation, der das *efficiency engineering* auf die Spitze getrieben hat. Zunächst filmte man die Bewegungen der einzelnen Arbeiter, um sie in ihre Komponenten zu zerlegen, für die dann Standardzeiten festgelegt wurden. Nach der Trennung der überflüssigen Bewegungen (Reden, Gähnen etc.) von wirtschaftlichen Zeiten bekamen selbst die kleinsten Bewegungen eine perfektionierte, stromlinienförmige Standardzeit, die bis auf die Zehntausendstelminute perfektioniert war: das Setzen auf einen Stuhl: 0,033 Minuten, das Öffnen der mittleren Schublade des Schreibtischs: 0,026 Minuten, das Drehen des Drehstuhls: 0,009 Minuten (vgl. Levine 1998, S. 109ff.). Mit diesen Messungen ließ sich etwa eine „angemessene", effektive und effiziente Bürozeit präzise bestimmen. Diese tayloristisch ausgenutzte Zeit haben die Menschen der Moderne soweit verinnerlicht, dass sich die ehemals heteronom vorgegebenen Zeitabläufe zur Selbstdisziplin verinnerlicht haben (vgl. Mollenhauer 1986). Zeit ist zu einem Selbstbeherrschungsinstrument geraten.

Zeitbestimmungen

Ziel der neuen (moralischen) Zeitökonomie ist eine intensive Zeitnutzung, die die Einteilung in immer kleiner werdende Zeit-

Zeitnutzung

segmente dazu benutzt, ständig größere Fähigkeiten zu produzieren, zu kumulieren und zu organisieren, um an der Vervollkommnung des Menschengeschlechts ebenso zu arbeiten wie an der Vervollkommnung des Individuellen. Eine Mikrojustiz der „Disziplinarzeit" (Foucault 1977, S. 205) wacht nun darüber, dass Verspätungen, Abwesenheiten und Unterbrechungen im Hinblick auf den projektierten Fortschritt der Aneignung von Wissen und der moralischen Entwicklung sowie dem kollektiven Konkurrenzkampf der beteiligen Individuen mit Blick auf eine maximale Zeitökonomie minutiös sanktioniert werden.

Seitdem lässt sich für die westliche Welt – *grosso modo* – eine normative Dimension der Zeit festhalten: Mit der Zunahme von Individualität und der Abnahme von religiös verankerten Gemeinschaften, mit der Zunahme von Selbstbewusstsein und Autonomie und der Abnahme von Schicksalsergebenheit, mit der zunehmenden Betonung der Zukunft und der zunehmenden Infragestellung von Überlieferungen und Traditionen und mit den Prozessen der Ökonomisierung („Zeit ist Geld", meint Benjamin Franklin 1748), der Technisierung und Verstädterung rückt ein Imperativ immer mehr in den Mittelpunkt: Nutze deine Lebenszeit! Lerne deine – zunächst gottgegebene, dann ökonomische verwertbare – Zeit sinnvoll zu gebrauchen! Dass die (schulischen) Lernkonzeptionen dann Zeitimplikationen aufweisen, die das richtige Alter, Grundlagen und Anfänge, Reihenfolge und Ziele, Lernfortschritte und -rückschritte festlegen, liegt auf der Hand. Lernen selbst wird dabei oftmals als zeitlicher, homogener Prozess verstanden, der teleologisch, kumulativ, irreversibel und stetig von der Vergangenheit über die Gegenwart in die Zukunft verläuft und weniger als ein Prozess, der ganz eigenwillige, biographisch eigensinnige, historisch und kulturell recht variable und je nach Institution und Organisation höchst differentielle Geschwindigkeiten, Intensitäten, Rhythmen, Wiederholungen und Fragilitäten aufweist.

Imperativ

Zeit wird in Kindheit und Jugend in der Familie und dann vor allem in der Schule erlernt. Die Zeit spielt in der Schule in fast allen Belangen eine wesentliche Rolle: bei der Ordnung, Koordination, Integration und Synchronisierung pädagogischer Prozesse, bei didaktischen und methodischen Fragen der Dauer, Reihenfolge, Geschwindigkeit, Intensität, bei Anfängen und Enden – sei es in Form von Stundenplänen, Bewertungen und Prüfungen, Planungen, Schullaufbahnen, sei es im Zusammenhang mit Didaktiken, Biographien, Verwaltungen und Organisationen. Dabei ist die Zeit der Schule seit dem Mittelalter unmittelbar an die Uhrenzeit gebunden. Sie ist in „rechnerisch gleiche Einheiten zer-

Schule

legbar und wird als Quantität wahrgenommen, die man auf Zeitfenster verteilen und einander ausschließenden Aktivitäten zuteilen kann, die sich als finite Ressource manipulieren und als abstraktes Tauschmittel einsetzen lässt" (Adam 2005, S. 92f.). Auch aus heutiger Sicht spielt die (Herrschaft der) Zeit als „bemessene Zeit" in der Schule eine subjektiv und objektiv hervorragende Rolle, als „Schulpflicht, Schuljahr und Jahrgangsklasse, Tagesablauf nach dem Stundenplan, immer setzten Daten, Kalender und Uhren dem Handeln Grenzen; nur in wenigen Berufen dürfte der Mangel an Zeit so schwer mit der Fülle der Aufgaben und der gebotenen Sorgfalt und Geduld zu einem vertretbaren Ausgleich zu bringen sein wie in dem des Lehrers" (Diederich 1982, S. 51).

Die zeittheoretischen Überlegungen einer Geschichte der Pädagogik lassen sich mit einem Zitat von Klaus Mollenhauer (1928-1988) zusammenfassen, das die unterschiedlichen Facetten der pädagogischen Zeitökonomie der letzten Jahrhunderte systematisch in drei Modelle unterteilt:

drei Modelle

„Für die Seite der ‚Uhr' plädierten die Schulordnungen, die Philanthropine, die ‚Industrie-Schulen', die Einheitsschule, die polytechnische Bildung, Ratichius, Basedow, Herbart, Makarenko usw. [auch die heutige PISA-Schule, J.Z.]; für die Seite der ‚Ich-Zeit' plädierten Franziskaner, Mystiker, Romantiker, Alternativ-Schulen, Therapie-Gemeinden, Meister Eckehart, Jacob Böhme, Jean Paul, Alexander Neill, Ivan Illich usw. Und gab es die ‚Zwischen'-Denker, die sich für die Fragwürdigkeit einer derartigen Halbierung von Subjektivität, des Seins des Kindes, der Bildung des Menschen interessieren und deren Werke sich deshalb von den Nachgeborenen auch kontroverse Deutungen zuzogen: Montaigne, Comenius, Rousseau, Lessing, Pestalozzi, Goethe, Schleiermacher, Fröbel, Steiner, Freire – oder die Institutionen der Kindergärten, der Landerziehungsheime, des Team-Kleingruppenmodells in Gesamtschulen, Labor- und Modellschulen, viele Beratungseinrichtungen usw." (Mollenhauer 1986, S. 90).

Um diese historisch-systematische Perspektive zu verdeutlichen, greife ich drei markante Modelle auf: die Philantropine, Neill und Schleiermacher.

Philanthropen

Die sog. „Philanthropen", die Menschenfreunde, glaubten in der zweiten Hälfte des 18. Jahrhunderts an die Idee, durch Erziehung die Vervollkommnung und Moralisierung der Menschen und der Gesellschaft vorantreiben zu können (vgl. Herrmann 1991). Für diese Denker und Praktiker, zu denen Johann Bernhard Basedow (1724-1790), Friedrich Eberhard v. Rochow (1734-1805), Christian Gotthilf Salzmann (1744-1811), Ernst Christian Trapp

(1745-1818), Johann Heinrich Campe (1746-1818) und Johann Christoph Friedrich GutsMuths (1759-1839) gezählt werden, ging es einerseits um eine neue Gesellschaftsordnung, die sich an den rationalen, aufklärerischen Vorstellungen der Demokratie, der Freiheit, der Menschenrechte, des Glücks und des Nutzens orientierte und andererseits um eine neue Pädagogik, die im Ausgang von Jean-Jacques Rousseaus (1712-1778) *Émile oder Über die Erziehung* (1762/1990) die Menschen zu Bürger*innen erziehen wollte, die ihr Leben selbst in die Hand nehmen konnten. Dieses Programm setzten die Philanthropen auf verschiedene Weise um: auf wissenschaftlichem Wege etwa durch die 16 Bände der *Allgemeinen Revision des gesamten Schul- und Erziehungswesens von einer Gesellschaft praktischer Erzieher* (1785-1793), die von Campe herausgegeben wurde, durch den ersten Erziehungstheoretiker Trapp, durch Ratgeberliteratur für Eltern und Erzieher*innen etwa durch Salzmann, durch Kinder- und Jugendliteratur wiederum von Campe oder durch Schulgründungen wie die von Rochow auf seinem Gut Reckhan, von Salzmann in Schnepfental oder von Basedow in Dessau, der 1774 die erste Alternativschule, das Philanthropin, in Dessau (bis 1793) gründete, ein Erziehungs- und Bildungsinstitut für Söhne des Adels und wohlhabender Bürger*innen.

Eine Pädagogik, die sich der vernünftigen natürlichen Erziehung, das meint der Lebensnähe und Kindgemäßheit ebenso wie dem spielerischen und körperlichen Lernen (inkl. Turnunterricht und Sexualerziehung) als auch der Abhärtung und Disziplin verschrieben hatte und die ihr Ziel in tüchtigen, praktischen, fleißigen und aufgeklärten Bürgern sah, durfte natürlich keine Zeit verlieren. In diesem entscheidenden Punkt sind die Philantropen Rousseau nicht gefolgt, der als „größte, wichtigste und nützlichste Regel jeglicher Erziehung" gefordert hatte: „Zeit [zu] verlieren und nicht [zu] gewinnen" (Rousseau 1762/1990, S. 212). Wer Schulen als Instrument der Wohlfahrt versteht und den gesellschaftlichen Fortschritt vorantreiben will, der darf nichts dem zeitlichen Eigensinn der Zöglinge überlassen, sondern muss die gesamte schulische Erziehung effektiv und effizient nach dem „Diktat der Uhr" ausrichten. Schauen wir uns die „Hausordnung und den Studienplan des Dessauer Philanthropins" etwas näher an, so wird deutlich, dass von 5 Uhr morgens bis 20 Uhr abends ein lückenloses pädagogisches Programm vorgesehen ist (Basedow 1971, S. 198f.).

Im Vergleich dazu geht es in der 1921 von Alexander Sutherland Neill (1883–1973) gegründeten reformpädagogischen Schule *Summerhill* völlig anders zu. Hier finden wir keine Uhr und die zeitliche Perspektive der Erziehung wird radikalisiert, indem Neill jeglichen Zukunftsbezug der Pädagogik kritisiert (vgl. Neill 1982, S. 122). In diesem Sinne kommt es bei einem Spaziergang mit dem Philosophen und Mathematiker Bertrand Russell (1872-1970) zu folgendem Gespräch: „‚Russell', sagte ich, ‚der Unterschied zwischen uns beiden ist der: hätten wir jetzt einen Jungen dabei, dann würden Sie ihm gern etwas über die Sterne erzählen, und ich würde ihn seinen eigenen Gedanken überlassen'" (Neill 1982, S. 153).

Pädagogik des Verweilens

Es ist durchaus sinnvoll, das Geheimnis der neillschen Pädagogik letztlich auf den Gedanken einer *Pädagogik des Verweilens* zu gründen, darauf, nicht auf die Zukunft, sondern auf die Gegenwart des Kindes zu blicken und ihm Zeit zum (phantasievollen) Spielen zu geben. Für diese Perspektive gibt es prominente Vorgänger, etwa Rousseau, mit dem die Pädagogik beginnt, konsequent auf die Problematik der Gegenwärtigkeit zu reflektieren. Er gab als oberste Maxime der Erziehung das Gebot des Zeitverlierens aus, da in der pädagogischen Fixierung auf die Zukunft die Gegenwart entwertet und vergeudet werde. Neill radikalisiert diese Perspektive, indem er jeglichen Zukunftsbezug der Pädagogik resp. des Spielens kritisiert (vgl. Neill 1982, S. 122); denn zunächst ist jedes „wirkliche Spielen von jedem bewussten Elemente des Lernens frei" (Neill 1982, S. 208); und erst eine spielerische Kindheit führt zu einem erfüllten Erwachsenenleben (Neill 1992, S. 16). Weil also die Erfahrungen in der Gegenwart in sich sinnvoll und befriedigend sind, und *gleichzeitig* die Möglichkeit von Zukunft vorbereiten, darf die Gegenwart pädagogisch nicht mit der Zukunft verrechnet werden (vgl. Zirfas 2014b). In diesem Sinne verweist Neill darauf, dass die „Übel der Zivilisation" darauf zurückgeführt werden können, „dass kein Kind sich jemals richtig ausspielen konnte" (Neill 1993, S. 77).

eigenes Zeitmaß

Zu diesem Gedanken gehört der Hinweis, dass Kinder sich nach ihrem „eigenen Zeitmaß" entwickeln müssen (Neill 1992, S. 65). Gleichermaßen bedeutsam ist auch die biographische Erfahrung, wie wichtig es ist, Kindern das Gefühl zu vermitteln, dass man sie so akzeptiert, wie sie sind (vgl. Neill 1982, S. 49). „Aber ich bin immer Optimist, wenn es um Kinder geht. Ich verzweifle nie an einem Kind, auch wenn es überhaupt keine Fortschritte zu machen scheint" (Neill 1982, S. 151).

Neills Glaube an die Güte des Kindes, seine Orientierung an den kindlichen Gefühlen und einer natürlichen Bildsamkeit verweist seine Pädagogik an eine romantische Perspektive der Entfaltung des glücklichen Kindes: „growth must come from within"

(Neill 1944, S. 1). Daher findet sich in der Romantik wie bei Neill die starke Betonung auf dem Glück der Kindheit und die starke Betonung auf der Gegenwärtigkeit des kindlichen Erlebens, das nicht einer ungewissen Zukunft geopfert werden darf.

Neills Gegenwartsbezug ruht indes auf dem Prinzip der Freiwilligkeit und der Antiautorität. Das Lernen und die Teilnahme am Unterricht sind in *Summerhill* keine Pflicht und Prüfungen wurden weitestgehend abgeschafft. Primär geht es um eine negative Freiheit, die psychoanalytisch durch Abwesenheit von Zwang begründet wird. Doch auch die Ebene einer positiven Freiheit wird in doppelter Hinsicht stark gemacht. Einmal als Möglichkeit, den eigenen Bedürfnissen, Wünschen und Vorstellungen folgen zu können; und zum anderen als kollektive Selbstbestimmung, d.h. als Möglichkeit, gemeinsame Entscheidungen für das gemeinsame Leben treffen zu können. Aus der Perspektive der Zeit zielt Neills Pädagogik weniger auf Erziehung oder Unterricht, die immer auch die Zukunft anvisieren, als auf eine im Hier und Jetzt stattfindende Sozialisation. Glück, Aufrichtigkeit, Toleranz etc. können zwar Unterrichtsgegenstände sein, doch entscheidender ist, ob die Kinder in der Gegenwart Erfahrungen des Glücklichseins, der Aufrichtigkeit etc. machen und somit Lebenskunstkompetenzen entwickeln können. Nur eine pädagogische Umgebung, die durch Glück, Aufrichtigkeit etc. strukturiert ist, kann diese Entwicklungen fördern (vgl. Zirfas 2014c).

Vermittlungsmodell

Wenden wir uns nun mit den Überlegungen von Friedrich Daniel Ernst Schleiermacher (1768-1834) dem Vermittlungsmodell von Ich- und Sozialzeit zu, das dieser als Dual von Gegenwarts- und Zukunftsbezogenheit ausbuchstabiert. Seit Rousseau ist die Zeit ein wesentlicher Aspekt von Lerntheorien. Seine Maxime, dass es in der Erziehung darum gehe, Zeit zu verlieren, wird spätestens dann problematisch, wenn man sich die Frage stellt, inwieweit es überhaupt legitim erscheint, die Zeit der Kinder für pädagogische Hoffnungen in Anspruch zu nehmen. Schleiermachers pädagogische Überlegungen knüpfen an dieser Frage an. Leitend für seine Lerntheorie ist die ethische Theorie einer pädagogischen Förderung jedes Lebensmoments, denn die Gegenwart – als einzelner Moment, aber auch als eine zeitliche Reihe betrachtet – darf nicht der Zukunft geopfert werden. Wenn Schleiermacher die Aneignung eines Zukunftsbewusstseins durch das Kind plausibel zu machen versucht, setzt er voraus, dass Bewusstsein wesentlich temporales Bewusstsein ist, das sich symmetrisch vom Gegenwarts- sowohl in Vergangenheits- als auch in Zukunftsbewusstsein erweitert (Schleiermacher 1983, S. 83).

Förderung jedes Lebensmoments

Die pädagogische Vermittlung einer glücklichen Gegenwart mit einer ebenso bedeutsamen Zukunft gelingt nach Schleiermacher nur dialektisch. „Die Lebenstätigkeit, die ihre Beziehung auf die Zukunft hat, muß zugleich auch ihre Befriedigung in der Gegenwart haben; so muß auch jeder pädagogische Moment, der als solcher seine Beziehung auf die Zukunft hat, zugleich auch Befriedigung sein für den Menschen, wie er gerade ist" (Schleiermacher 1957, S. 48). Die Lebenstätigkeit, die diesen dialektischen Prozess gewährleistet, ist für Schleiermacher das Spiel, „die Befriedigung des Moments ohne Rücksicht auf die Zukunft" (Schleiermacher 1957, S. 50), in dessen „Rücken" doch gleichsam die „List der Zukunft" in Gestalt der Übung als Funktionalität der Wiederholung und vor allem als Potentialität der Entwicklung präsent ist. „Ist der Mensch sich der Entwicklung bewußt, so ist das zugleich Befriedigung der Gegenwart und der Zukunft" (Schleiermacher 1957, S. 51).

Spiel

Mit und in dem Spiel betreibt Schleiermacher ein vermittelndes pädagogisches Zeitmanagement, das die Pädagogik als Befriedigung der Gegenwart und als Anbahnung der Zukunft konzipiert. „Entweder liegt die Befriedigung unmittelbar in dem Moment [Gegenwart; J.Z.] oder in der Zustimmung [zur Zukunft; J.Z.]. Die ganze Erziehung ist eine Reihe solcher befriedigten Momente, deren einer in den anderen übergeht" (Schleiermacher 1957, S. 49). Der Lernprozess wird hier idealisierend definiert als die Zeit ohne Frustrationserlebnisse; das Kind kann zu jeder Zeit seinen Willen mit seinem Können zu einem harmonischen Gelingen vereinbaren, ohne jemals das Gefühl der Abhängigkeit vom Willen anderer oder der Zukunft erfahren zu müssen. Wobei Schleiermacher durchaus zwischen der Zeit, in der das Kind keine Beziehung zur Zukunft hat, und derjenigen, in der es den „Wert der Zeit" erkennt, unterscheidet. Er beschreibt das Auseinandertreten der Befriedigung als Vorbereitung auf die Zukunft, die zugleich Befriedigung der Gegenwart ist, und das Erlebnis der aktuellen Befriedigung, in dem die Zustimmung zur Zukunft schon vom Kind selbst geleistet wird, als Prozess: „Das, was in dem Fortgang der Erziehung bestimmt auseinandertritt, nämlich die Beschäftigung, die auf die Zukunft sich bezieht, und die unmittelbare Befriedigung der Gegenwart, das ist im Anfang der Erziehung nicht getrennt, sondern ineinander. Die Trennung dieser verschiedenen Momente geschieht allmählich" (Schleiermacher 1957, S. 50).

Psychoanalyse: Subjektivität und Unbewusstes

Der folgende Teil widmet sich, ausgehend von den pädagogischen Überlegungen Sigmund Freuds (1856-1939), der Bedeutung des Unbewussten im Menschen und in Erziehungs- und Bildungsprozessen. Wir haben es hier mit einem schwierigen, überaus widersprüchlichen Feld zu tun: Einerseits spielt sich Erziehung als gesellschaftlich organisierte Wissens- und Einstellungsvermittlung vorrangig auf der Ebene des Bewusstseins ab – schließlich geht es dabei um Lernen, um Kompetenzen und Wissen, nicht um Vergessen, Verdrängen und psychische Komplexe. Andererseits wissen wir aber spätestens seit Freud, dass auch die pädagogische Beziehung geprägt wird von den Phänomenen der (unbewussten) Beziehungen (psychoanalytisch gesprochen von Übertragung und Gegenübertragung), von (nicht realistischen) Wünschen, Ängsten, Begierden und Phantasien. Das Unbewusste spielt den Ball zwischen Erzieher*innen und zu Erziehenden gewissermaßen immer wieder ins eigene Feld zurück. Unbewusste, verdrängte Wünsche sowie wechselseitige Projektionen, Idealisierungen, Identifizierungen und Reaktionsbildungen sind gleichermaßen verdrängter wie unverzichtbarer Teil der Erziehung und der pädagogischen Beziehung.

Unbewusstes

Freud ist zu einem Begriff des Unbewussten gelangt, als er sich dem Erlebnisinhalt der Konflikte – Liebe, Eifersucht, Neid, gekränkter Stolz, Machtkampf, Hass u.a. – zuwandte und eine Verbindung zu bestimmten Ereignissen der Lebensgeschichte herstellte. Analytisch kann man in diesem Kontext ein *vertikales* Unbewusstes, bei dem es wesentlich um die Verdrängung von Wünschen, Leidenschaften und Phantasien geht, von einem *horizontalen* Unbewussten unterscheiden, das in der aktuellen (unbewussten) Kommunikation eine Rolle spielt (vgl. Gödde/Buchholz 2011). Dabei können diese beiden Modelle durchaus in Spannung zueinander stehen. Im aktuellen Geschehen können verdrängte Inhalte der Kindheit „mitverhandelt“ werden – wenn etwa die Schülerin unbewusst Attribute der Mutter auf die Lehrerin überträgt; die Schülerin kann sich aber auch in der aktuellen Kommunikation zwischen ihr und der Lehrerin mit dieser soweit identifizieren, dass sie beginnt, kritische Gefühle gegen ihre Mutter wahrzunehmen.

Bedeutung von Kindheit

Die Psychoanalyse Freuds hat stärker das vertikale Unbewusste thematisiert und damit auch die Bedeutung von Kindheit und Erziehung enorm bereichert. Sie hat verdeutlicht, dass der Beginn des Lebens zentral für die Entwicklung des Individuums ist und dass die Entwicklung des Unbewussten dabei die entscheidende Rolle spielt. Freuds Blickwinkel macht darauf aufmerksam, dass Kinder keine Engel sind, sondern Wesen, die durch Triebhaftigkeit geprägt, nach Lust suchen – und die dabei immer wieder scheitern werden; sie sind daher gezwungen, Wünsche und Phantasien zu verdrängen. Und auch die Kindheit ist keine heile Welt, sondern eine Welt der Anpassung und des Zwangs. Kurz und ernüchternd formuliert: Das Individuum ist kein Herr im eigenen Haus – das gilt für den Zögling wie für die Erzieher*innen (vgl. Freud 1917/2001, S. 11).

Das psychoanalytische Bild des Kindes ordnet sich um folgende Elemente (vgl. Althans/Zirfas 2006): Das Kind gehorcht rücksichtslos dem Lustprinzip und den Halluzinationen, es strebt die Lust am Unsinn an, es ist prinzipiell unbefriedigbar, maßlos und unersättlich und verlangt unaufhörlich nach Wiederholung, kurz: Es fordert absolute Wunscherfüllung. Sein (schon vorhandenes) Sexualleben ist polymorph pervers und es durchläuft bestimmte feststehende Phasen in der Kindheit (Oralität, Analität, Ödipalität, Latenz) mit je anderen Quellen der Lust. Es ist narzisstisch und egoistisch, amoralisch, partiell neurotisch und unzivilisiert; es ist aber auch hilflos, vulnerabel und ohnmächtig, große Erregungssummen zu verarbeiten; es hat eine Reihe von Ängsten, die alle mit einem Verlust zu tun haben (Geburt, Verlust der Mutter[-brust], Penisverlust, Verlust der Liebe des Objekts, Verlust der Liebe des Über-Ich). Zusammengefasst könnte man aufgrund dieser Auflistung sagen: Das Kind *ist* verkörperter Wunsch und personifiziertes Begehren und Kindheit nicht anders als das Drama des Begehrens – das sich nicht erfüllen lässt.

intersubjektive Perspektive

Während die klassisch-psychoanalytische Theorie die Vorstellung eines hilflosen, seiner Triebnatur passiv ausgelieferten Kindes kultivierte, werden im Zuge der aktuellen Debatten um eine intersubjektive Perspektive in der Psychoanalyse mittlerweile auch dessen interaktive Fähigkeiten hervorgehoben (vgl. Altmeyer/Thomä 2006). Man konstatiert, dass schon Säuglinge und Kleinkinder im hohen Maße Interaktionen initiieren und aktivieren, dass sie verschiedene affektive Zustände und Aufmerksamkeiten gezielt im Hinblick auf wechselnde Umwelten verwenden, und schon recht früh eine aktive, intelligente und durchaus lustvolle und nicht nur durch Versagung gekennzeichnete Beschäftigung mit der Umwelt pflegen, kurz: Der Säugling „ist schon früh in der Lage, die äußere Realität zu kategorisieren und mit Sinn zu erfüllen, Ursachen von Handlungen und Wirkungen zu unterscheiden, Absichten zu erschließen und soziale Interaktionen im Mikrobereich nicht nur zu antizipieren, sondern sogar zu steuern" (Altmeyer/Thomä 2006, S. 15).

Mit dieser Paradigmenverschiebung in der Psychoanalyse werden einige ihrer prominenten Axiome hinfällig: So muss die triebtheoretische Unterstellung, Säuglinge wenden sich nur unter Befriedigungsaspekten der Umwelt zu, angesichts von Affektausdrücken und -modulationen als Mittel der Kommunikation ebenso *ad acta* gelegt werden, wie die Reizschutzhypothese, angesichts der Empfänglichkeit für Außenreize und dem frühen Suchen nach – allerdings – nicht überfordernder Stimulation; und auch die Idee einer primären fusionären Verschmelzung des Säuglings mit der Mutter(-brust) lässt sich im Kontext der Rekonstruktion von präfigurierten Ich-Funktionen nicht mehr halten.

Schon mit neun Monaten agieren Kinder in einem dyadischen Kontext geteilter Aufmerksamkeiten, die einen Zusammenhang von Selbst (Kind), Anderem (Mutter) und Gegenstand (Welt) herstellen, durch: „gemeinsame Beschäftigung, Verfolgen des Blicks, Verfolgen einer hinweisenden Geste, Imitation instrumenteller Handlungen, Imitation willkürlicher Handlungen, Reaktion auf soziale Hindernisse, Verwendung von Befehlsgesten und Verwendung von hinweisenden Gesten“ (Tomasello 2002, S. 79f.).

Erziehung

Mit der psychoanalytischen Perspektive wird auch die Bedeutung der Erziehung gewichtiger. Lässt sich mit Freud Erziehung als Einwirkung auf und Anforderung an das Kind bestimmen, so betrifft sie vor allem die Wunschstruktur des Kindes. Erziehung wird zum „Triebtraining“, d.h. zur Beherrschung der Triebe, um der Befriedigung willen. Denn das Kind muss, um seine Wünsche befriedigen zu können, Spannungen ertragen. Freud fasst das terminologisch so, dass das (kindliche) Lustprinzip zum Realitätsprinzip (des Erwachsenen) werden muss, denn eine schrankenlose Befriedigung ist nicht möglich. „Der Erwachsene hat die Unterscheidung [von Realität und Phantasie; J.Z.] gelernt, er hat auch die Nutzlosigkeit des Wünschens begriffen und durch fortgesetzte Übung erreicht, seine Strebungen aufzuschieben, bis sie auf langen Umwegen über die Veränderung der Außenwelt ihre Erledigung finden können“ (Freud 1901/2001, S. 692).

Das Kind soll so erzogen werden, dass es einerseits in der Realität seine Befriedigungsmöglichkeiten wahrnehmen kann, aber andererseits auch keine zu großen Ansprüche an eben diese Realität stellt – denn die Realität stellt nicht nur umgekehrt Forderungen an das Kind, sondern ist im Kern eine versagende. Und weil das so ist, verdrängen Kinder Wünsche und Phantasien, die sich später in verschiedenen Formen – von kleinen alltäglichen Fehlleistungen über Neurosen bis zu Psychosen – Bahn brechen. Freud selbst subsumierte die Aufgabe der Erziehung unter die drei von ihm als unmöglich klassifizierten Berufe „Erziehen, Kurieren, Regieren“ (1925, S. 565). Denn die Aufgabe einer neurosefreien Erziehung ist kaum möglich.

Eine erfolgreiche Erziehung nach Freud soll gewährleisten, dass das Kind sich in einer je historisch-gesellschaftlichen Zivilisation anpassen kann, ohne seine Wünsche gänzlich aufgeben zu müssen. Obwohl sie so einem Balanceakt gleicht, gibt es in der Theorie Freuds eine Tendenz zur Affirmation der Kultur gegenüber den Wünschen des einzelnen. Die anhand der Psychoanalyse entwickelte Pädagogik ist zunächst bestrebt, den erreichten kulturellen *status quo* zu erhalten. Ist dieser Zustand erreicht, dient sie (aber in weit geringerem Maße), als kritische Theorie der bestehenden Verhältnisse.

Ambivalenz

Die Ambivalenz, die Freuds Einschätzung der Kultur prägt, nämlich, dass sie einerseits der Damm gegen die menschliche Aggressivität, andererseits die Beschränkung der Libido ist (vgl. Freud 1930/2001), spiegelt sich auch in der Theorie einer Erziehung wider, die sowohl gegen das Individuum versagend als auch gegenüber der jeweiligen kulturellen Stufe kritisch auftreten kann. Die Pädagogik der Triebe wird zu einem resignativ-skeptischen Programm der ständigen, nie enden wollenden Arbeit an sich angesichts der versagenden Realität: Lieber ein subjektives als ein kulturelles Opfer. „Das Kind soll Triebbeherrschung lernen. Ihm die Freiheit geben, daß es uneingeschränkt allen seinen Impulsen folgt, ist unmöglich. [...] Die Erziehung muß also hemmen, verbieten, unterdrücken und hat dies zu allen Zeiten reichlich besorgt“ (Freud 1933/2001, S. 159f.). Um die Triebbeherrschung zu lernen, lernt das Kind durch die Erziehung, „[...] den Schauplatz des Kampfes von außen nach innen zu verlegen, die innere Gefahr zu bewältigen, ehe sie zur äußeren geworden ist [...]“ (Freud 1937/2001, S. 80).

Moral

Die Moral der Gesellschaft (verkörpert in Eltern, Lehrer*innen, Vorbildern, Mitmenschen, in der öffentlichen Meinung etc.) spiegelt ihre Erziehungsziele in einer je historisch spezifischen Ausbildung des Über-Ichs, des Ortes der Moral schlechthin, wider. Je rigider und repressiver die Gesellschaft, desto größer ist auch der Zwang, der mittels des Über-Ichs auf das Ich, auf die Beherrschung der Triebe, gelegt wird. Die Erziehung, so Freud, muss es geben, „sie darf sogar scharf sein“ (Freud 1963/1980, S. 91). Ein absolutes Maß an repressiver Erziehung lässt sich nicht bestimmen, denn die Menschen sind einerseits ohnehin weniger moralisch, als sie glauben (Freud 1915/2001, S. 336); und sie könnten andererseits, würden sie das wissen, darum auch glücklicher werden (Freud 1908/2001, S. 155).

Eine kausale Beziehung zwischen strenger Erziehung und strengem Über-Ich lässt sich nach Freud ebenso wenig feststellen wie die zwischen einer milden Erziehung und einem milden Über-Ich. Denn: „Haben die Eltern wirklich ein strenges Regiment geführt, so glauben wir es leicht begreiflich zu finden, wenn sich auch beim Kind ein strenges Über-Ich entwickelt, aber die Erfahrung zeigt, gegen unsere Erwartung, dass das Über-Ich denselben Charakter unerbittlicher Härte erwerben kann, auch wenn die Erziehung milde und gütig war, Drohungen und Strafen möglichst vermieden hat“ (Freud 1933/2001, S. 68).

Liebe

Um Erziehung zu gewährleisten, bedienen sich die Eltern der Liebe und der Strafe (Freud 1915/2001, S. 334). Die Erziehung schlägt in dem Augenblick fehl, „wenn das verwöhnte Kind glaubt, daß es diese Liebe [der Eltern] ohnedies besitzt und ihrer unter keinen Umständen verlustig werden kann“ (Freud 1911/2001, S. 236). Verwöhnung als ständige Befriedigung der kindlichen Wünsche wäre streng gedacht keine Erziehung, da sie keine Veränderung des Lustprinzips bewirkt und dem Kind nicht dazu verhilft, Spannungen zu ertragen, Vorlust durch Endlust zu ersetzen. Wie aber kann Liebe überhaupt erziehend wirken, befriedigt sie doch die Bedürfnisse des Kindes, und vertritt dadurch eben nicht das Realitätsprinzip, das Unlust um willen von Lust zu ertragen fordert? Die erzieherische Liebe kennt allerdings zwei Bedingungen, die das Kind veranlassen, Unlust zu ertragen und seine narzisstischen Triebe umzuwandeln. Der eine Faktor ist der des Aufschubs der gewollten Befriedigung; Liebe wird nur als „Prämie“ für erbrachte Warteleistungen des Kindes „ausbezahlt“ – ähnlich wie bei der „Belohnung“ (Freud 1915/2001, S. 334). Der andere Faktor ist der der Verschiebung. „Man lernt das Geliebtwerden als einen Vorteil schätzen, wegen dessen man auf andere Vorteile verzichten darf“ (Freud 1915/2001, S. 333). Um der Befriedigung kulturell erlaubter Aggressivität und Sexualität willen ist das (gesunde, nicht das pathologische) Ich des Kindes bereit, bestimmte Befriedigungsformen aufzugeben, seine Ziele zu verändern, was ihm durch die Objektvarianz der Triebe ermöglicht wird. Die erzieherische Liebe steht schon im Dienst des Realitätsprinzips, da sie nur unter Bedingungen dem Kind gewährt wird. Sie erfolgt im Rahmen der Erziehung zur Sicherung des Lustprinzips als ein hedonistisches Kalkül von Verlust und Gewinn.

Strafe

Die Strafe verfolgt eben dieselbe Absicht. Die verschiedensten Formen von Strafe – vom Schlagen bis zum Liebesentzug – wecken beim Kind durch die zugefügten Unlustgefühle immer Hass. Die Strafe erschüttert das seelische Gleichgewicht des Kindes,

„indem sie auf indirektem Wege verbotene Regungen weckt: Durch die verursachte Unlust wird der Haß geweckt, durch Entziehung sonstiger gestatteter Befriedigungen oder durch Annäherung an ein verpöntes Triebziel werden verschüttete Wünsche neu belebt“ (Schmideberg 1931, S. 107). Der aufkommende Hass und die verbotenen Wünsche müssen vom Kind erneut verdrängt werden. Das neue seelische Gleichgewicht beruht auf einer verstärkten Verdrängung, die sich durch die Faktoren wie Intensität der ausgelösten Gefühle, Strenge des Über-Ich, Intensität der hervorgerufenen Angst, Wirkung der Kastrationsdrohung qualitativ festhalten lässt.

unnötige Verdrängungen

Was kann also die Pädagogik von der Psychoanalyse lernen? Der Kern aller zu diesem Punkt veröffentlichten Arbeiten von Freud, aber auch der seiner Nachfolger, ist die Vermeidung unnötiger Verdrängungen. Dies bedeutet für die Pädagogik, dass sie versuchen müsste anzugeben, an welchen Punkten Gewähren und Versagen ihren Platz haben. Erziehung würde zu einer Angelegenheit des pädagogischen Takts, zu einer „Kunst“ (vgl. Adler 1912/1983, S. 221). Dies wird sowohl von pädagogischen Klassikern, wie z.B. Johann Friedrich Herbart (1776-1841), bestätigt, der von den Erziehenden fordert, die pädagogischen Regeln nicht unreflektiert, sondern taktvoll in die Praxis umzusetzen, wobei er unter Takt ein praktisches, phantasievolles Austarieren von Regeln, Individuen und Gegenständen versteht (Herbart 1802/1982, S. 56), wie auch seitens der Psychoanalyse z.B. von Sándor Ferenczi (1873-1933) formuliert, der den (psychologischen) Takt als Ergebnis der Einfühlung in die unbewussten Vorgänge des anderen sieht (Ferenczi 1927/28/1983, S. 383; vgl. Burghardt/Zirfas 2019). Um dieses hohe, wenn auch unbestimmte Ziel zu verwirklichen, ist, nach Maßgabe der Psychoanalyse, nichts notwendiger geboten denn unbedingte Wahrheit, das heißt: Desillusionierung: sei es dem Kind, dem kindlichen Milieu, den Erziehungseinrichtungen, der praktizierten Erziehung und den praktizierenden Erziehern*innen und nicht zuletzt sich selbst als Erzieher*in gegenüber (vgl. Ferenczi 1908/1982; Zulliger 1957).

pädagogischer Takt

Resonanz

Ein zweiter Punkt: Die neueren psychoanalytischen Untersuchungen, die die Intersubjektivität der Seele betonen, verweisen auf die Bedeutung von Resonanz in der Erziehung. Vor allem für die kognitive kindliche Entwicklung erscheint es enorm wichtig, dass sich Kinder in den Interaktionen mit bedeutsamen Anderen von diesen quasi „gespiegelt“ sehen müssen – durch sprachliche, gestische oder mimische Kommentare. Diese sollten kindliche Äußerungen so reflektieren, dass in den Kommentaren *zugleich* ein Aufnehmen der kindlichen Handlung und eine leichte Differenz zu den Äußerungen statthat. Die Forschung spricht hier vom *communing attunement*, das eine maximale Form der Gefühlsübereinstimmung meint. Dabei ist nicht von einem, eher einen Stillstand der Entwicklung implizierenden, kongruenten Spiegeln die Rede, sondern die möglichst passgenaue Affektkommentierung, die i.d.R. in einer anderen Sinnesmodalität aufgenommen und kommentiert wird (vgl. Dornes 1998, S. 159).

Diese Differenz ermöglicht es wiederum den Kindern, sich quasi „in einem anderen Licht zu sehen", sich ihren eigenen (emotionalen, gestischen etc.) Äußerungen bewusst zu werden. Kognitionen wie Metakognitionen sind dementsprechend im hohen Maß nicht nur von seelischen Reifungsprozessen, sondern von primären Bindungs- und Beziehungserfahrungen abhängig, in denen die Kinder sich zugleich anerkannt und different im Spiegel ihrer bedeutsamen Anderen wiederfinden können. Für Bildungsprozesse höchst bedeutsam erscheint also psychoanalytisch die mit den und in den Interaktionen verbundene Resonanz, die schon in frühen Entwicklungsstadien die Erfahrung eines gemeinsam geteilten Verhaltens oder auch eines gemeinsam geteilten Rhythmus sowohl im nonverbalen als auch im sprachlichen Modus vermittelt. Man könnte hier von einer Anerkennung der Bildungsprozesse durch die primären Bezugspersonen sprechen. Basis dieser Anerkennung ist ein schon frühes wechselseitiges sich Einstimmen auf und Anpassen an den jeweilig Anderen. Grundlegend für diesen Anerkennungsprozess ist die menschliche Fähigkeit, mimetisch auf den Anderen zu reagieren, sich auf ihn einzustellen und sich selbst im Anderen zu sehen (vgl. Wulf 2014a).

Erziehungswandel

Neuere psychoanalytische Forschungen legen nahe, dass diese wechselseitigen Bezugnahmen in der Gegenwart einhergehen mit einem Erziehungswandel vom Befehls- zum Verhandlungs-, Beziehungs- oder Beratungshaushalt (vgl. Dornes 2012, S. 293). Der rigideren freudschen Orientierung am Über-Ich ist die moderne Orientierung an der Stärkung des Ich gewichen. Erziehung ist nicht mehr primär an der Kontrolle moralischer Vorschriften, sondern am psychosozialen Wohlbefinden der Kinder und an ihrer Selbstständigkeit interessiert. Doch mit den lockerer werdenden sozialen Einbindungen und Anerkennungsstrukturen und den Individualisierungen und Flexibilisierungen von Lebensläufen, die keinen vorgegebenen Karriereverläufen mehr folgen, sind neue Risiken und Unsicherheiten entstanden, die nicht ohne Folgen für das Unbewusste sind. Die modernen Subjekte leiden weniger unter Neurosen und den mit ihnen verbundenen Konflikten, sondern eher an einer mit der sozial geforderten Maxime der Initiative zusammenhängenden Unzulänglichkeit; der Niedergang der Neurosen ist mit dem Aufstieg der Depression verknüpft, und die moderne Problematik betrifft weniger die Schuld und den Konflikt als das Versagen und den Defekt (vgl. Ehrenberg 1998). Subjekte leiden nicht mehr daran, dass sie dem Über-Ich nicht gerecht werden können, sondern daran, unbegrenzte Möglichkeiten zu haben und diese dennoch nicht verwirklichen zu können: Sie leiden an der Freiheit, nicht an der Unterdrückung. Anders formuliert scheint das Unbewusste heute durch die modernisierten Erziehungsmethoden und Sozialisationsbedingungen autonomer, aber auch verletzlicher geworden zu sein.

Depression

Während das Individuum zu Freuds Zeiten noch „heroisch" einen Kampf mit den Normen des Über-Ichs geführt hat, lässt sich mit Martin Dornes für die moderne Situation die Figur einer „postheroischen Persönlichkeit" festhalten: „Ihre psychische Grundfiguration ist aufgelockert, ohne deswegen fragil zu sein. Sie fühlt sich Werten verpflichtet, die sie aber nicht prinzipien- oder konformitätsgeleitet verwirklicht, sondern kontextsensitiv. Ihre Flexibilität ist nicht erzwungen, sondern psychisch verankert. Sie lässt vormals tabuierte Impulse zu und befindet sich in einem inneren Dialog mit ihnen. Ihre Flexibilität ist nicht Ausdruck von Angst, sondern der einer psychischen Verfassung, die nicht Anpassung, sondern einen Zuwachs neuer Selbst- und Weltgestaltungsmöglichkeiten impliziert. Wegen des hohen Tempos sozialer Wandlungs- und Enttraditionalisierungsprozesse sowie der damit einhergehenden Dehnung des sozialen Gewebes steht die psychische Struktur dieser Persönlichkeit allerdings weitgehend im Freien. Sie findet ihren Halt überwiegend in sich selbst und ist deshalb von Entgleisungen und Selbstformierungs(über)anstrengungen, die ihr zum Teil auch sozial aufgezwungen werden, bedroht" (Dornes 2012, S. 350f.).

postheroische Persönlichkeit

Auch wenn diese Charakterisierung vielleicht etwas zu optimistisch ausfällt – folgt man der aktuellen Kiggs-Studie des Robert Koch Instituts (RKI), so gehören 25% aller Kinder und Jugendlichen zur Risikogruppe für psychische Auffälligkeiten (Angst, Aggression, Depression, [A]DHS). Bei den Jugendlichen (15 bis 24 Jahren) hat sich die Zahl der Depressionen in den letzten 16 Jahren versiebenfacht (aktuell: 34 300); mit dem Beginn der Pubertät steigt die Depression deutlich an und erreicht fast das Niveau des Erwachsenenalters (8,3%) (vgl. Rinkl 2017) – so zeigt sie doch einen realistischen Trend an, der auch für die professionell arbeitenden Pädagog*innen von enormer Bedeutung ist.

Bedeutung der Psychoanalyse für den Lehrberuf

Vor diesem Hintergrund soll abschießend auf die Bedeutung der Psychoanalyse für den Lehrberuf eingegangen werden. Den Weg zu einer idealen Lehrperson betritt man, wie der angehende Psychoanalytiker, zunächst dadurch, dass man sich selbst analysieren und somit für den „Beruf" präparieren lässt. Denn: „Der Fehler [in der Erziehung] beginnt also damit, daß die Eltern ihre eigene Kindheit vergessen" (Ferenczi 1928/1982, S. 213). Realistische Wahrnehmung, Normalität, Korrektheit, Wahrheitsliebe und eine gewisse Überlegenheit kennzeichnen das Vorbild eines Lehrenden. Diese Charaktereigenschaften erwerben sich die angehenden Pädagog*innen in der Lehranalyse; wobei natürlich zu beachten ist, dass aus psychoanalytischer Sicht jede Berufswahl durch bestimmte Entwicklungen in der kindlichen Triebkonstellation schon determiniert wird.

Fazit: Die Möglichkeiten, das Unbewusste in der Erziehung fruchtbar zu machen, liegen sowohl in der Analyse des erzieherischen Klientel, als auch in der des erzieherischen Personals. Die Erziehenden können niemals die Neutralität des Analysierenden einnehmen, sie können jedoch – durch die Analyse – authentisch sein. Denn, so sagt Catherine Millot über A. S. Neill, den Begründer der antiautoritären Pädagogik, der wohl kein ausgezeichneter Theoretiker, dafür aber ein guter Pädagoge war: „Bedürfte es dessen noch, so würde er dartun, daß man nicht mit Theorie erzieht, sondern mit dem, was man ist. Was heißt das? Daß man nicht über das Unbewußte gebietet, daß man die Wirkungen des Einflusses, den man auf ein anderes Wesen ausübt, ebensowenig beherrscht, wie man sein eigenes Unbewußtes beherrscht. Keine pädagogische Theorie erlaubt, die Auswirkungen der Methoden, die man anwendet, zu kalkulieren, denn zwischen die pädagogische Maßnahme und die Resultate, die man erzielt, tritt das Unbewußte des Pädagogen und des Zöglings" (Millot 1982, S. 177). Auch das pädagogische Subjekt ist kein Herr (bzw. keine Dame) im eigenen Haus. Jacques Lacan (1901-1981) hat diese Erkenntnis in dem schönen Satz zusammengefasst: „Seine [Freuds; J.Z.] Entdeckung ist, daß der Mensch nicht völlig im Menschen ist" (Lacan 1980, S. 97).

Performativitätsforschung: Kultur und Inszenierung

Wenn von *Performativität* die Rede ist, so handelt es sich um einen Begriff zur Kennzeichnung eines Theorie- und Diskursfeldes, in dessen Mittelpunkt unterschiedliche Formen und Theorien sozialen Wissens und Handelns stehen (vgl. Fischer-Lichte/Kolesch 1998; Fischer-Lichte/Wulf 2001, 2004; Wirth 2002; Fischer-Lichte 2004). Gemeinsam betonen diese Theorien die Kraft von Sprache und Imagination, (künstlerischer) Inszenierung und Aufführung, pädagogischem Handeln und rituellem Geschehen. In diesen Ansätzen ist das Verhältnis von singulärer Handlung und mimetischer Wiederholung zentral (vgl. Gebauer/Wulf 1998; 2003). Wenn menschliches Handeln als aufführendes kulturelles Handeln, als *cultural performance*, begriffen wird, so greift es auf strukturelle (etwa schulische) Rahmenbedingungen zurück wie etwa institutionelle Gegebenheiten, normative Vorgaben, ästhetische Werte oder pädagogische Gewohnheiten und bringt diese zur „Aufführung". In jedem Handeln steckt somit immer ein Rekurs auf ein Vorgängiges, das als soziales, kulturelles, ökonomisches, pädagogisches etc. Strukturmoment im Handeln selbst aktualisiert wird.

cultural performance

Im Blickwinkel des Performativen interessiert, wie Handeln emergiert, wie es mit Sprache und Imagination verbunden ist, wie seine Einmaligkeit durch gesellschaftliche und kulturelle Muster ermöglicht wird und wie sich sein Ereignischarakter zu seinen repetitiven Aspekten verhält. Wie weit lassen sich Sprechen und Kommunikation als Handeln begreifen und welche Rolle haben Ansprache und Wiederholung – etwa für die Herausbildung geschlechtlicher, sozialer und ethnischer Identität? Handeln wird als Nachahmung, Teilnahme und Gestaltung kultureller Praktiken begriffen. Dazu gehören: künstlerisches und soziales Handeln als *performance*, Sprechen als *performatives Handeln*, und *Performativität* als ein abgeleiteter, diese Zusammenhänge übergreifend thematisierender Begriff.

Aus diesen Überlegungen ergeben sich Veränderungen für das Verständnis sozialer und pädagogischer Prozesse. In diesem Fall finden die Körperlichkeit der Handelnden sowie der Ereignis- und inszenatorische Charakter ihrer Handlungen größere Aufmerksamkeit. Der Charakter und die Qualität der sozialen und pädagogischen Beziehungen und der Identitätsbildungen hängen auch wesentlich davon ab, wie Menschen mit ihrem Körper beim Handeln umgehen, welche körperlichen Abstände sie einhalten, welche Körperhaltungen sie zeigen, welche Gestiken sie entwickeln. Über diese Merkmale vermitteln Menschen anderen Menschen mehr als die Intentionen ihres Handelns. Diese Faktoren tragen auch wesentlich zur Bildung von Gemeinschaften und zur Bildung von Identität bei. Dieses „Mehr" besteht in der Art und Weise, in der Handelnde ihre Ziele realisieren. Trotz einer intentional gleichen Ausrichtung von Handlungen zeigen sich in dem *Wie,* dem *modus operandi* ihrer Inszenierung, erhebliche Unterschiede.

modus operandi

Zu den Gründen dafür gehören einerseits historische, kulturelle, soziale und institutionelle Rahmenbedingungen, andererseits besondere, mit der Individualität der Handelnden verbundene Merkmale. Das bedeutet zum Beispiel, dass weniger die räumlichen (architektonischen, materiellen etc.) Bedingungen des schulbezogenen Handelns, sondern fokussierter die räumlichen Prozesse und Effekte dieses Handelns, d.h. der konkrete *Umgang* mit der Architektonik, Materialität, Visualität, Akustik, Haptik etc., in den Blick gerückt werden. Damit wird auch die Komplexität sozialen und pädagogischen Handelns mit seinen ungewollten Nebenwirkungen sichtbar. Die Grenzen der Voraussehbarkeit und Planbarkeit sozialen und pädagogischen Handelns werden sichtbar (vgl. Wulf/Göhlich/Zirfas 2001).

Die Inszenierung und Aufführung erzieherischen Handelns impliziert mithin intentionale und nicht-intentionale Handlungen. Beiden Arten des Handelns ist der performative Charakter gemeinsam. Vor allem in Institutionen des Bildungswesens spielt die Inszenierung von Situationen, in denen Erziehung stattfindet, eine zentrale Rolle. Damit eine Inszenierung gelingt, bedarf es einer ihr entsprechenden Aufführung. Um solche Aufführungen realisieren zu können, ist ein *praktisches Wissen* erforderlich, in welches das oben erwähnte implizite Wissen und die das Handeln anleitenden Theorien eingehen. Wie u.a. Wittgenstein und Bourdieu gezeigt haben, ist dieses praktische Wissen nur in begrenztem Maße theoretisch verfügbar (vgl. Kraus et al. 2017). Seine Vermittlung erfolgt eher durch die Inszenierung und Aufführung, durch die Performativität pädagogischen Wissens, die sich in sinnlich wahrnehmbaren und erlebbaren Situationen zeigt und die so zum Gegenstand der Interpretation werden kann.

praktisches Wissen

Unter dem Blickwinkel des performativen Aktes als Vollzugsgeschehen, das ebenso von funktionalen Bedingungen des Gelingens (Austin) wie von phänomenalen Bedingungen des *embodiment* (Butler) abhängig ist, erscheinen performative Akte häufig als ritualisierte öffentliche Aufführungen. Wenn Performativität zu ritualisierten Aufführungen führt, sich in solchen manifestiert und realisiert, so ist neben dem Begriff der Aufführung, der Darstellung, der Inszenierung auch der Begriff des Rituals bzw. der Ritualisierung für eine Theorie des Performativen von zentraler Bedeutung (vgl. Wulf/Zirfas 2004). Für Aufführungen wie für Rituale ist die körperliche Kopräsenz der am Geschehen Beteiligten konstitutiv, die eine Handlung gemeinsam vollziehen und

Ritual

gemeinsam eine Wirklichkeit hervorbringen. Über körperlich-mimetische Prozesse entsteht eine gemeinsam geteilte Wirklichkeit. So gibt das Performative auf die alte Frage nach der Entstehung von Wirklichkeit eine neue Antwort: Durch Aufführungen, die – im hier relevanten und nicht ausreichenden Sinne – definiert werden können als Geschehnisse zwischen Akteur*innen und Zuschauer*innen und durch Rituale, die definiert werden können als wiederholbare Geschehnisse zwischen Akteur*innen, bringen Menschen gemeinsam, gestisch, sprachlich, körperlich, mimetisch Wirklichkeiten hervor, die für alle Beteiligten einen, wenn auch kritisierbaren, verbindlichen Charakter haben (vgl. Wulf et al. 2001). In performativen Konstellationen wird die Fokussierung auf die Zeichenprozesse abgelöst durch die Fokussierung auf die konkrete Materialität von räumlichen, zeitlichen Bedingungen und Gegenständen, auf Körperlichkeit und Wahrnehmungsprozesse – auf das konkrete, singuläre Ereignis.

Wiederholung

Begreift man Gesellschaft und Kultur als Ergebnis performativer Handlungen, kommt der *Wiederholung* eine zentrale Bedeutung zu. Sie steht im Zentrum performativ-mimetischer Prozesse, in denen eine Bezugnahme auf Vorausgehendes erfolgt, die jedoch nie zu demselben Ergebnis führt. Vielmehr kommt es in diesen Prozessen zu einer nachahmenden Veränderung und Gestaltung des Vorausgehenden. Hier liegen das innovative und kreative Moment mimetischer Prozesse und ihre Bedeutung für performatives Handeln (vgl. Wulf 2005). In der Hervorbringung von Gesellschaft und Kultur spielt dieses Moment performativer Differenz eine entscheidende Rolle. Im Verlauf dieses Prozesses kommt es zur Inszenierung und Aufführung von Kritik und Veränderung. Performatives Handeln schafft soziale Konstruktionen, Institutionen und je nach kultureller Praxis unterschiedliches praktisches Wissen. Praktisches Wissen ist performativ; es ist körperlich, ludisch, rituell und zugleich historisch, kulturell; performatives Wissen bildet sich in *face-to-face*-Situationen und ist semantisch nicht eindeutig; es ist ästhetisch und entsteht in mimetischen Prozessen; performatives Wissen hat imaginäre Komponenten, enthält einen Bedeutungsüberschuss und lässt sich nicht auf Intentionalität reduzieren; es artikuliert sich in Inszenierungen und Aufführungen des alltäglichen Lebens, der Literatur und der Kunst.

Pädagogik des Performativen

Ausgehend von einer *Pädagogik des Performativen* (vgl. Wulf/Zirfas 2007) können nunmehr unterrichtliche Situationen deshalb verstärkt unter fünf Aspekten betrachtet werden: erstens unter dem bereits dargestellten Aspekt der „leiblichen Gebundenheit und sozialen Bezogenheit“ (Göhlich 2007, S. 137) pädagogischer Geschehnisse, zweitens unter den Aspekten des Inszenatorischen und des Präsentativen, drittens unter dem Aspekt der mimetischen Aneignung kulturell-sozialer Wirklichkeiten, viertens unter dem Aspekt des kommunikativen Wirkens und schließlich fünftens unter dem Aspekt eines inszenatorischen Könnens.

1. Versteht man Didaktik als sozial-historisch gebundenes Prinzip der wissenschaftlich reflektierten Planung und Analyse von systematisierten Enkulturationsprozessen, dann rückt die Bedeutung des, „gesellschaftlichen, interaktiven und individuellen Vermittlungsprozesses kultureller und sozialer Inhalte ins Zentrum“ (Kron 2000, S. 50). Unterricht als Handlungssystem ist selbst eine und sie bezieht sich auf eine sozial-kulturelle Praxis; aus diesem Grund können Vermittlungs- und Aneignungsprozesse nur als je doppelte gedacht werden: Die sich im vermittelten Aneignungsprozess konstituierende soziale Wirklichkeit ist ausschlaggebend für die Welt- und Selbstaneignung der Schüler*innen, die wiederum dispositional auf andere soziale Wirklichkeiten verweist.

Vermittlungs- und Aneignungsprozesse

In bourdieuscher Terminologie gesprochen (vgl. Bourdieu 2001, S. 112ff.) geht es also im Unterricht zunächst um nichts anderes als um eine Aneignung im Sinne einer Inkorporation kulturellen Kapitals, die durch das Lehrer*innenhandeln organisatorisch unterstützt wird. Unter dem Begriff des kulturellen Kapitals versteht Bourdieu neben dem objektivierten Kapital in Form von Bildern, Büchern, Instrumenten etc. und neben dem institutionalisierten Kulturkapital in Form von Titeln vor allem das inkorporierte Kulturkapital, das körperliche Haltungs- und Handlungsformen meint, die in einem langfristigen Prozess individuell angeeignet werden müssen.

Inkorporation

Der Akkumulationsprozess des inkorporierten Kulturkapitals ist jedoch in Anlehnung an die Argumentation Bourdieus entscheidend mitbestimmt durch außerunterrichtliche Faktoren. Didaktisch gesprochen heißt das, dass die subjektive Disposition zur Aneignung der im Unterricht transportierten Kulturformen den Erfolg ebendieser Aneignung limitiert oder fördert. Das handlungsbezogene Handeln der Lehrenden hinsichtlich der Aneignungstätigkeit der Lernenden findet aus diesem Grund ihren grundsätzlichen Bezugspunkt in der Aneignungsperformanz der Schüler*innen, die als Voraussetzung für Unterricht gelten kann. Das zentrale pädagogische Wirkungspotential von Unterricht besteht folglich in ihm selbst, also in seinem praktischen und je aktuellen, körperlich-

Vollzug

sozialen Vollzug durch Lehrende und Lernende. Für die Kinder und Jugendlichen ereignet sich der Enkulturationsprozess somit durch die subjektive Aneignung von unterrichtlichem Handeln, das jedoch als ein durch die Vorgaben des Unterrichtsrahmens arrangierter Handlungsmodus erscheint. Wichtig ist hierbei der performative Aspekt von Handlung. Die Präsentation rahmenadäquater Handlungen bestimmt zu einem hohen Maße den kommunikativen Erfolg einer bzw. eines Lernenden.

Das präsentierte handlungsbezogene Handeln der Lehrperson basiert selbst auf vorangegangenen subjektiven Aneignungsprozessen kollektiver Kulturalität sowie auf deren individueller und auf deren professionell-methodischer Transformation. Einfacher ausgedrückt: Das Handeln der Lehrenden kann erst dann zustande kommen, wenn die zu vermittelnden Inhalte zu einem vorausgegangenen Zeitpunkt von ihnen selbst angeeignet wurden und diese darüber hinaus spezifisch von ihnen aufbereitet wurden, damit sie erneut angeeignet werden können. Sowohl Inhalte als auch Methoden erfahren dabei einen stetigen Wandlungsprozess. Dies gilt in gleichem Maße für die Aneignungstätigkeit der Schüler*innen. Auch hier vollzieht sich nicht nur ein Rezeptionsprozess. Vielmehr ist in der Aneignung selbst bereits ein Element der Bearbeitung von Kultur enthalten; gleichwohl muss hierbei der Faktor der Zeitverzögertheit zwischen kollektiven kulturellen Entwicklungen und der subjektiven unterrichtlichen Aneignung deren Resultate, als eine Bedingung der Möglichkeit von Unterricht überhaupt angesehen werden.

Inszenierung

2. Wird Unterricht als Prinzip der (Re-)Präsentation kultureller Inhalte aufgefasst, dann kommt dem Vorgang des ästhetischen Arrangierens dieser Situation, also ihrer „Inszenierung“, eine wichtige Bedeutung zu. Martin Seel (2001, S. 50) bestimmt in einer strikt formalen Definition „Inszenierungen“ wie folgend als „absichtsvoll eingeleitete oder ausgeführte sinnliche Prozesse, die vor einem Publikum dargeboten werden *und zwar so, daß sich eine auffällige spatiale und temporale Anordnung von Elementen ergibt, die auch ganz anders hätte ausfallen können.*“ In diesem Sinne kann der Vorgang des In-Szene-Setzens, also des ästhetischen Arrangierens offenbar sehr weit gefasst, nicht nur als ein künstlerisches, sondern als ein allgemein kulturelles bzw. als ein individuelles und/oder gesellschaftliches, also lebensweltliches Phänomen angesehen werden, das konkret in Bezug auf Unterricht einen charakteristischen, nämlich nach-

vollziehenden, Modus kulturellen Handelns bedeutet (vgl. Hausmann 1959).

Der durch die Inszenierung zustande kommende unterrichtliche Rahmen bedingt nun, dass alle Handlungen innerhalb einer Unterrichtssituation spezifisch intentional bedeutungshaft vor der Folie ebendieses Rahmens, also vor dem Hintergrund einer inszenatorischen Ebene bewertet werden. Erst dadurch wird z.B. der Faktor der Störung einer Unterrichtssituation existent.

Obwohl Unterricht eine räumlich und zeitlich strikt definierte Situation darstellt, ist er trotzdem nicht vorschnell als simulatives oder theatrales Konstrukt zu definieren. Dass Unterricht in einer spezifischen Distanz zum sog. normalen Alltag steht, ist einerseits offensichtlich, da er zu bestimmten Zeiten an bestimmten Orten mit bestimmten Regeln, Mechanismen und Zielen abläuft, dass Unterricht als pädagogische Situation einen gewissen Schonraum darstellt, ist ebenfalls einsichtig, da Kinder und Jugendliche erst an die universellen Anforderungslogiken der Erwachsenenwelt herangeführt werden müssen. Andererseits ist es jedoch auch so, dass Unterricht einen überaus gewichtigen Lebensbestandteil von Schüler*innen und Lehrer*innen darstellt, der elementar Einfluss auf den Lebensrhythmus, auf soziale Beziehungen, auf Selbst- und Fremdwahrnehmungen, auf Selbstwertgefühle und vor allem auf Handlungsmöglichkeiten und Könnens- bzw. Wissensformen nimmt. Schulischer Unterricht ist daher sowohl in einer relativen Distanz als auch in einer relativen Nähe zum Lebensalltag von Schüler*innen und Lehrer*innen zu beschreiben; nur in dieser doppelten Relativität ist die Funktion von Unterricht verständlich: Unterricht ist ein eigenständiger kultureller Tätigkeitsbereich des Menschen, der zugleich integraler Bestandteil der gesamtgesellschaftlichen Arbeit der Tradierung von Kultur ist.

Schonraum

3. Schulisches Wissen ist perspektivisch auf außerschulisches Können und somit letztendlich auf Performanz in späteren situationsspezifischen Kontexten bezogen, bedarf aber zur Aufrechterhaltung seiner Wirksamkeitsabsicht selbst produktive Elemente, die als mimetische Handlungsprozesse zu verstehen sind. Im Unterschied zu mimetischen Prozessen in außerunterrichtlichen Situationen ist jedoch hier der Bezugspunkt in kulturell-inhaltlicher Sicht keine konkrete Handlung, sondern generalisierte Handlungsprozesse in Form gesicherten und aufbereiteten kulturellen Wissens, das durch konkrete Handlungs-

mimetische Handlungsprozesse

vollzüge seitens der Lehrperson vermittelt wird. Für die Lehrposition heißt das wiederum, dass alle inhaltsbezogenen Handlungen zwangsläufig einen Darstellungs-, Zeige- und Deutungsaspekt beinhalten und die Handlungen damit potentiell Bezugspunkte für mimetische Prozesse der Schüler*innen werden können (vgl. Klepacki/Zirfas 2013).

Der subjektive Modus dieser Handlungen ist dann das konkrete soziale Moment von Unterricht, das ebenfalls von den Schüler*innen angeeignet wird. Infolge dessen hat das individuelle *Wie* der pädagogischen Vermittlung direkte Auswirkungen auf das individuelle *Wie* der Schüler*innenaneignung. Nicht das Was, sondern die Tatsache, dass und wie vermittelt und angeeignet wird, ist sodann von zentraler Wichtigkeit für die Betrachtung von Unterricht. Die vor dem Hintergrund der körperlich-szenischen Darstellung von Inhalten permanent ablaufenden mimetischen Prozesse sind daher von grundlegender sozialer und kultureller Bedeutung – auch für den außerschulischen Alltag. Das *Wie* sowohl des Lehrer*innen- als auch des Schüler*innenhandelns und damit das ästhetisch-inszenatorische Element des Unterrichts, muss dabei letzten Endes noch viel stärker als das inhaltliche *Was* des Unterrichts als zentrales Funktionsmerkmal von Unterricht im Sinne eines spezifischen handlungsbezogenen Handlungssystems erachtet werden (vgl. Klepacki/Zirfas 2013, S. 181ff.).

Schüler*-innenaneignung

4. Die Art und Weise, wie Schule gehalten wird, und wie Prozesse der Vermittlung und Aneignung konkret verlaufen, erzeugt nicht nur spezifische pädagogische Wirklichkeiten mit ihren Atmosphären und Störungen; und sie bedingt nicht nur sehr heterogene Klassen- und Cliquengemeinschaften, sondern auch sehr unterschiedliche Leistungen der Schüler*innen. Zudem ist sie auch bedeutsam für die Identitätsfeststellung und die Geschlechterkonstruktion.

Hierbei kann man an die Forschungen von Judith Butler anknüpfen, die das Konzept der *Performativität* auf die Frage nach der performativen Hervorbringung einer geschlechtlichen Identität fokussiert hat (Butler 1991; 1997a). Performativität trägt sowohl zur Identitätsbildung als auch zur Reformulierung der Identität im Sozialen wie Schulischen bei. Durch die wiederholende Anrufung und durch rituelle Inszenierungen und Praktiken werden die Individuen zu einem entsprechenden (geschlechtlichen) körperlichen und intellektuellen Verhalten diszipliniert, das ihnen wiederum als natürlich und unveränderbar erscheint. Der Akt der (sexuellen) Selbstdefini-

Identitätsbildung

tion lässt sich in diesem Kontext als ein performativer beschreiben, der körperlich erzeugt, was er benennt und der ausführt, was er beschreibt (vgl. Butler 1998, S. 149ff.). Insofern lässt sich von einer mimetischen Übertragung des Sprechens auf die Körperlichkeit und schlussendlich auf die Identität des Menschen sprechen. So gilt: Keine Identität existiert ohne eine sie konstituierende performative Praktik. Doch es gilt auch: Jede Identität lässt sich durch bestimmte Formen der Inszenierung auch wieder außer Kraft und damit in neue diskursive und praktische Kontexte hineinversetzen. „In this sense, gender is in no way a stable identity of locus of agency from which various acts proceed; rather, it is an identity tenuously constituted in time – an identity instituted through a stylised repetition of acts. [...] Gender reality is performative which means, quite simply, that it is real only to the extent that it is performed" (Butler 1997b, S. 402).

5. Bezieht man nun abschließend diese Erkenntnisse noch einmal auf die Frage nach den unterrichtlichen Anforderungen an die Lehrperson, dann zeigt sich sehr deutlich, dass die Fähigkeit zum Unterrichten eine komplexe ist. Die Lehrperson benötigt sowohl eine objektive Inhalts- und Methodenkompetenz als auch eine subjektive Handlungskompetenz. Unterricht stellt für diese dementsprechend nicht nur eine objektive Wissensproblematik, sondern insbesondere auch eine subjektive Handlungsproblematik dar. Die Ausbildung einer professionellen Vermittlungsleiblichkeit scheint dabei in zweifacher Hinsicht von entscheidender Bedeutung zu sein: Einerseits, weil dadurch überhaupt erst die inhaltliche Vermittlungsarbeit möglich wird und andererseits, weil die Lehrperson durch ihre leibliche inhaltliche Vermittlungsarbeit zugleich einen zentralen Bezugspunkt mimetischer Lernprozesse seitens der Schüler*innen markiert.

professionelle Vermittlungsleiblichkeit

Die Lehrer*innenausbildung hätte dementsprechend auch einen Fokus auf die sinnlichen und körperlichen und damit die mimetischen Dimensionen einer Unterrichtssituation zu legen, da diese die Möglichkeit inhaltlicher Vermittlung und Aneignung erst bedingen. Diese Ausbildung müsste deshalb auch die Möglichkeit einer Reflexion von sinnlicher Wahrnehmung und körperlicher Handlung bieten, da die (angehenden) Lehrer*innen selbst auch mimetische Lernprozesse in ihrem Leben durchlaufen haben, die sich auf einer unbewussten Ebene in ihren habituellen Handlungen niederschlagen. Geht man davon aus, dass die Lehrer*innen aufgrund ihrer habituellen Geprägtheit selbst nur zu gewissen (historisch, kulturell und sozial bedingten) Wahrnehmungs-, Handlungs- und Kommunikationsformen fähig sind, dann wird deutlich, dass erst ein reflexives Bewusstsein darüber zum Erwerb einer methodisch gesicherten, performativen Vermittlungsfähigkeit führen kann. Dass die Lehrperson im Unterricht nicht zufällig agieren darf, ist eine Binsenweisheit. Dass die Systematisierung ihrer Handlungsfähigkeit jedoch bei der Arbeit an ihrer eigenen Körperlichkeit beginnt, wird dabei oft übersehen. Das, was letztlich in einer jeweiligen Unterrichtssituation zwischen allgemeiner Theorie und konkreter praktischer Herausforderung vermittelt, ist die spontane professionelle Leiblichkeit der Lehrperson, die sie zum zentralen Steuerungs- und Resonanzelement des Unterrichts werden lässt. Diese Form der Leiblichkeit muss jedoch erst ausgebildet werden. In der vorherrschenden Form der Lehrer*innenausbildung kann dies im Großen und Ganzen erst in der zweiten Phase der Ausbildung geschehen. Aus diesem Grund ist die größte Problematik für angehende Referendar*innen das tatsächliche Unterrichten, nicht das Wissen darüber, was warum zu unterrichten ist. Die Ausbildung legt in dieser Logik viel Zeit auf den Erwerb des *Know-What* und vernachlässigt dadurch den Umstand, dass der Erwerb des

Know-How

Know-How mindestens ebenso viel Zeit in Anspruch nimmt, bis es sich habitualisiert hat (vgl. Zirfas 2005).

Fragen

1. Welche Bedeutung hat das Gehirn bzw. haben neurowissenschaftliche Überlegungen für das pädagogische Denken und Handeln?
2. Was spricht für eine Erziehung zur Uhrenzeit und was für eine Erziehung zur Ich-Zeit?
3. Welches Bild vom Kind hat die Psychoanalyse und welche Auswirkungen hat dieses Bild auf die Erziehung?
4. Inwiefern kann man vom Unterricht als Inszenierung sprechen?

Weiterführende Literatur

Bilstein, Johannes (Hrsg.) (2011): Anthropologie und Pädagogik der Sinne. Opladen & Farmington Hills: Barbara Budrich. – Dieser Band enthält 17 Studien aus historischen, phänomenologischen, naturwissenschaftlichen, sozial- und kulturwissenschaftlichen Perspektiven zu folgenden Themenfeldern: die Sinne im Einzelnen wie Sehen, Hören, Riechen, Schmecken und Tasten; auf das körperliche und emotionale sinnliche Zusammenwirken des Wahrnehmens und seiner Leistungen; und ästhetische und soziale Phänomen wie Kitsch, Theater oder Wellness. Zudem kommen die Bildungs- und Entwicklungsmöglichkeiten der Sinne in und außerhalb der Schule in den Blick.

Bilstein, Johannes/Brumlik, Micha (Hrsg.) (2013): Die Bildung des Körpers. Weinheim/Basel: Beltz. – In diesem Band kommen vier Blickwinkel auf den Körper zur Sprache: Ein historischer, der von der Antike bis zur Moderne reicht und Fragen der Sichtbarkeit, der Aufmerksamkeit und der Disziplin rekonstruiert. Ein dezidiert anthropologischer, in dem der Körper als Erkenntnisorgan und Zeichenmedium, aber auch als Ort der Fremdheit, der Handlung und der Performativität erscheint. Ein dezidiert pädagogischer, in dem Fragen der Stimmlichkeit und Sprachlichkeit sowie der Körperarbeit und -therapie im Mittelpunkt stehen. Und schließlich ein kultureller, in dem der Körper in der bildenden Kunst, dem Theater und dem Konsum diskutiert werden.

Bilstein, Johannes/Miller-Kipp, Gisela/Wulf, Christoph (Hrsg.) (1999): Transformationen der Zeit. Erziehungswissenschaftliche Studien zur Chronotopologie. Weinheim: DSV. – Dieser Tagungsband mit 20 Beiträgen ist in drei Kapitel gegliedert: Im ersten Kapitel werden Zeittheorien unter den Aspekten von Zeitmodellen, pädagogischen Chronopolitiken, Selbstzeit und Ritualzeit rekonstruiert. Im zweiten Teil finden wir die Lebensalter Kindheit, Jugend und Alter sowie Fragen zur Entwicklung, zur Zeitmündigkeit und zum Zeitempfinden. Und im dritten Abschnitt werden (Bildungs-)Bewegungen mit Blick auf Bilder, Körper und Imaginationen thematisch.

Buchholz, Michael B./Gödde, Günter (2005/6): Das Unbewusste. Band 1: Macht und Dynamik des Unbewussten, Band 2: Das Unbewusste in aktuellen Diskursen, Band 3: Das Unbewusste in der Praxis. Gießen: Psychosozial Verlag. – Dieses Projekt in drei Bänden und 79 Beiträgen umfasst die historischen Vorläufer von Freud und die aktuellen Modelle des Unbewussten in der Psychoanalyse (1), die Anschlüsse an die Sozial- und Kulturwissenschaften sowie die Geistes- und Naturwissenschaften (2) und schließlich die Einflüsse der Theorien des Unbewussten in den Praxisfeldern diverser Therapieformen, in der Pädagogik, in der Beratung und Supervision, in der Politik und der Kultur sowie in der Lebenskunst (3).

de Haan, Gerhard (1996): Die Zeit in der Pädagogik. Vermittlungen zwischen der Fülle der Welt und der Kürze des Lebens. Weinheim/Basel:

Beltz. – Das Buch bietet einen historischen und systematischen Überblick über den Wandel des Zeitempfindens in der Pädagogik vom 17. Jahrhundert bis zur Gegenwart. Es thematisiert im Einzelnen pädagogische Fragen der Geschichte und des Gedächtnisses, der bildlichen Repräsentation und der kulturellen Evolution, der Anfänge und Verfallsgewissheiten, der Langsamkeit, der Beschleunigung und des Wartens.

Rittelmeyer, Christian (2002): Pädagogische Anthropologie des Leibes. Biologische Voraussetzungen der Erziehung und Bildung. Weinheim/München: Juventa. – Rittelmeyer verfolgt das Ziel Erkenntnisse der Biowissenschaften phänomenologisch auf den Körper zu beziehen und dabei die Anknüpfungspunkte für pädagogische Fragestellungen der Entwicklung und Bildung des Menschen zu markieren. Sechs Zugänge werden vorgestellt, die von einer pädagogischen Entwicklungsmorphologie und Ästhesiologie über die Chronobiologie und die Hirnforschung bis hin zur Verhaltensgenetik und Evolutionsforschung reichen.

Rudolf, Gerd (2015): Wie Menschen sind. Eine Anthropologie aus psychotherapeutischer Sicht. Stuttgart: Schattauer. – Gerd Rudolf beleuchtet in seinem Buch zunächst neun anthropologische Dimensionen. Er diskutiert biologische Aspekte, emotionale Beziehungen und das rationale Denken und geht darauf ein, wie durch Selbstreflexion Religion, Moral, Soziales und Kultur möglich werden. Zudem nimmt er die Menschenbilder in der Psychotherapie in den Blick und plädiert dafür, die Frage der anthropologischen Grenzsituationen stärker zu berücksichtigen. Schließlich entwirft er eine Anthropologie, die durch das biologisch-Vorgegebene, das zu Entwickelnde und das Mitmenschliche fundiert und um das Dual von Freiheit und Begrenzung zentriert ist.

Scheunpflug, Annette/Wulf, Christoph (Hrsg.) (2015): Zeitschrift für Erziehungswissenschaft, Heft 1. Wiesbaden: Springer VS. – Der Band untersucht bedeutsame Forschungen Pädagogischer Anthropologie in Deutschland sowie ihre Weiterentwicklungen. Nach einem Überblick von Ch. Wulf über wichtige Paradigmen Pädagogischer Anthropologie entwickeln D. Burghardt und J. Zirfas die Perspektive einer Ästhetischen Anthropologie. A. Lang diskutiert den pädagogischen Topos des Lernens unter besonderer Berücksichtigung des Körpers und A. Scheupflug arbeitet die Menschenbilder von Sozialisationstheorien heraus. Schließlich beschreibt K. M. Anderson-Lewitt Ansatzpunkte Pädagogischer Anthropologie in den USA, in Mexiko und im UK.

Wulf, Christoph/Göhlich, Michael/Zirfas, Jörg (Hrsg.) (2001): Grundlagen des Performativen. Eine Einführung in die Zusammenhänge von Sprache, Macht und Handeln. Weinheim/München: Juventa. – Ein Band mit einem grundlagentheoretischen Anspruch, der den Zusammenhang von performativem Wissen und Handeln zentraler Theoretiker*innen des Performativen mit Blick auf die Pädagogik diskutiert: Unter dem Aspekt „Sprache“ werden verhandelt: J. Austin, J. Habermas und J. Derrida; zur „Macht“ werden P. Bourdieu, M. Foucault und J. Butler befragt; das „Handeln“ wird mit G. H. Mead, E. Goffman, V. Turner, G. Gebauer und Ch. Wulf thematisch.

Wulf, Christoph/Zirfas, Jörg (Hrsg.) (2007): Die Pädagogik des Performativen. Theorien, Methoden, Perspektiven. Weinheim/Basel: Beltz. – Der Band stellt das Performative als eine neue Fokussierung in den Erziehungswissenschaften in vier zentralen Perspektiven dar: erstens bezogen auf die ästhetische und die soziale Bildung, zweitens auf die Identitätsbildung, drittens auf die institutionelle und virtuelle Bildung und schließlich viertens auf die performative Ethnographie.

Kapitel 2: Handlungswissen oder: Was soll ich tun?

„Wie kultiviere ich Freiheit bei dem Zwange?“
Immanuel Kant

Ein immer wieder auftauchendes Problem der Pädagogischen Anthropologie ist der Zusammenhang zwischen anthropologischen und ethischen bzw. praktischen Überlegungen. Die Frage ist: Lassen sich aus anthropologischen Zugängen und Sachverhalten normative Gesichtspunkte für pädagogisches Handeln gewinnen – oder aber sind anthropologische Betrachtungsweisen und praktische (moralische) Handlungsmaximen zwei unterschiedliche Blickwinkel ohne Berührungspunkte?

Im Folgenden geht es um vier bedeutsame pädagogisch-anthropologische Entwürfe aus den letzten 250 Jahren, die Antworten auf die Frage geben, was wir als Erzieher*innen tun sollen. Und diese Antworten orientieren sich sehr stark an einem spezifischen Bild des Menschen. In Kurzform: Wir sollen uns an der Natur (Rousseau), an der Autonomie (Kant), am Übermenschen (Nietzsche) und an der Mimesis (Wulf) orientieren.

In diesem Kapitel soll den Leser*innen die Thesen nahegebracht werden, dass (unterschiedliche) Menschenbilder immer mit (unterschiedlichen) normativ-praktischen pädagogischen Überlegungen in Zusammenhang stehen und dass eine normative pädagogische Praxis immer auch spezifische Menschenbilder impliziert.

Jean-Jacques Rousseau: Orientierung an der Natur

Wenn man Jean-Jacques Rousseau fragen könnte, was man in der Erziehung tun solle, so würde er sagen: Orientiere dich an der Natur! Was aber meint dieser Vorschlag?

Rousseaus wichtigste pädagogische Voraussetzung ist der Gedanke einer Natur, die frei ist von der (christlichen) Erbsünde; der Sündenfall findet bei Rousseau in und nicht vor aller Zeit statt. „Alles, was aus den Händen des Schöpfers kommt, ist gut“, so lautet der erste Satz des pädagogischen Klassikers *Émile* (Rousseau 1762/1990, S. 107). Oder anders formuliert: „Der Mensch ist

Natur

von Natur aus gut" – das ist die Vorstellung, der Erziehung zu folgen hat.

Diese Vorstellung von der guten Natur – und das macht Rousseau selbst sehr klar – ist ein notwendiges Gedankenexperiment, das verdeutlicht, dass Erziehung auf eine ungebrochene und nicht entfremdete Authentizität und Identität des Menschen zu zielen habe. Insofern geht es Rousseau nicht darum, „zurück zur Natur zu *gehen*" (wie ihm gelegentlich mit der Vorstellung unterstellt wird, dass alle Menschen wieder zu ihren tierischen Vorfahren werden sollen), sondern lediglich „zurück zur Natur zu *sehen*". Dieses Gedankenexperiment wird notwendig, weil es Rousseau eine kritische Folie zur Einschätzung der gesellschaftlichen (bürgerlichen) Situation bietet: Er gewinnt diesen kritischen Blickwinkel durch die Hypothese eines fiktiven Naturzustandes, der somit die ganze Last der Legitimation seiner Argumentationen trägt: „Denn es ist kein geringes Unterfangen zu unterscheiden, was in der aktuellen Natur des Menschen ursprünglich und was künstlich ist, und einen Zustand richtig zu erkennen, der nicht mehr existiert, der vielleicht nie existiert hat, der wahrscheinlich niemals existieren wird und von dem zutreffende Begriffe zu haben dennoch notwendig ist, um über unseren gegenwärtigen Zustand richtig zu urteilen" (Rousseau 1755/1984, S. 47ff.).

Anthropologie der Identität

Rousseaus Gedankenexperimente des Naturzustandes und des natürlichen Menschen präsentieren eine Anthropologie der Identität: Denn der natürliche Mensch ist ein Einzelgänger, der seine Kräfte ganz für seine Bedürfnisse einsetzt und der sich selbst, wie Rousseau schreibt, „immer ganz mit sich" führt (Rousseau 1755/1984, S. 83). „Der natürliche Mensch ist sich selbst alles. Er ist die ungebrochene Einheit, das absolute Ganze, das nur zu sich selbst oder seinesgleichen eine Beziehung hat. Der bürgerliche Mensch ist nur eine Bruchzahl, die von ihrem Nenner abhängig ist und deren Wert in ihrer Beziehung zum Ganzen besteht, das heißt dem gesellschaftlichen Ganzen" (Rousseau 1762/1990, S. 112).

Kinder

Wenn man sich nun genau ansieht, für welche Kinder im Erziehungsmodell von Rousseau Erziehung überhaupt möglich und notwendig wird, so sieht man, dass Rousseau Erziehung nur für einen sehr begrenzten Teil aller Kinder überhaupt vorsieht, obwohl er noch im Vorwort des *Émile* (Rousseau 1762/1990, S. 103) davon spricht, dass von seinen Erziehungsmaximen Glück und Unglück der Menschheit abhängen. Im Einzelnen: Für arme Kinder ist die Erziehung nicht notwendig, weil diese sich selbst zum Menschen erziehen (Rousseau 1762/1990, S. 138), ebenso wie die sehr intelligenten (Rousseau 1762/1990, S. 137); für die Kinder der ländlichen Bevölkerung ist eine Erziehung überflüssig, da diese „nicht der Entwicklung ihrer Fähigkeiten [bedürfen], um glücklich zu sein" (Rousseau 1761/1988, S. 594). Für die körperlich und geistig kranken Kinder ist Erziehung sogar unmöglich, weil der Erzieher zum „Krankenwärter" wird (Rousseau 1762/1990, S. 139f.); und bei denjenigen, die in Ländern mit extremen Bedingungen aufwachsen, ist eine geglückte Erziehung unmöglich, weil die „Beschaffenheit des Gehirns [...] weniger vollkommen ist" (Rousseau 1762/1990, S. 137f.). Es bleibt ein erziehbares und zu erziehendes „imaginäres" (Rousseau 1762/1990, S. 134) Musterkind: ein reiches, gesundes, städtisches, mitteleuropäisches Kind mit durchschnittlicher Intelligenz, das zudem ohne Familie und ohne Freunde aufwachsen soll (Rousseau 1762/1990, S. 136f.). Dieses Kind kann zudem anderen Kindern nicht als Beispiel dienen (Rousseau 1762/1990, S. 396), da es eine individuelle Erziehungsmethode erfordert (Rousseau 1762/1990, S. 140).

Musterkind

Wichtig für Rousseau ist nun, dass nicht nur dieses von ihm erträumte Kind, sondern Kindheit sich generell vom Erwachsenendasein unterscheidet. Nicht umsonst gilt Roussau häufig als „Erfinder der Kindheit". „Immer suchen sie das Kind im Erwachsenen, ohne zu bedenken, was ein Kind vorher war" (Rousseau 1762/1990, S. 102). Die Tatsache, dass das Kind etwas prinzipiell anderes ist als ein kleiner Erwachsener, und also auch nicht mit den gleichen Mitteln beeinflussbar, begründet nicht nur die Eigenständigkeit der Pädagogik in Theorie und Praxis, sondern auch die Sicht auf eine kindgemäße Entwicklung.

Kindheit

Wie Émile das ideal erzogene Kind darstellt, so wird auch der Erzieher zu einem konstruierten Ideal. Und dieses ist vielleicht noch merkwürdiger als das Modell des Zöglings. Als „natürlicher Erzieher" des Kindes gilt Rousseau zunächst nicht die Mutter, sondern der Vater (Rousseau 1762/1990, S. 130), der allerdings die „Stimme der Natur" in seinem Herzen hören muss, um ein guter Erzieher zu sein. Da sich alle Menschen der bürgerlichen Gesellschaft aber von diesen „natürlichen Stimmen" entfremdet haben, braucht es einen professionellen Erzieher. Dieser wird mithin notwendig, wenn der Abstand zur Natur zu groß geworden ist. Der Erzieher tritt mit einem Vertrag in alle elterlichen Rechte ein (Rousseau 1762/1990, S. 138, S. 664) und er wird damit für Émile quasi zum Gesetz der Natur. Der Erziehungsvertrag zwischen den Eltern und dem Mentor ist in der gesellschaftlichen Situation die einzige Möglichkeit, eine künstliche Natürlichkeit wiederherzustellen. Dagegen bricht jegliche finanzielle Bindung

Erzieher

des Erziehers mit seinem Erziehungsauftrag, der ihn an das Kind und nicht an das Geld bindet (Rousseau 1762/1990, S. 132).

Rousseau unternimmt nun mehrere waghalsige terminologische Versuche, die Natürlichkeit des Erziehers unter allen Umständen unter Beweis zu stellen: Er spricht vom „Übermensch", vom „seltenen Wesen" oder vom „Wunder" (Rousseau 1762/1990, S. 132), und kürzt dann die Frage nach dem Erzieher ab, indem er seine natürlichen Qualitäten schlicht voraussetzt (Rousseau 1762/1990, S. 135). Der ideale Erzieher ist gefunden!

Erzieher als *alter ego* des Zöglings

Der wohl auf den ersten Blick seltsamste Versuch, von einem natürlichen Erzieher auszugehen, und noch weiter gehender: den Erzieher als das *alter ego* des zu Erziehenden (Rousseau 1762/1990, S. 138) zu konzipieren, hat mehrere Hintergründe. Zum einen ist damit ein Verstehen des Émile durch seinen Mentor gewährleistet. Wenn Erzieher und Zögling in einem Alter sind (trotz der modernen Idee des *peer teaching* ein abenteuerlicher Gedanke) verstehen sie sich sozusagen „blind". Und zudem bleibt Émile auch das Vorbild des Erwachsenen erspart, an dem er sich orientieren könnte; was er aber nicht soll, geht es Rousseau doch um einen konsequent individuellen Selbstbildungsprozess von Émile. Mit dieser „Verschiebung" des Erziehers in Richtung auf die ursprüngliche Natürlichkeit wird nicht nur darauf angespielt, dass sich zwischen den beiden ob ihrer Alters- und Geistesverwandtschaft ein unzertrennliches Verhältnis bildet (Rousseau 1762/1990, S. 138), sondern vor allem darauf, dass der Erzieher selbst noch – gerade aus den „Händen des Schöpfers" kommend – unverbildet und gut ist.

Dieses Modell des Erzieherkindes wird mit Übermenschlichkeit (Rousseau 1762/1990, S. 138) ebenso aufgeladen wie mit Göttlichkeit: „Möge das gemeine Volk denken, was es will, ich sehe Sie an der Stelle Gottes stehen: Sie schaffen einen Menschen" (Brief an den Abbé Maydieu vom 09.02.1770, zit. n. Rousseau 1762/1990, S. 959). Wie das Musterkind als asoziales Wesen erscheint, das dennoch in der Lage ist, sich selbst zu bilden und Beziehungen zu anderen Menschen aufzubauen, so erscheint der Mustererzieher als göttliches Kind, das in der Lage ist, durch Erziehungsmaßnahmen einen anderen Menschen zu erschaffen und Erziehung erscheint schließlich nicht als Verhältnis einer älteren zu einer jüngeren Generation, sondern als Selbsterziehung Émiles.

Daher finden sich im gesamten *Émile*, außer in einigen wenigen Beispielen zu fest umrissenen Erziehungssituationen, erstaunlich wenige konkrete Hinweise zur Erziehung, und dies in einem doch recht umfangreichen Werk, das je nach Ausgabe 500 bis 900 Seiten hat. Dieser Sachverhalt lässt sich zum einem so erklären, dass Rousseau „nur" den Entwicklungsgang der Natur zeigen will, der so wenig als möglich durch Menschen beeinflusst werden soll. Der Erzieher soll sich daher weitgehend aus dem intersubjektiven Erziehungsprozess heraushalten (Methode der Inaktivität; Rousseau 1762/1990, S. 260, siehe unten). Denn zum anderen lässt sich Rousseaus Ziel der kindlichen Identität und Autarkie nur umsetzen, wenn das Kind sich weitgehend unabhängig und selbstständig entwickeln kann. In diesem Sinne finden wir einige konkrete Erziehungssituationen eher beschrieben, denn näher pädagogisch erläutert (Eigentum, Stock im Wasser, nächtliche Spiele, Verirren auf dem Spaziergang, Wettlaufen, zerbrochene Fensterscheibe, magnetische Ente), und wir finden auch Rousseaus Feststellungen, dass Émile die natürlichen Entwicklungsziele erreicht hat (vgl. Rousseau 1762/1990, S. 426-437, S. 639-643).

Entwicklungsgang der Natur

Unabhängigkeit und Selbstständigkeit

Doch wie es dem Mentor konkret gelingt, seinen Zögling zu diesen Zuständen zu führen, erfahren wir leider nicht. Und wir dürfen es auch nicht, denn dann hätten wir es nicht mit einer „natürlichen Erziehung" zu tun. Wie oben zitiert, ist der *Émile* keine reine Abhandlung über Erziehung. Ohnehin sind die Bildungsinhalte des Émile stark eingeschränkt: keine Sprachen, keine Geschichte, keine Märchen und Romane, keine Geographie (Rousseau 1762/1990, S. 243-260); dafür vor allem die Ausbildung körperlicher Fähigkeiten (Sport) (Rousseau 1762/1990, S. 261ff.), und ein wenig Erd(bzw. Heimat)kunde, Astronomie und Physik (Rousseau 1762/1990, S. 339-375), die sowohl auf die unmittelbare Umgebung des Kindes als auch auf das konkrete, anschauliche Experiment beschränkt bleiben.

Sich pädagogisch an der Natur zu orientieren bedeutet mithin, sich an der Identität und Authentizität des Zöglings zu orientieren. Und was sollen wir also dabei pädagogisch tun? Zunächst sollen wir das Kind in einem Dorf erziehen, denn dort ist der Erzieher „viel mehr Herr der Umgebung, mit der er das Kind in Berührung bringen will", weil sich an diesem Ort die Freiheit des Zöglings „klug regeln" lässt (Rousseau 1762/1990, S. 217, S. 210). Die von Rousseau propagierte negative Erziehung einer wohlgeordneten Freiheit findet in einem, völlig zu Erziehungszwecken konzipierten, pädagogischen Theater-Dorf statt. Hier haben wir die erste erzieherische *Truman-Show*. Denn die pädagogischen Wirkungserwartungen von Rousseau hängen von Räumen ab, die klein, geschlossen, überschaubar und kontrollierbar sind, weil nur diese Räume die Idee einer einheitlichen Erziehung zu gewähr-

Identität und Authentizität

erzieherische *Truman-Show*

leisten scheinen (vgl. Oelkers 1993). Nicht der Erzieher erzieht das Kind, sondern Émile erzieht sich selbst bzw. wird er durch die pädagogische Inszenierung erzogen: „Ich predige euch eine schwere Kunst, ihr jungen Lehrer, nämlich beherrschen ohne Vorschriften zu geben und durch Nichtstun alles zu tun“ (Rousseau 1762/1990, S. 264).

Rousseaus Fiktion ist die Pflanze Émile im pädagogischen Garten, der vollkommene pädagogische Mensch (vgl. Zirfas 1996). Die pädagogische Gartenkunst Rousseaus ist die Kunst eines erzieherischen Ingenieurs, der für die Realisierung seines hypothetischen Entwurfs die adäquaten Mittel beschafft, indem er eine absolute pädagogische Provinz errichtet, die nach den Momenten der Überschaubarkeit, Berechenbarkeit, der Systematik und Beherrschbarkeit eine vollkommene Erziehung und Bildung gewährleisten soll. Nur hier, so Rousseau, kann Émile selbstgenügsam und glücklich werden, weil sich seine Bedürfnisse und Wünsche mit den Möglichkeiten ihrer Befriedigung die Waage halten. Anders formuliert, lässt sich in einem vollkommen durchpädagogisierten Dorf (anders als in der Stadt) die Phantasie beherrschen. Diese hat nämlich den Nachteil, dass sie das „Maß des Möglichen“ weitet, und die „Wünsche durch die Hoffnung, sie zu befriedigen“ nährt (Rousseau 1762/1990, S. 67). Daher soll das Musterkind Émile auch erst spät und wenig lesen: Mit zwölf Jahren wird seine Phantasie durch den *Robinson Crusoe* („die beste Abhandlung über die natürliche Erziehung“; Rousseau 1762/1990, S. 389) eher gefestigt, denn destabilisiert, denn er wird sich mit Robinson identifizieren, der sich – allein auf einer Insel – nicht nur am Leben erhält, sondern „sich sogar eine Art Wohlleben verschafft“ (Rousseau 1762/1990, S. 390). Der Erzieher sollte sich mithin beeilen, Émile „auf dieser Insel unterzubringen, solange sie noch sein Glück birgt“ (Rousseau 1762/1990, S. 391).

pädagogische Provinz

Nach Rousseau sind also vollkommene pädagogische (Kinder-) Gärten Inseln (vgl. Seichter 2019). Sie sind vollkommen künstlich und natürlich zugleich. Indem die vollkommene Kunst wieder Natur wird, wird der Schein selbst zum Sein, da ihm kein Sein mehr gegenübersteht. Eine absolut künstliche Pädagogik in einem absolut künstlichen Raum ist absolut – natürlich. Lern- und Bildungslandschaften sind eben keine natürlichen, sondern konstruierte, simulierte Umgebungen. Sie müssen nur natürlich wirken.

Transparenz

Émile ist zudem für seinen Erzieher vollkommen transparent. In diesem Sinne beginnt der Erzieher Rousseaus schon zu verstehen, bevor der Zögling überhaupt geboren wurde (Rousseau

1762/1990, S. 136); auch Émile hat seinen Mentor immer schon verstanden, wie sein Mentor Émile immer schon verstanden hat, so dass er im Grunde nur sich selbst beobachten muss, um seinen Zögling zu verstehen. Zwar bekennt Rousseau, dass man sich als Erzieher nie in ein Kind hineinversetzen könne (Rousseau 1762/1990, S. 361), doch die pädagogische Orientierung am zwangsläufigen Gang der Natur, das kausal gedachte Gelingen der pädagogischen Einwirkungen und die räumliche Unvermitteltheit des pädagogischen Verhältnisses, benötigen eine Empathie im psychologischen Sinne erst gar nicht, da ihr ein existentielles und essentielles Verstandenhaben vorgängig ist. Das Verstehen des Mentors ist nicht Verstehen im Hinblick auf Unbestimmbarkeit, da er sich selbst im Anderen immer schon erkannt hat. Die Pädagogik erscheint als schöne Kunst der reziproken Transparenz: Als Erzieher „müßt [ihr] es [das Kind] ohne Unterlaß beobachten und belauern, ohne daß es dessen gewahr wird, ihr müßt all seine Gefühle vorausfühlen und denen zuvorkommen, die es nicht haben darf, kurzum es auf eine Weise beschäftigen, daß es sich nicht nur zu etwas nützlich fühlt, sondern darum dabei glücklich ist, weil es gut verstehe, wozu das dient, was es tut“ (Rousseau 1762/1990, S. 398).

Insofern ist das Bildungsprogramm von Rousseau keineswegs offen, sondern auf jeder Entwicklungsstufe ist das pädagogische Ziel notwendigerweise immer mitgedacht, so dass dem offenen Bildungsprogramm eines lebenslangen Lernens auch ein Bildungsziel korrespondiert, und zwar dasjenige des Erwachsenen, des perfektionierten Menschen. Bildungsziel ist die Erkenntnis des Erwachsenen, dass der natürlich Erzogene Wohnort, Heimat, Religion und Moral als sein kostbares Erbe anerkennt und dementsprechend sein Leben einrichtet (Rousseau 1762/1990, S. 941).

Bildungsziel

Indem Rousseau mit widersprüchlichen pädagogischen Figuren arbeitet – Natürlichkeit im künstlichen Umfeld zu entwickeln, Freiheit durch Kontrolle zu ermöglichen, das Kind zu verstehen und doch nicht zu kennen, ein Kind außerhalb der Gesellschaft erziehen zu wollen, zu erziehen ohne zu erziehen – begründet er einen Diskurs der Unwahrscheinlichkeit, der eben durch diese Widersprüche und Paradoxien hindurch seine pädagogische Erfolgsgeschichte schreibt (vgl. Oelkers 1983). Anders formuliert, weist Rousseau in seiner Orientierung auf die Natur auf Problematiken hin, die jeder Erziehung und Bildung inhärent sind. Das Glück der Authentizität, das die Erziehung intendiert, lässt sich nur in einer kritischen Beziehung zur Gesellschaft entwerfen;

doch weder der Standort, noch die Maßstäbe, noch die erkenntnis- und gegenstandstheoretischen Legitimationen einer solchen kritischen Sicht der Aufklärung sind widerspruchsfrei formulierbar (vgl. Schäfer 1992). Denn die Harmonie sowohl von Rede und Handlung, Handlung und Entscheidung, Entscheidung und Voraussicht, Voraussicht und Erfüllung, als auch von Wollen und Können, von Sein und Schein, lässt sich nur in Distanz zur Gesellschaft, in der pädagogischen Provinz, ermöglichen.

erkenntnistheoretische Motivation

Für eine anthropologische Betrachtungsweise findet man bei Rousseau eine (hypothetisch) erkenntnistheoretische Motivation: Wenn wir uns über uns selbst aufklären wollen, benötigen wir Anthropologie. Der Grund dafür, dass wir uns über uns selbst aufklären müssen, liegt für Rousseau in der Tatsache, dass wir den (fiktiven) Naturzustand verlassen haben, in dem die Transparenz des Erkennens in der Transparenz der Herzen gesichert war. Der Versuch, Anthropologie als Ursprung zu denken, ist der Maßstab, an dem sich auch die Pädagogik zu messen hat, will sie denn etwas über ihre Effekte, Inhalte und Zielsetzungen erfahren. Émile ist nicht der *homme naturel*, sondern der Versuch, einen pädagogischen Maßstab zu entwerfen, an dem Erziehung sich zu messen hat.

Immanuel Kant: Die Kultivierung der Freiheit

Für Immanuel Kant ist die Frage, was in der Erziehung getan werden soll, sehr klar: Der Mensch muss diszipliniert, kultiviert, zivilisiert und vor allem moralisiert werden, was meint, dass „er lauter gute Zwecke erwähle. Gute Zwecke sind diejenigen, die notwendigerweise von jedermann gebilligt werden; und die auch zu gleicher Zeit jedermanns Zwecke sein könnten" (Kant 1803/1982, S. 706f.). Damit ein Mensch nun gute Zwecke wählen kann, muss er nach Kant frei, d.h. autonom, sein.

Unter „Freiheit" oder „Autonomie" wird die Möglichkeit des Menschen verstanden, sich selbst als Vernunftwesen bestimmen zu können und zu sollen (vgl. Zirfas 1999, S. 171ff.). „Das Prinzip der Autonomie ist also: nicht anders zu wählen, als so, daß die Maximen seiner Wahl in demselben Wollen zugleich als ein allgemeines Gesetz mit begriffen sein" (Kant 1785/1982, S. 74f.). Hiermit ist der Kategorische Imperativ gemeint, der in verschiedenen Fassungen vorliegt, von denen vor allem die folgende für die Pädagogik bedeutsam geworden ist: „*Handle so, daß du die Menschheit, sowohl in deiner Person, als in der Person eines jeden anderen,*

Kategorischer Imperativ

jederzeit zugleich als Zweck niemals bloß als Mittel brauchest" (Kant 1785/1982, S. 61).

Autonom ist der Mensch nach Kant mithin dann, wenn er die Maximen, d.h. die Grundsätze seines Handelns am Kategorischen Imperativ ausrichtet oder anders formuliert: Wenn er sich verpflichtet aus Achtung vor dem allgemeinen Gesetz (des Kategorischen Imperativs) zu handeln (Kant 1785/1982, S. 26). Kategorisch ist der Imperativ deshalb, weil er immer und überall gilt und daher nicht in Frage gestellt werden kann. Der autonome Mensch weiß nach Kant immer, was zu tun ist. Hier gibt es keine Ausreden, gilt doch der Satz: „Du kannst, weil du sollst!" „Daß der Mensch sich bewußt ist, er könne dies, weil er es soll: das eröffnet in ihm eine Tiefe göttlicher Anlagen, die ihm gleichsam einen heiligen Schauer über die Größe und Erhabenheit seiner wahren Bestimmung fühlen läßt" (Kant 1793/1982, S. 142).

Erstens implizieren diese Überlegungen, dass die Autonomie als Prinzip moralischen Denkens und Handelns im Grunde kein monologisches Konzept darstellt, da es in seiner Struktur immer schon auf eine Anzahl bzw. auf die Allgemeinheit von vernünftigen Subjekten verweist. Denn wenn die Würde des Menschen darin liegt, dass er jederzeit seine Maximen sowohl aus individueller wie aus der Sicht jedes anderen (vernünftigen) Menschen reflektieren kann, so wird damit deutlich, dass Freiheit als Autonomie im Sinne Kants missverstanden wird, wenn man sie als rein individuelle Freiheit versteht und nicht von „vornherein als Freiheit, die auf andere Freiheit bezogen ist" (Peukert 1995, S. 90) begreift. Denn dass ich mir die Maxime meines Handelns jederzeit zum Prinzip einer *allgemeinen* Gesetzgebung machen kann und soll, bedeutet nichts anderes als die Anerkennung einer allgemeinen Perspektive, die potentiell wie aktuell, die eigene Autonomie immer schon im Hinblick auf die Autonomie der anderen Personen betrachtet. Man könnte vielleicht noch einen Schritt weiter gehen und behaupten, dass es die Anderen sind bzw. die durch die Vernunft in uns allen verbundenen Anderen, die es mir ermöglichen, autonom zu sein; denn ich kann mir die moralischen Gesetze nur deshalb geben, weil ich mittels der Kriterien des Kategorischen Imperativs meine Handlungsmaximen immer schon an dem messe, was auch für die Anderen als vernünftiges Gesetz anerkannt werden kann – und insofern bleiben meine Freiheit als Autonomie und die der anderen Menschen wechselseitig aufeinander bezogen.

Allgemeinheit von vernünftigen Subjekten

In einem zweiten Sinne verweist der Autonomiebegriff darauf, dass jeder Mensch potentiell in der Lage ist, vernünftig, d.h. eth-

Vernunft

isch, zu handeln. Die subjektive Vernunft gibt sich ein objektives Gesetz, weil sie als Vernunft immer schon teilhat an der Allgemeinheit – wobei unter dem Titel „Vernunft“ bei Kant das Vermögen verstanden wird, richtig zu denken, richtige Begriffe zu bilden, zu urteilen und zu folgern. Die Unterstellung der Autonomie bzw. der Vernunft und damit der Möglichkeit eines moralischen Wollens integriert jeden einzelnen Menschen in die Gattung der Vernunftwesen „Mensch“.

In dieser transzendental verfassten Autonomie sehe ich die anthropologische Verortung der pädagogischen Ethik Kants. Weil er voraussetzt, dass jeder Mensch – auch wenn er seine Autonomie (etwa wegen seines Alters) noch nicht unter Beweis gestellt hat und ggf. (etwa wegen einer schweren Krankheit) nicht mehr unter Beweis stellen kann – autonom ist, muss er auch als solcher behandelt werden. Allerdings müssen wir hier von einer „metaphysischen“ oder „rationalen“ Anthropologie sprechen (vgl. Kant 1785/1982, S. 12), die die „Möglichkeit einer übersinnlichen Natur“ (Kant 1788/1982, S. 162) bedenkt. Kant versucht uns zu verdeutlichen, dass die Autonomie nur dann ein sinnvoller Gedanke ist, wenn wir sie im strengen Sinne als Selbstgesetzgebung der Moral begreifen: Dieses Gesetz darf nicht von anderen Personen einfach übernommen oder durch ein individuelles Streben nach Glück motiviert sein. Menschen sollen in der Anerkennung dieses Gesetzes buchstäblich unabhängig sein und nur ihrer eigenen Vernunft folgen. Geht das?

Wille

Autonome Subjektivität kommt nach Kant vor allem im autonomen Willen des Kategorischen Imperativs zum Ausdruck. Wie es allerdings zur Autonomie kommt, kann nicht mehr erklärt werden, denn jede Erklärung würde Bedingungen benennen, die die unabhängige Autonomie wieder abhängig machen würden. Daher formuliert er: „Und so begreifen wir zwar nicht die praktische unbedingte Notwendigkeit des moralischen Imperatives, wir begreifen aber doch seine *Unbegreiflichkeit*, welches alles ist, was billigermaßen von einer Philosophie, die bis zur Grenze der menschlichen Vernunft in Prinzipien strebt, gefodert [sic] werden kann“ (Kant 1785/1982, S. 102).

Und noch eine andere Schwierigkeit dieser Metaphysik der Autonomie soll benannt werden. Die moralische und pädagogische Problematik des kantischen Gedankens der Autonomie beruht nun nicht darauf, dass die reziproke und gleiche Freiheit aller anderen Subjekte im Sinne einer universellen praktischen Vernunft immer schon unterstellt wird bzw. unterstellt werden muss, sondern darin, dass sie in einer ganz *bestimmten Form* unterstellt wird bzw. werden muss: Kant fordert für seinen Gedanken der Autonomie die „Reinheit“ des Willens, d.h., das Absehen von jeglichen inneren (z.B. Gefühlen) und äußeren Beweggründen (z.B. der Nützlichkeit), denn nur so kann man nach Kant anderen Menschen vernünftig einsichtig machen, warum sie sich ebenso unter den Imperativ der Vernunft zu stellen haben (Kant 1788/1982, S. 191ff., S. 127ff.). Für Kant ist der Mensch nur dann gut, wenn sein Wille anthropologisch „rein“ ist, d.h., wenn er der Form des Kategorischen Imperativs entspricht.

„Reinheit“

Interessant an dieser Stelle erscheint, dass die Autonomie nicht durch irgendeine „Triebfeder“, d.h. durch ein Gefühl, eine Neigung, einen Nutzen etc., motiviert werden soll. Der Kategorische Imperativ kann nur dann absolut gelten, wenn er *nicht* anthropologisch, d.h. physisch oder pragmatisch, „kontaminiert“ ist. Denn dann gilt er nicht kategorisch, sondern hypothetisch, d.h. je nach Umständen. Diesen Sachverhalt drückt die *Grundlegung der Metaphysik der Sitten* so aus, dass die „reine und mit keinem fremden Zusatze von empirischen Anreizen vermischte Vorstellung der Pflicht [...] auf das menschliche Herz durch den Weg der Vernunft allein [...] einen so viel mächtigern Einfluß [hat], als alle Triebfedern, die man aus dem empirischen Felde aufbieten mag, daß sie im Bewußtsein ihrer Würde die letzteren verachtet und nach und nach ihr Meister werden kann“ (Kant 1785/1982, S. 39).

rationalistische Vorstellungstheorie

Kant operiert hier mit einer sehr merkwürdigen rationalistischen Vorstellungstheorie, die nicht nur die moralische Frage nach der Autonomie, sondern auch die didaktische nach der Mitteilbarkeit einer „reinen Vorstellung“ aufwirft. Wir können nach Kant niemals sicher sein, dass Menschen „wirklich“ nach dem Kategorischen Imperativ handeln, weil es beim moralischen Wert nicht auf „die Handlungen ankommt, die man sieht, sondern auf jene innere Prinzipien derselben, die man nicht sieht“ (Kant 1785/1982, S. 34). Jetzt können wir mit Kant „aus Menschenliebe einräumen, daß doch die meisten unserer Handlungen pflichtgemäß seien“ (Kant 1785/1982, S. 35); doch wir können auch seinem skeptischen Blick folgen, dass man im Handeln der Menschen „allenthalben auf das liebe Selbst“ (Kant 1785/1982, S. 35) und damit auf amoralischen Eigennutz stößt. Moralisch sind wir auf jeden Fall erst dann, wenn wir die inneren Zwänge (unserer Neigungen) abgelegt und uns selbst Zwänge (die Pflichten des Kategorischen Imperativs) auferlegt haben.

Schwierig erscheint auch eine Didaktik, die eine „Handlung der Rechtschaffenheit“ nur in Begriffen vorstellen soll. Wie können die erhabenen Handlungen im Sinne des Kategorischen Imperativs als

Pflichthandlungen

Pflichthandlungen vorgestellt werden, wenn Kinder den Kategorischen Imperativ letztlich durch die (Unmittelbarkeit) des Gefühls vermittelt bekommen (Kant 1785/1982, S. 39, Anmerkung)? Widerspricht diese vermittelte Vorstellung des Kategorischen Imperativs und die im pädagogischen Kontext angenommene Vermittlung durch das Gefühl („Erhebung der Seele") nicht jener (reinen) vernünftigen Unmittelbarkeit, die alleine Motivation einer autonomen praktischen Gesetzgebung sein kann (Kant 1788/1982, S. 132)?

moralische Erziehung

Mit dem Prinzip der Autonomie entsteht an dieser Stelle zugleich die Paradoxie einer moralischen Erziehung, zur Moralität, die sich wesentlich durch Autonomie auszeichnet, pädagogische, und somit heteronome Maßnahmen, ergreifen zu müssen (vgl. Wimmer 2006). So betrifft die ethische Paradoxie der Pädagogik Kants die Frage nach der Begründung eines pädagogischen Wirkens, das auf Freiheit und Selbsttätigkeit des Educanden zielen muss, um moralisch zu sein und das im Erziehen selbst auf Disziplin und Zwang angewiesen bleibt, was wiederum die Intention der Freiheit untergräbt. Im Lichte des kantischen Gedankens einer autonomen Entscheidung für den Kategorischen Imperativ ist Erziehung nicht dann moralisch, wenn *sie* Menschen *motiviert,* dem Kategorischen Imperativ nachzukommen, sondern lediglich dann, wenn sie die Bedingungen schafft, in denen es den Menschen möglich wird, *sich selbst* dieses Sittengesetz aufzuerlegen. Unter dem Titel der Autonomie zielt Erziehung auf das Optimierungsprogramm einer Menschlichkeit, in dem weder die Autonomie noch der Kategorische Imperativ, sondern nur die Menschen selbst verbesserungsfähig und verbesserungswürdig erscheinen.

Autonomie ist ein die Erziehung einschränkendes und bindendes, wenn man so will, selbst-restriktives Prinzip, das die Erziehenden auffordert, den Selbstzweckcharakter ihrer Zöglinge unbedingt zu achten. Will man der Autonomie als Erziehungsziel entsprechen und glaubt man zudem, dass Erziehung diesem Ziel gerecht werden kann, so kann es in der Erziehung nicht darum gehen, Autonomie herbeizuführen bzw. herstellen zu wollen, sondern lediglich – in der *intentio obliqua* – Bedingungen dafür bereitzustellen, dass der Zögling selbst autonom werden kann. Das geschieht vor allem durch rationale Kommunikation: „Es beruht alles bei der Erziehung darauf, daß man überall die richtigen Gründe aufstelle, und den Kindern begreiflich und annehmlich mache" (Kant 1803/1982, S. 754). Ob und wann sie sich dann für den Kategorischen Imperativ entscheiden, liegt nicht mehr in der Macht der Erziehung.

rationale Kommunikation

Kant folgt dabei der Vorstellung, dass nicht nur der „gemeinsten Menschenvernunft“, sondern auch Kindern der Kategorische Imperativ schon „faßlicher und natürlicher“ vorkommt als jede andere Form der Ethik (Kant 1793/1982, S. 140). Trüge man Kindern im Alter von acht oder neun Jahren Beispiele von moralisch strittigen Fragen vor – etwa: Muss jemand ein anvertrautes Gut zurückgeben, obwohl der Besitzer tot ist und seine Angehörigen von diesem Gut nichts in Erfahrung bringen können? – so seien die Kinder um eine Antwort nicht verlegen, „sondern auf der Stelle gewiß, was er zu tun habe“ (Kant 1793/1982, S. 141). Dieses Modell, dass die Kinder immer schon (unbewusst) wissen, was sie sich dann erst durch die prüfende Vernunft mühsam (bewusst) erarbeiten müssen, kann die Pädagogik durchaus optimistisch stimmen. Der Kategorische Imperativ ist anthropologisch und ethisch betrachtet immer „da“, er muss „nur“ zur Maxime des Handelns werden.

Zum anderen bleibt die pädagogische Frage zu beantworten, wie Erziehung sich zu dem Kategorischen Imperativ verhält, den Menschen (genauer: die Menschheit) „jederzeit zugleich als Zweck, niemals bloß als Mittel“ (Kant 1785/1982, S. 61) zu brauchen. Hieraus lässt sich zunächst eine ethische Entlastung für Erziehung herauslesen, scheint doch die (pädagogische) Instrumentalisierung eines Menschen fast als der Normalfall, zudem die Anerkennung seines Selbstzweckes lediglich hinzukommen soll, so dass sich das geforderte (pädagogische) Handeln immer durch zwei Tendenzen, der Instrumentalisierung und der Achtung des Anderen auszeichnet. Das heißt, dass wir von den Kindern etwa verlangen (können), den Mülleimer zu leeren (Instrumentalisierung), dass wir dabei aber aufgefordert sind, sie als autonome Wesen anzuerkennen – die als solche etwa gute Gründe geltend machen können, warum sie der Aufforderung der Leerung nicht nachkommen können oder wollen.

Zweck

Zieht man vor hier aus eine Linie zu der bekannten Frage Kants (Kant 1803/1982, S. 711), wie denn die Freiheit bei dem Zwange zu kultivieren sei, so wird die Unbedingtheit und Absolutheit der kantischen Moral nochmals relativiert. Denn hier lässt sich zunächst festhalten, dass Kant nicht von Erziehung im Sinne von Wartung (Verpflegung, Unterhaltung), Disziplinierung (Zucht), Zivilisierung und Moralisierung, sondern lediglich von *Kultivierung*, das meint: Belehrung und Unterweisung spricht, „daß man überall die richtigen Gründe aufstelle, und den Kindern begreiflich und annehmlich mache“ (Kant 1803/1982, S. 754). Es ist also nicht die Unterwerfung unter den Zwang, die den Menschen erzieht

Kultivierung

(vgl. Ruhloff 1975), sondern das Begründen und Begreiflichmachen des Zwangs, denn nur, so Kant, wenn man den Zwang der Gesellschaft „fühlt", kann man Selbsterhaltung und Unabhängigkeit lernen. Dahinter steht die These, dass ich meine Freiheit nur im Lichte des Gesetzes erkennen kann; gäbe es kein Gesetz der Freiheit (Welt der Libertinage), so würden wir Freiheit überhaupt nicht wahrnehmen; gäbe es nur Gesetze (Welt der Kausalität) dann gäbe es auch keine Freiheit, sondern bloße Determination.

„Freiheit" wird aber an der angeführten Stelle der Pädagogikvorlesungen (Kant 1803/1982, S. 711) nicht als transzendentale, sondern explizit als wirtschaftliche und soziale Unabhängigkeit von der Vorsorge anderer verstanden. Pädagogischer Zwang ist hier erforderlich, das Kind mit guten Gründen darüber aufzuklären, dass es nicht die Freiheiten anderer unnötigerweise einschränkt, die dann für die Selbsterhaltung des Kindes auch in Zukunft aufkommen müssten. Wie das Konzept der Freiheit an die Reversibilität gebunden bleibt, so auch das Konzept der Unfreiheit: Meine Unfreiheit ist immer auch die der Anderen. Doch es bleibt schwierig, Kinder das Denken zu lehren, wenn sie dazu gezwungen werden müssen, es zu lernen, es aber gerade nur dann auch lernen können. Zwang in Form der disziplinierenden Erziehung ist aber notwendig, um Selbst- und Fremdschädigung zu unterbinden, während die Erziehung zur Einsicht und zur Aufklärung der Idee der reziproken Anerkennung der Menschlichkeit führt. Ethisch korrekt handelt die Pädagogik demnach durch a) Disziplinierung der Selbst- und Fremdschädigung, durch b) Kultivierung via Belehrung und Unterweisung, durch c) Zivilisierung, d.h. Erziehung zu klugem sozialen Verhalten, und durch d) Moralisierung als Erziehung zur Gesinnung Gutes darum zu tun, weil es gut ist, d.h., dem moralischen Imperativ aus Pflicht zu folgen.

Pädagogischer Zwang

Die Frage bleibt: Wie lässt sich Autonomie als Resultat einer Interaktion begreifen, in der die Bestimmung des Menschen als autonomer nicht durch die pädagogische Interaktion selbst hergestellt werden kann und darf, andererseits aber auch nicht ohne sie zustande kommt? Wenn Autonomie aber immer schon unterstellt wird, ist dann Erziehung nicht nur unnötig, sondern auch unmöglich, weil diese Autonomie dann von außen nicht mehr beeinflussbar erscheint? „Erziehung ist also einerseits die Bedingung der Möglichkeit von Autonomie, weil es ohne sie keine automatische Vernunftentwicklung gibt, andererseits ist Erziehung aber die Bedingung der Unmöglichkeit von Autonomie, weil sie gerade dadurch, dass sie Freiheit und Selbstbestimmung bewirken will, ihr Ziel durch Fremdbestimmung verhindert" (Wimmer

2014, S. 251). Wir sollen nicht, was wir können – nämlich Zwänge ausüben und wir können nicht, was wir sollen – nämlich Autonomie ermöglichen.

Friedrich Nietzsche: Werde immer anders!

Friedrich Nietzsches (1844-1900) Vorstellungen von dem, was man – pädagogisch betrachtet – tun soll, sind ebenso radikal wie diejenigen von Rousseau oder Kant. Ging es bei Rousseau um eine konsequente Orientierung an der Natur – und damit um eine Pädagogik außerhalb der Gesellschaft und bei Kant um ein unbedingtes Umsetzen des Kategorischen Imperativs – und damit um eine Pädagogik des aufklärenden Denkens, so geht es bei Nietzsche um eine permanente Selbstüberbietung – und damit um eine Bildung des Individuellen: „*uns selber machen*, aus allen Elementen eine Form *gestalten* – ist die Aufgabe! Immer die eines Bildhauers! Eines produktiven Menschen" (Nietzsche 1880-1882/1999, S. 361). Bildung nach Nietzsche meint vor allem eine individuelle Stilisierung des Lebens nach ästhetischen Gesichtspunkten, die einerseits die Kontingenzen des Lebens anerkennt und andererseits diesem Leben eine absolute Gültigkeit verleiht. Sie befreit von konventionellen Moralvorstellungen und übernimmt die ethische Aufgabe, das Individuum durch Reflexionen und Praktiken ständig neu ästhetisch zu formen (vgl. Burghardt/Zirfas 2015). Aus dem monadischen, identischen und berechenbaren Subjekt wird das nomadische, transformatorische, experimentelle und vielgestaltige Individuum – eine Person der „unablässigen *Verwandlung*" (Nietzsche 1880-1882/1999, S. 520).

Selbstüberbietung

Für diese Idee lässt sich die bekannte Rede Zarathustras „Von den drei Verwandlungen" heranziehen (Nietzsche 1883-1885/1999, S. 29ff.). Der Geist ist zunächst „Kameel" [sic], dann „Löwe" und schließlich „Kind": Während das Kamel mit alten Werten und Normen, mit überkommenen Einstellungen und Handlungspraktiken des „du sollst" beladen ist, kann sich der Löwe davon befreien, er verschafft sich die Freiheit zu „neuem Schaffen" (Nietzsche 1880-1882/1999, S. 30), indem er ein „ich will" propagiert, ohne aber selbst kreativ zu sein. Das Ideal Nietzsches aber ist das Kind, das sich im Spielen ständig neu erschafft: „Unschuld ist das Kind und Vergessen, ein Neubeginnen, ein Spiel, ein aus sich rollendes Rad, eine erste Bewegung, ein heiliges Ja-Sagen" (Nietzsche 1880-1882/1999, S. 31) – zu jedem Lebensmoment und zu jedem seiner Weltentwürfe. Das Kind ist der neue Übermensch, der sich ewig selbst erschafft, selbst zerstört und selbst wieder neu beginnt: Die ewige Wiederkehr der Bildung. Dieser Übermensch ist letztlich derjenige, als den sich Nietzsche selbst sieht: „Ich bin kein Mensch, ich bin Dynamit" (Nietzsche 1888/89/1999, S. 365).

Lebensmöglichkeiten

Dabei steht im inhaltlichen Zentrum der Bildung als Veränderung die Frage nach dem Vitalen, d.h. die Frage nach der Erweiterung und Intensivierung von Lebensmöglichkeiten. Damit steht Nietzsche jenen Philosophien nahe, die von „Kräften" als Grundprinzipien des Lebens ausgehen, sowie im engeren Sinne den Wegbereitern der „Lebensphilosophie", die sich kritisch gegen einen intellektuellen Idealismus, einen szientistischen Rationalismus und einen objektivistischen Materialismus wenden, um die dynamischen, energiegeladenen Aspekte der Kreativität, der Phantasie, des Instinkts oder des Willens zu betonen. Als These formuliert: Nietzsches Bildung ist eine Kunst der Option, der Beweglichkeit, der Entwicklung, der Rhythmik, der Dynamik, der Intensität, des Werdens und der Transformation des Lebens. Bildung bietet für Nietzsche Antworten auf die Frage, wie wir unser Leben reicher und bunter, aber auch riskanter und gefährlicher gestalten können (vgl. Gödde/Loukidelis/Zirfas 2016): „Das Product [sic] des Philosophen ist sein *Leben* (zuerst vor seinen *Werken*). Das ist sein Kunstwerk. Jedes Kunstwerk ist einmal dem Künstler, sodann den andern Menschen zugekehrt" (Nietzsche 1869-1874/1999, S. 712).

Nietzsche gibt der Bildung im Vergleich zu seinen Vorläufern ein völlig neues Gewicht, was einerseits mit der neuen historischen und geisteswissenschaftlichen Situation im 19. Jahrhundert und andererseits mit seiner Fundierung der Bildung in einer veränderten Metaphysik zu tun hat. Wenn das „Wesen" der Welt nicht mehr aus einem Naturzustand (Rousseau), und auch nicht mehr aus universellen Vernunftstrukturen (Kant), sondern aus dem „Willen zur Macht" (Nietzsche) betrachtet wird, dann kann man erahnen, welche existenzielle Tiefe und welche Dynamik und Energie dieses Bildungsmodell dadurch erlangt. Dass Nietzsches Bildung sowohl Leiden und Nihilismus, aber auch Lust und Lebendigkeit impliziert, hängt zentral mit einer Metaphysik zusammen, die mit „Macht", d.h. mit Kräften und Kämpfen, Gewinnen und Verlieren, mit Bestimmen und Durchsetzen, zu tun hat.

Wille zur Macht

In *Also sprach Zarathustra* definiert Nietzsche seine monistische Auffassung des Willens zur Macht wie folgt: „Wo ich Lebendiges fand, da fand ich den Willen zur Macht; und noch im Willen des Dienenden fand ich den Willen, Herr zu sein." Und er fügt hinzu: „Nur, wo Leben ist, da ist auch Wille: aber nicht Wille zum Leben, sondern – so lehre ich's dich – Wille zur Macht! Vieles ist dem Lebenden höher geschätzt, als Leben selber; doch aus dem Schätzen selber heraus redet – der Wille zur Macht!" (Nietzsche 1883-1885/1999, S. 147ff.). Nietzsche betrachtet hier nicht nur die Triebe (Leidenschaften), sondern auch die Vernunft (Geist) als Erscheinungsformen des einen Grundtriebes, den er explizit als „Wille zur Macht" bezeichnet. Dieser lässt sich als Tendenz alles Lebendigen verstehen, die über die bloße Selbst- und Arterhaltung hinausgeht. Er erfährt sich als solcher nur im Ringen mit einem anderen Willen, sozusagen einem Gegenwillen, gegen den er sich behaupten will. Eine andere ethische Formulierung könnte daher lauten: Mache deinen Willen zur Macht zum individuellen Wollen und setze dich gegen Andere durch!

Wenn Nietzsche (1883-1885/1999, S. 297) mit dem antiken Dichter Pindar (522-466 v. Chr.) sagt „Werde, der du bist", so meint er nicht, „‚Werde, so wie du eigentlich bist'", sondern die Betonung liegt auf dem Werden! Gerade jedes Festlegen auf ein definitives So-Sein steht in der Gefahr, die fundamentale Pluralität, Kontingenz und Freiheit zu unterlaufen" (Weiß 2018, S. 124). Als Nietzsches Maxime könnte man dementsprechend den Satz aufstellen: „Werde immer anders!" Damit geht Nietzsche über die antike Formulierung hinaus. Geht Pindar in seinem Bildungsverständnis noch davon aus, dass die Anthropologie dem Menschen bestimmte Werte und Normen vorschreibt, an denen sich der Einzelne zu orientieren habe, fordert Nietzsche dagegen dazu auf, die vorhandenen Werte und Normen in Frage zu stellen und eigenständige, neue Werte zu formulieren: Er fordert mithin nichts Geringeres als die Umwertung aller (vor allem christlicher) Werte.

Werde immer anders!

Das heißt aber nicht schrankenlose Libertinage. Denn nur derjenige, der seine sinnlich-vitalen Kräfte beherrscht und sublimiert, kann sie in produktive Bahnen lenken. Mit Beherrschung und Sublimierung ist gemeint, eine gewisse Ordnung in das durch die Leidenschaften hervorgerufene Chaos zu bringen, ohne jedoch die Energie und Leidenschaft der Triebe zu schwächen oder gar zu unterdrücken. Eine solche Läuterung des Willens zur Macht geht mit dem unablässigen Streben einher, am eigenen Charakter zu arbeiten und ihm Stil zu geben: „Seinem Charakter ‚Stil geben' – eine große und seltene Kunst! Sie übt der, welcher Alles übersieht, was seine Natur an Kräften und Schwächen bietet, und es dann einem künstlerischen Plane einfügt, bis ein Jedes als Kunst und Vernunft erscheint und auch die Schwäche noch das Auge entzückt" (Nietzsche 1882/1999, S. 530). „Sich selbst einen Stil geben", zielt mithin weniger auf die ostentative Seite einer

Stil

Ästhetisierung des Lebens, sondern vielmehr auf das artistische Ausschöpfen der eigenen Lebensmöglichkeiten und die Integration selbst noch der negativen Seiten des Lebens. Dafür steht das Modell des „Übermenschen" oder von Zarathustra.

Die Rede Zarathustras an das Volk, in dem er postuliert, dass man noch „Chaos in sich haben" muss, „um einen tanzenden Stern gebären zu können" (Nietzsche 1883-1885/1999, S. 19) verweist noch auf einen weiteren Gedanken, nämlich darauf, dass die Unordnung die Voraussetzung für eine neue Schöpfung, einen neuen Kosmos ist. Doch die neuen „Sterne" sind keine Fixsterne, sondern sollen selbst die Welt und den Kosmos zum Tanzen bringen. Man kann diesen genuin sinnlichen und auch im hohen Maße körperlichen und ästhetischen Zustand des tanzenden Sterns als Bildungs- und Risikoprogramm lesen und somit als Metapher für die Veränderung von Wahrnehmungs-, Bewusstseins-, Erfahrungs- und Handlungsmustern. Denn in der Lust, dem Rausch und der Ekstase gehen Menschen bewusst über Grenzen hinaus und in einen Bereich des Anderen – vielleicht in den des Übermenschlichen – hinein. Hier kommen die Sehnsüchte nach ungelebten Möglichkeiten, einer neuen Zukunft oder einer utopischen Gegenwart zum Ausdruck (vgl. Liebau/Zirfas 2013).

Übermensch

Nietzsches Modell des Übermenschen möchte neben der bürgerlichen und christlichen Moral mit Schuld, schlechtem Gewissen und Mitleid auch noch den Nihilismus und die utilitaristische Idee des Glücks überwinden, um eine Bildung zu verwirklichen, die sich dem Individuum und dessen Instinkt, Geschmack und Stil verdankt. Kurz: Es geht Nietzsche um das „gute Gewissen" des Egoismus (Nietzsche 1882-1884/1999, S. 503). Auch die Instinkte – und das ist vielleicht das Bemerkenswerteste – müssen mithin in einer Selbstbesinnung und Selbstkonfrontation noch erlernt werden (Nietzsche 1887-1889/1999, S. 326). Es geht Nietzsche in der Auseinandersetzung mit seinen Vorgängern vor allem um eine *Vitalisierung* des Lebens, die er mit Aneignung, Überwindung, Beherrschung, Unterdrückung, Kampf, Wachstum, Ungerechtsein, Produktivität, Perspektivismus und Kraft in Verbindung bringt. „Ziel: Höherbildung des ganzen *Leibes* und nicht nur des Gehirns!" (Nietzsche 1882-1884/1999, S. 506; vgl. Gödde/Zirfas 2016).

Die Lebensform der Bildung ist versuchend und experimentierend, „weil kein Plan oder Entwurf das Herstellen bestimmt, sondern man sich den Zufällen des Verlaufs aussetzt. Zum anderen ist die Lebensform experimentierend, weil das erreichte Resultat nicht als gültige Position vorgezeigt werden kann, ‚sondern seine

Freiheit darin besteht, dessen Gestalt weiteren Veränderungen auszusetzen' (Menke)" (Weiß 2018, S. 129).

Lebenskünstler

Die Bildung des Lebenskünstlers ist ein Spiel mit den Werten, die das Leben lebenswert machen, um andere Werte zu finden, die das Leben noch lebenswerter machen. Das Risiko, das dieser Lebenskünstler eingeht, ist hoch, lässt sich doch die Gewähr dafür, dass die neuen Werte lebenswerter sind, nur durch die Erfahrung selbst bestätigen. Im Auf-sich-Nehmen des Risikos ist es unbedingt erforderlich, alle körperlichen wie geistigen Kräfte zu mobilisieren, die dem Individuum zur Verfügung stehen.

Nietzsches Bildungsdenken erscheint buchstäblich maßlos, bzw. geht es ihm dabei um das Finden eines Maßes, das über jedes bisherige Maß hinausgeht (vgl. Zirfas 2007a): „**Maaß und Mitte zu finden im Streben über die Menschheit** *hinaus*: es muß die *höchste und kraftvollste Art des Menschen gefunden werden!* Die höchste Tendenz fortwährend **im Kleinen darstellen** [...]" (Nietzsche 1882-1884/1999, S. 524). Es ist das Individuum, das in einem Akt der Bejahung selbst dasjenige noch will, was sich seinem Wollen eigentlich entzieht: das Leiden, die Zufälle und den Tod. Die berühmte Nietzsche-Formel von der „Umwertung aller Werte" kann insofern nicht nur kulturkritisch als eine Hinwendung zu neuen, vor allem nicht-christlichen Werten, sondern vor allem als eine radikale Selbstschöpfung verstanden werden, die selbst noch die Grenzen des Lebens überwindet.

Leib

Die Grenzen des Lebens sind für ihn zunächst die leiblichen Grenzen. Unter „Leib" versteht Nietzsche die psycho-physische Einheit des Menschen. „Leib bin ich ganz und gar, und Nichts ausserdem", spricht Zarathustra, „und Seele ist nur ein Wort für ein Etwas am Leibe. Der Leib ist eine grosse Vernunft" (Nietzsche 1883-1885/1999, S. 39). Ein weiteres Synonym für den Leib ist häufig das *Selbst*, von dem Nietzsche sagt: „Hinter deinen Gedanken und Gefühlen, mein Bruder, steht ein mächtiger Gebieter, ein unbekannter Weiser – der heißt Selbst", um dann hinzuzufügen: „In deinem Leibe wohnt er, dein Leib ist er" (Nietzsche 1883-1885/1999, S. 40).

Nietzsche versucht die Grenzen des Leibes und des Selbst zu verschieben und zu erweitern, um intensiver leben zu können. Doch wer diesen Weg verfolgt, riskiert verletzt zu werden. Nietzsches Philosophie bedeutet nicht, „Leid und Unglück partout vermeiden zu wollen, sondern auf intensive Erfahrungen, auf Intensität, erpicht zu sein. Wer aber intensive Freude empfinden kann, wird auch besonders schmerzempfindlich sein. Versucht man, die Schmerzempfindlichkeit zu dämpfen, mindert man auch die Fähigkeit zur Freude. Also: Wer Intensität will, darf dem Schmerz nicht aus dem Wege gehen“ (Safranski 2001, S. 31).

Insgesamt bedeutet die starke Konzentration auf den Leib keineswegs, dass bei Nietzsche der Geist und die Seele zugunsten des Körpers vernachlässigt werden dürfen. Doch der Fokus verschiebt sich: Denn nach Nietzsche treten Geist und Vernunft nicht gegen den Leib, sondern in ihm auf. „Ich habe meine Schriften jederzeit mit meinem ganzen Leib und Leben geschrieben: ich weiß nicht, was ‚rein geistige‘ Probleme sind“ (Nietzsche 1875-1879/1999, S. 170). Die Seele ist eine verkörperte Seele, und umgekehrt: Der Leib ist ein beseelter, ein geistreicher Leib. Der Leib verdient eine so hohe Aufmerksamkeit, weil die Wahrheit des Menschen nur in ihm zur Geltung kommen kann (um es im Vokabular des Idealismus zu formulieren). Wer dem Leben, und vor allem dem geistigen, seelischen Leben auf die Spur kommen will – und darin sind etwa Rilke, Sartre, Camus, Merleau-Ponty oder Foucault Nietzsche gefolgt – der muss sich um den Leib kümmern: Die Phänomenologie des Leibes von Nietzsche hat die *Phänomenologie des Geistes* (Hegel 1806/1981) abgelöst.

Komposition

Nietzsches Bildungsmodell kann in diesem Sinne auch als ein Versuch gelesen werden, in seinem fragmentarischen und prekären Leben einer individuellen Form näher zu kommen, die sich, wie eine ständig sich verändernde Komposition, aus einem richtigen Spannungsverhältnis von Selbsterkenntnis und Selbstveränderung, von Leichtsinnigkeit und Gleichmäßigkeit ergibt. Ein gelungenes Leben ist das Resultat eines nur tendenziell herbeiführbaren Gleichgewichts von Freiheiten und Zufällen. Wem es also gelingt, die Harmonien und Disharmonien des Lebens in einem Prozess zwischen Leben und Tod unbedingt anerkennen zu können, der lebt ein gelungenes Leben, da er eine Vielzahl seiner Instinkte harmonisch entfalten kann. Das Gelingen des eigenen Lebens als Kultivierung und Zivilisierung seiner selbst steht allerdings unter Vorbehalt: Man kann zwar wollen, seine Instinkte zu entwickeln und seine eigenen Werte zu leben, doch ob diese Möglichkeiten zu Wahrscheinlichkeiten oder Realitäten werden, bleibt der eigenen Intention sowie ihrer Praxis in einem gewissen Umfang prinzipiell entzogen. Auch der „Wille zur Macht“ scheint bisweilen machtlos zu sein.

Die folgende anthropologische Zusammenfassung bringt die Bildungsintention von Nietzsche *in nuce* zusammen: „Künstler (Schaffender), Heiliger (Liebender) und Philosoph (Erkennender) in *Einer Person* zu werden: – *mein praktisches Ziel!*“ (Nietzsche 1882-1884/1999, S. 501). Als anthropologische Zusammenfassung kann dieses Zitat deshalb gelten, weil hier – von Platon bis hin zu Freud – eine Dreieinigkeit des Menschen zum Ausdruck gebracht wird, die den ganzen Menschen ausmachen soll: Diese betrifft die Hand (das Mutartige bei Platon, das Ich bei Freud), die Gefühle (die Leidenschaft oder das Es) und den Kopf (die Vernunft oder das Über-Ich). Man kann nun Nietzsches Bildung vor diesem Hintergrund als den Versuch verstehen, Hand, Herz und Kopf in ein durchaus dynamisches und zu steigerndes Gleichgewicht zu bringen: So macht er gegen die rationalistischen Tendenzen in der Denkgeschichte den Leib und die Gefühle stark; er weitet das emotionale Maß mit dem Kopf weiter und radikaler zu einem „Willen zum Leben" aus und er plädiert über die Vorläufer hinausgehend für eine gefährliche Bildung, die auch die praktischen Risiken des Lebens nicht scheut. Die Emanzipation ist ohne Schmerzen nicht zu haben. Man muss leiden wollen, um zu neuen Ufern aufzubrechen. Das ist nicht einfach: „*gefährlich leben*! Baut eure Städte an den Vesuv! Schickt eure Schiffe in unerforschte Meere! Lebt im Kriege mit Euresgleichen und mit euch selber! Seid Räuber und Eroberer, solange ihr nicht Herrscher und Besitzer sein könnt, ihr Erkennenden!" (Nietzsche 1882/1999, S. 526f.).

gefährliche Bildung

Um zu klären, ob Menschen dieses Bildungsrisiko eingehen wollen, gibt uns Nietzsche eine Typologie von Selbstgestaltungsmöglichkeiten bzw. „*die acht Hauptfragen*:

Selbstgestaltungsmöglichkeiten

1. Ob man sich vielfacher haben will oder einfacher.
2. Ob man glücklicher werden will oder gleichgültiger gegen Glück und Unglück.
3. ob man zufriedner mit sich werden will oder anspruchsvoller und unerbittlicher?
4. ob man weicher, nachgebender, menschlicher werden will oder ‚unmenschlicher'.
5. ob man klüger werden will oder rücksichtsloser.
6. ob man ein Ziel erreichen will oder allen Zielen ausweichen [...]
7. ob man geachteter werden will oder gefürchteter? Oder *verachteter*!
8. ob man Tyrann oder Verführer oder Hirt oder Heerdenthier werden will?" (Nietzsche 1887-1889/1999, S. 474).

Die Steigerung des Lebens ist nach Nietzsche vor allem auf ästhetischem Wege zu erreichen, denn die Künste steigern nicht nur die Sensibilitäten und Wahrnehmungsfähigkeiten, sondern auch die Darstellungs- und Mitteilungsfähigkeiten (vgl. Lohwasser 2016). Die Künste sind es, die das Leben beweglich, dynamisch, intensiv und rhythmisch machen, die Räusche und Ekstasen und somit Transformationsprozesse ermöglichen. Und zwar deshalb,

Künste

weil die Künste paradigmatische Orte der sinnlichen und sinnhaften Perspektiven sind. Hier gibt es eine Überfülle an Gesichtspunkten, an Optionen und Fiktionen, die aufgegriffen werden können, aber nicht müssen. Hier haben wir ein sinnliches Spielfeld des Sinns, ein Wechselspiel von Ansichten und Einsichten, die eine Vielfalt an Sichtweisen, Bewertungen und Einstellungen bedingen kann. Die ästhetischen Wahrnehmungen haben eine Leiblichkeit und Vitalität, die über die Vorstellung hinausgehen es gilt die eigene Sinnlichkeit und Leiblichkeit des Sehens, Riechens, Schmeckens, Ertastens und Erfühlens zu erfahren, um sich damit auch seine eigene Vitalität zu bestätigen. „Der entscheidende Gesichtspunkt für diesen ethisch motivierten Bezug auf die ästhetische Tätigkeit der Kunst ist, daß sich ihr Gelingen nicht als das Erreichen und daher ihr Vollzug nicht als die Verwirklichung eines gesetzten Ziels verstehen läßt. Das Gelingen ästhetischer Tätigkeit verlangt die Überschreitung jedes vorweg gesetzten Ziels: Sie gelingen gerade, wenn sie zu etwas anderem führen, als was an ihrem Anfang festgelegt wurde" (Menke 2003, S. 298).

Der „Wille zur Macht" ist auch ein Wille zum eigenen Geschmack, zur eigenen Lebendigkeit. Indem wir uns auf die Künste und die Ästhetik beziehen, beziehen wir uns gleichzeitig auf uns selbst und erleben unsere eigene Vitalität bzw. unsere eigene „Wirklichkeit", d.h. unsere eigenen Möglichkeiten der Einwirkung auf die äußere und die innere Welt. Die ästhetische Wirklichkeit der Lebenskunst ist der Genuss der eigenen Vitalität im Sinne der eigenen Möglichkeiten der Selbst- und Welterfahrung und -bestimmung.

Ästhetik

Die Bildung hat somit eine leiblich-vitalistische Grundierung; die Ästhetik wird zur „angewandten Physiologie" (Nietzsche 1894/1999, S. 418); und die Kunst „wirkt tonisch", sie evoziert den Rausch und ist doch auch auf ihn als Bedingung der Möglichkeit ästhetischen Handelns angewiesen (Nietzsche 1887-1889/1999, S. 296). Ästhetische Phänomene, Erfahrungen und Urteile werden bei Nietzsche vom Körper und von den Lebensvorgängen her verstanden. Damit rücken der Künstler und seine Möglichkeiten der Kreativität ebenso in den Mittelpunkt wie die sinnlichen Empfindungen, die gegenüber der auf Nachvollzug und Erkenntnis gerichteten Wahrnehmung privilegiert werden. Im (ästhetisch initiierten) Rausch erlebt der Mensch Gefühle der Kraft und der Lebenssteigerung, einen „Willen zur Macht", der sich die Wirklichkeit angeeignet und damit (für sich) legitimiert hat.

Die Kunst erscheint für die Bildung aus mehreren Gründen attraktiv: Anders als die Philosophie ist die Kunst nicht in eine

Begründungslogik eingespannt, die neue Lebensperspektiven gegenüber älteren Perspektiven legitimieren muss. Dass sich, wie Nietzsche postuliert, das Leben letztlich nur ästhetisch rechtfertigen lässt, heißt auch, dass es sich gegenüber anderen Perspektiven nicht rechtfertigen muss und insofern einem individuellen Projekt verpflichtet bleiben kann. In der Kunst erlebt der Mensch Gefühle der Kraft und der Lebenssteigerung, einen „Willen zur Macht", der sich die Wirklichkeit angeeignet hat und damit (für sich) legitimiert. Das ist in der modernen Situation einer radikalen Kontingenz der Begründungsformen selbstredend hochattraktiv, in der jeder Begründungsversuch letztlich ein Versuch, d.h. eine Option unter vielen anderen, bleiben muss (vgl. Gödde/Zirfas 2014). Die der Lebenskunst in der Moderne angemessene Lebensform scheint daher die einer kontingenten essayistischen Existenz zu sein, bei der man permanent Planungsbüro, Handlungszentrum, Inszenator und Publikum in einem darstellt (Schmid 1999, S. 361ff.): Leben wird zum permanenten und riskanten Versuch.

Lebenskunst

Die Kunst bietet darüber hinaus eine körpernahe leibliche Lebenskunst (vgl. Lohwasser/Zirfas 2014). Kunst evoziert nicht nur das Maß, die Askese und die Vernunft, sondern auch die Maßlosigkeit, den Rausch und die Körperlichkeit. Ästhetische Phänomene, Erfahrungen und Urteile werden schon bei Nietzsche sehr stark vom Körper und von den Lebensvorgängen her verstanden. Kunst ist das Medium, mit dem man die traditionellen neuen Wissens-, Macht- und Selbstverhältnisse überschreiten und in dem man mit neuen Verhältnissen experimentieren kann. Die Kunst bietet Erfahrungen, vor allem aber wohl Versprechen eines *ganzen* Lebens: „Dies Verwandeln-*müssen* in's Vollkommne ist – Kunst. Alles selbst, was er nicht ist, wird trotzdem ihm zur Lust an sich; in der Kunst geniesst sich der Mensch als Vollkommenheit" (Nietzsche 1889/1999, S. 117).

Doch Nietzsche wusste auch, wie schwierig es ist, tatsächlich *anders* zu denken und nicht nur das Andere zu denken und tatsächlich *anders* zu leben und nicht nur andere Lebensformen zu erleben. „Das Lernen verwandelt uns, es thut Das, was alle Ernährung thut, die auch nicht bloss ‚erhält' –: wie der Physiologe weiss. Aber im Grunde von uns, ganz ‚da unten' giebt es freilich etwas Unbelehrbares, einen Granit von geistigem Fatum, von vorherbestimmter Entscheidung und Antwort auf vorherbestimmte ausgelesene Fragen. [... Hier kann man] nicht umlernen, sondern nur auslernen, – nur zu Ende entdecken, was darüber bei ihm ‚feststeht'" (Nietzsche 1886/1999, S. 170).

Christoph Wulf: Das Ethos der Mimesis

Seit den 80er Jahren des letzten Jahrhunderts steht die Frage nach dem Menschen im Mittelpunkt der Arbeiten von Christoph Wulf (geb. 1944). Vor allem in Kooperation mit Dietmar Kamper und Gunter Gebauer entstand eine moderne Forschungsrichtung der Anthropologie, die sich selbst den Titel „Historische Anthropologie" gab (vgl. Gebauer et al. 1989). In der Entwicklung des Denkens von Wulf spielt Mimesis eine entscheidende Rolle (vgl. Gebauer/Wulf 1992).

Mimesis ist ein Begriff, der sich in sehr verschiedenen Formen durch die gesamte europäische Geistesgeschichte hindurch bis in das 5. Jahrhundert v. Chr. zurückverfolgen lässt. Seit Platon und Aristoteles (384-321 v. Chr.) ist Mimesis vor allem ein Konzept der Ästhetik (vgl. Wulf 1989), das zwar in die Literaturwissenschaften bereits vor einiger Zeit verstärkt Eingang fand (z.B. Auerbach 1982), jedoch bis auf wenige, eher punktuelle prominente Ausnahmen (besonders Adorno) in seiner Bedeutung und seinem Potential lange Zeit eher unerkannt blieb (Kamper/Wulf 1982; 1984; 1989).

Der Begriff verbindet eine Reihe von Themen von ausgesprochen hoher erziehungswissenschaftlicher und anthropologischer Relevanz und Aktualität miteinander: Bild und Bildung, Körper und Aisthesis, Sprache und Geste, Phantasie und Imagination, Sozialität und Alterität, Poiesis (Kreativität), Zeit und Macht (Gewalt), Praxis (Spiel, Ritual) und Performativität gruppieren sich konstellativ um dieses Konzept. Insbesondere ist mittlerweise die Tragfähigkeit des Mimesiskonzepts im Kontext der Reflexion über soziale Praxis (vgl. Gebauer/Wulf 1998), der Pädagogischen Anthropologie (vgl. Wulf 2001) sowie der empirischen Sozialforschung (vgl. Wulf et al. 2007; Wulf/Zirfas 2004) vielfach deutlich gemacht geworden. Mimesis ist damit ein tragendes Konzept für die gegenwärtige pädagogisch-anthropologische Theoriebildung (vgl. Göhlich/Zirfas 2009).

Wulf versteht Mimesis als anthropologischen Grundbegriff. Dabei kann er u.a. auf Aristoteles zurückgreifen, der bereits darauf hinwies, dass der Mensch in besonderem Maße zur Nachahmung fähig ist, seine ersten Kenntnisse durch Nachahmung erwirbt und nicht zuletzt Freude an der Nachahmung hat. Mimesis im Sinne Wulfs ist allerdings nicht die Kopie eines Vorbilds, sondern eigenständiges Handeln, das sich zwar einem Anderen (Handeln, Gegenstand, Mythos, inneres Bild) anzuähneln versucht, dabei aber nicht seine Autonomie und sein kreatives und performatives, in der Aus- und Aufführung wirksames Potential verliert. Seine For-

eigenständiges Handeln

schungen befreien die Mimesis von drei Engführungen: Zum einen wird deutlich, dass Mimesis nicht in Nachahmung oder Imitation aufgeht, sondern mit Individualität und Kreativität körperlichen Handelns verbunden ist. Zweitens wird Mimesis von der Fokussierung auf einen ästhetischen Begriff befreit. Während Mimesis vor allem in Antike und Mittelalter im Rahmen einer normativen Ästhetik als (technisch geregelte) Mimesis der Kunst, d.h. als Imitation der wahren (kosmologischen oder religiösen) Wirklichkeit begriffen wurde, so avanciert sie nun zum anthropologischen und sozialen Grundbegriff: Mimetische Prozesse werden verstanden als sinnlich-körperliche Prozesse der kreativen Anverwandlung, die als Bewegungen auf andere Bewegungen Bezug nehmen, dabei einen darstellenden und zeigenden Aufführungscharakter haben und die sowohl eigenständige als auch als Bezugnahmen auf andere Akte oder Welten ermöglichen. Und drittens fokussiert der Mimesisbegriff weniger die Symbolik des Handelns, sondern vor allem seine Inszenierung und Dramaturgie, kurz: seine Performativität (vgl. Wulf 2014a).

Engführungen

Vor diesem Hintergrund lässt sich Mimesis auch und gerade unter sozialen und kulturellen Aspekten fassen. Hierbei kommen Phänomene wie Gesten, Spiele, Rituale und performative Handlungspraktiken in den Blick (vgl. Wulf 1998). Mit Hilfe mimetischer Prozesse entsteht ein praktisches Handlungsgedächtnis, ein performatives, implizites, körperliches Wissen, ein *knowing how*, das sich von den klassischen Theorien des *knowing that* signifikant unterscheidet. *Die Genese des Sozialen* (Wulf 2005) in den sozialen Welten verdankt sich mimetischen Bildungsprozessen, in denen nicht nur (Vor-)Bilder, sondern vor allem körperliche Praxen individuell anverwandelt werden.

körperliches Wissen

Mimetisches Handeln erweist sich hier als eine „verandernde" Form der Entäußerung, des temporären Sich-Überlassens an einen Gegenstand, aus dem das Kind um wertvolle Erfahrungen bereichert zurückkehrt. Mimesis wird dabei mit „Magie", mit einem „Moment der Passivität", mit „lebendigen Beziehungen" und dem „Geheimnisvollen der Dinge" in einen Zusammenhang gestellt (Wulf 1993, S. 199f.). Aus dieser (imaginär-)mimetischen Erfahrung heraus, etwas anderes sein zu können, wird denn auch erst verstehbar, was es heißt, *man selbst* oder *ein Selbst* zu sein. Anthropologisch formuliert, erfährt sich der Mensch als das, was er ist, werden kann und soll, in einem Verhältnis zu(m) anderen Menschen, in dem er sich entwickeln und bilden kann.

„Magie"

Daran wird zugleich deutlich, dass mimetische Prozesse über das Moment des „Außer-sich-Geratens" mit Dezentrierungser-

Dezentrierungserfahrungen

fahrungen einhergehen, die auch in bildungs- und erziehungstheoretischer Perspektive von großer Bedeutung sind. Lesen wir das Zustandekommen von Bildungs- und Erziehungsprozessen in einem mimetischen Sinne, so stellt sich die Frage nach den mimetischen Erfahrungsdimensionen solcher Prozesse. Mimesis kommt hierbei zunächst als körperliche, präreflexive Handlungsform, zweitens in ihrer performativen Dimension als Inszenierung von Identität, sodann als Potential, die Änderung von Selbst- und Weltverhältnissen zu ermöglichen, und schließlich als Grenz- und Veranderungserfahrung in den Blick (vgl. Zirfas/Jörissen 2007, S. 59ff.).

Versteht man unter Mimesis eine körperliche, „protoreflexive" Handlungsform, dann wird zunächst deutlich, dass mimetische Erfahrungen den Bestand des praktischen Wissens zugleich ergänzen und verändern: Indem sie eine Anähnlichung an andere körperliche Praktiken und symbolische Weltentwürfe darstellen, stellen sie alternative Welterfahrungsoptionen zumindest virtuell bereit. Diese handelnd ergriffenen Optionen sind aber nicht als Ergebnis eines bewusst-reflexiven Wahlprozesses zu verstehen. Wenn man diesen Prozess als Aneignungsprozess versteht, so liegt es in der Logik der Sache, dass in mimetischen Handlungen soziale Sinnstrukturen auf einer körperlichen Ebene in interaktionellen Kontexten angeeignet werden, *bevor* sie dem Individuum in Form eines praktischen oder gar theoretischen Wissens verfügbar sind. Es geht mithin um eine Aneignung sozialer Leitdifferenzen; eines Instrumentariums der Strukturierung von Welt, das vor aller Reflexivität handlungsleitend wirkt, und durch das eine individuelle lebensweltliche Situierung begründet wird, deren Organisation dem Kosmos einer symbolisch codierten sozialen Ordnung abgewonnen wird. Durch Mimesis gewinnt man ein praktisches Wissen.

Praktisches Wissen ist ein Handlungswissen, auf das nicht unbedingt bewusst zugegriffen werden kann. Es ist in diesem Sinne präreflexiv, aber dennoch symbolisch codiert, also von sozialem Sinn durchzogen. Körperliche Bewegungen und Gesten etwa sind symbolische Handlungen, die den Akteuren nicht reflexiv zu Bewusstsein kommen müssen, um im sozialen Raum zu funktionieren, und die tatsächlich i.d.R. den Akteuren nicht bewusstwerden, solange sie den Fluss der Kommunikation oder Interaktion aufrechterhalten. Obwohl nun die Ausführung einer bestimmten Bewegung oder Geste *nicht* Folge einer *bewussten* Wahlhandlung ist, ist sie doch das Ergebnis eines Selektions- oder Diskriminationsprozesses, etwa einer „intuitiven" Geschmackswahl oder einer eingespielten rituellen Abfolge, die auf eine symbolische Ordnung bezogen ist, und die somit auf eine bestimmte Weltsicht oder Weltversion zurückgreift und diese im Vollzug zugleich erneuert und bestätigt.

kreative Aneignung

In mimetischen Handlungen findet eine kreative Aneignung sozialer Sinngehalte statt, indem die in den Haltungen, Gesten und Habitus Anderer codierten Bestandteile symbolischer Welten und ihrer Ordnungen mimetisch, durch Anähnlichung, „eingekörpert" werden (vgl. Gebauer/Wulf 1998). Diese sedimentieren zu einem praktischen Wissen (vgl. Bourdieu 1993), das noch vor aller bewussten Reflexivität wirksam wird und das als *Habitus* oder dynamisches System von Urteils- und Verhaltensdispositionen (vgl. Gebauer/Krais 2002) von entscheidender Bedeutung für den Vorgang der Sozialisation ist.

Das mimetische Handeln erzeugt neue Handlungsformen und Unterscheidungsmöglichkeiten, die vorher nicht vorhanden waren, die aber nicht primär reflexiver Natur sind, sondern im Kern (leiblich-)aisthetischen und ästhetischen Kriterien folgen (vgl. Zirfas 2014a).

spielerisches Nachahmen

In der einen, „enaktiven" Richtung betrachtet, bezeichnet Mimesis das spielerische Nachahmen und die ludische Darstellung und Aufführung des mimetisch Angeeigneten – indem etwa der Sohn so ähnlich agiert wie der Vater oder die Schülerin so ähnlich spricht wie die Lehrerin. Diese Darstellungen weisen ein performatives Moment der Entäußerung in den sozialen Raum hinein auf, durch das in zweifacher Hinsicht etwas sichtbar gemacht wird: Erstens erzeugt die immer gegebene Differenz der mimetischen Aneignung zu ihrem Vorbild eine Verschiebung und zweitens – in ihrem ludischen Charakter – eine ästhetische Verdoppelung, die wie in der Parodie ein subversives Moment transportiert, indem sie die verkörperten Zeichen der sozialen Ordnung *als solche* ins Zentrum der Aufmerksamkeit stellt und damit – potentiell – verfügbar macht. Mimetische Aufführungen beinhalten demzufolge *zugleich* Momente der Identifikation/Distinktion wie auch ihrer Aussetzung, Verschiebung, Chimäre, Parodie, Ironisierung. In mimetischen Aufführungen werden Selbst- und Weltverhältnisse inszeniert und erfahrbar; zugleich aber werden diese in ihren Grundstrukturen als etwas Ambivalentes, Oszillierendes oder Fließendes/Gleitendes sichtbar.

Bildungs- und Erziehungsprozesse

Die leiblich-praktische Form der Aneignung unterschiedlicher Beobachtungs- und Handlungsperspektiven stellt Optionen bereit, die noch nicht als reflexives Selbst- und Weltverhältnis gelten können, die aber durchaus als konstitutiv für *Bildungs- und Erzie-*

hungsprozesse betrachtet werden müssen. Das moderne strukturale Verständnis fasst Bildung als einen negativen-reflexiven Prozess der Aufhebung von Selbst- und Welterfahrungsschemata zugunsten neuer und vor allem komplexerer, selbstreflexiver Perspektiven (vgl. Zirfas 2011a). Die Aneignung von Differenzen in mimetischen Bildungsprozessen impliziert zwar nicht ihre reflexiv-symbolische Verfügbarkeit, doch kann man zumindest davon ausgehen, dass Bildungs- und Erziehungsdispositionen mimetisch erworben werden. Insofern mimetisches Handeln zudem ein praktisches Erfahren von Alterität und Fremdheit impliziert, kann man – darüber hinausgehend – die These vertreten, dass hierbei auf einer vorreflexiven Ebene eine Erfahrung von Fremdheit – und Selbstfremdheit – stattfindet, welche im Sinne einer Pluralisierung und Dezentrierung wirkt; und diese Wirkung lässt sich wiederum als praktischer Bildungsprozess auffassen.

Alterität und Fremdheit

Der Wert etwa interkultureller Begegnungen durch Reisen oder andere ritualisierte Formen partizipativer Fremderfahrung läge insofern nicht nur in einem erhöhten Reflexionspotential, sondern im Aufbrechen gerade auch der habitualisierten, alltäglich-vorreflexiven Handlungsmuster durch mimetische Aneignung anderer symbolischer, durch Gesten, Bewegungen, Handlungspraxen und Inszenierungsformen vermittelter kultureller Selbst- und Weltsichten. Zwar steht der Rückweg in die tradierten *habits* offen, doch ist der Mimesis die subversive Kraft eigen, durch Erfahrung des Anderen die unhinterfragte Selbstverständlichkeit dieser so basalen Formen der Welterfahrung in irreparabler Weise aufzubrechen: Mimesis dynamisiert und katalysiert Bildungsprozesse. Die so entstehenden Brüche und Risse im Gewebe des Selbstverständlichen sind, bildhaft-metaphorisch gesprochen, Leerstellen zwischen „nicht mehr" und „noch nicht" der eigenen kulturellen Verortungen und Weltsichten, in denen sich eine Disposition zur Fremderfahrung – und das meint: die Erfahrung der Anderen als Andere, als Leerstellen, die für den eigenen Sinn nicht erreichbar sind, als das nicht unmittelbar Anschlussfähige oder auch das Nicht-Identische – ausbilden und verfestigen kann (vgl. Adorno 1982; Schäfer 2004).

Grenz- und Veranderungserfahrung

Insofern kann man *Mimesis als Grenz- und Veranderungserfahrung und praktische Aneignung sozialen Sinns* verstanden werden. Mimesis ist somit durch einen *vorgängigen* Bezug auf Alterität charakterisiert; sie ist eine praktische Verwendung fremden (sozialen) Sinns und *fremder* Unterscheidungen. Erst durch mimetisches Handeln werden Andere zu signifikanten, „Zeichen gebenden" Anderen (vgl. Mead 1973), werden ihre Unterscheidungen erfahr-

und handhabbar, werden ihre symbolischen Welten zum Bezugsfeld eigener Weltkonstruktionen.

„Fremd" kann dabei zweierlei bedeuten. Erstens den Umstand, dass hier etwas *noch nicht* oder erst in Ansätzen erfahren wurde – beispielsweise die Bedeutung von Geschlechterdifferenzen, die von Kindern erst nach und nach in verschiedenen sozialen Kontexten erworben werden, nichtsdestoweniger jedoch schon sehr früh Gegenstand mimetischer Aufführungen sind. Zweitens, etwa im Bereich der Kunst als eines Feldes mimetischer Bezugnahmen, den Zustand einer *Selbstbefremdung* im Sinne des Einklammerns oder Aussetzens von Selbstverständlichkeiten, etablierten Sichtweisen und vermeintlich unverrückbaren, evidenten Sicherheiten der alltäglichen Welterfahrung. In jedem Fall setzt das mimetische Verhältnis voraus, dass etwas nicht *schon* bekannt, nicht *schon* identifiziert, schematisiert, kategorisiert etc. ist.

Mimesis ist insofern das sukzessive Erfahren noch unbekannter Grenzverläufe, ein ludisch geprägtes Nachvollziehen der Grenzlinien sozialer Differenzen, indem der mimetisch Handelnde mal auf der einen, mal auf der anderen Seite von Unterscheidungen flaniert, ohne dass die Grenze für ihn gültig ist, weil sie (noch) gar nicht seine Unterscheidung ist. Die Grenze muss erst Gestalt annehmen.

Der mimetische Mensch kann sich Grenzen annähern, sie überschreiten oder in Frage stellen. Dieses ästhetisch-mimetische Spielen bildet einen Zwischenraum, der sich einerseits einer strikten Intentionalität der Spielenden verschließt und ihnen doch andererseits Handlungs- und Ausdrucksmöglichkeiten bietet, und der doch in der Lage ist, sich auf beiden Seiten der Grenzen einer „Zwischenwelt" zu situieren. Diese Zwischenwelten lassen sich als Entwicklungsräume, als Räume der Liminalität (Turner), des Übergangs (Winnicott) oder der Unterbrechung (Westphal) verstehen, die auf der einen Seite Distanz und Reflexion und auf der anderen Seite Nähe und Identifikation ermöglichen.

Zwischenraum

Fassen wir das bisher Dargestellte zum mimetischen Menschen zusammen, so lässt sich festhalten, dass seit der Antike Mimesis nicht nur mit dem Nachschaffen von Vorgängigem, sondern mit einer kreativen, gelegentlich verbessernden, aber immer individuellen Bezugnahme verknüpft ist. Sodann bringen mimetische Verhaltensweisen in ihren vielfältigen Bezugnahmen auf Vorgängiges neue und andere ästhetische, soziale, politische etc. Zwischenwelten mit ihren jeweiligen Grenzziehungen, Veranderungen, Verflechtungen, Komplexitäten und Uneindeutigkeiten hervor. Und schließlich haben mimetische Verhaltensmuster aus diesem Grund oftmals auch eine Tendenz zu einem gewaltvermindernden Umgang mit dem Anderen, denn in der Verbindung mit dem Gegenüber, dem Nachvollziehen des Vorgängigen und im Anschmiegen an den Anderen schwingt immer auch eine Anerkennung des Gegenübers, ein Respekt gegenüber dem Vorgängigen und eine Verantwortung vor und für den Anderen mit.

Ethos

Mimesis, so daher die im Folgenden vertretene Idee, ist nicht nur ein anthropologischer Fakt, sondern auch eine Haltung bzw. ein Ethos. Wer sich mimetisch verhält, verhält sich nicht feststellend, nicht identifizierend, sondern öffnend und differentiell. In der Mimesis schwingt insofern die Idee mit, dem Anderen gerecht zu werden, diesen nicht auf einen (voreiligen) Begriff zu bringen; zudem wird die Mimesis in einem ethischen Blickwinkel zu einem Versuch, eine gewaltfreie, friedliche Beziehung zum Anderen zu gewinnen – gerade, weil sie sich versagt zu wissen, wer dieser Andere ist. „In mimetischen Prozessen kann ein nicht-instrumenteller Zugang zu anderen Menschen gelernt werden. Die mimetische Bewegung lässt den Anderen, wie er ist, und versucht nicht, ihn zu verändern. Sie enthält eine Offenheit für das Fremde, indem sie es bestehen lässt, sich ihm nähert, aber nicht darauf zielt, die Differenz aufzulösen. Der mimetische Impuls zum Anderen akzeptiert dessen Nicht-Identität; er verzichtet auf Eindeutigkeit um der Andersheit des Anderen willen, dessen Eindeutigkeit nur durch Reduktion auf dasselbe, das Bekannte möglich wäre. Der Verzicht auf Eindeutigkeit sichert den Reichtum der Erfahrung und die Andersartigkeit des Fremden" (Wulf 2014a, S. 256).

Kritische Theorie

Wulf ist in dieser Perspektive beeinflusst von der Kritischen Theorie, die gerade auch das Identitätsdenken der Aufklärung einer radikalen Kritik unterzogen hatten. Und diese Kritik wird im Namen einer Ethik der Nicht-Identität vollzogen, um dem, was sich der Identifizierung entzieht und um dem, was zu eindeutig fest-gestellt wurde, gerecht zu werden. Max Horkheimer (1895-1973) und vor allem Theodor W. Adorno (1903-1969) sind dieser Perspektive nachgegangen (vgl. Horkheimer/Adorno 1988). Es ist die lebendige Erfahrung, die durch eine vorsichtige mimetische Bewegung (des Begriffs) die fixierende und fixierte Identität des Anderen aufzubrechen in der Lage ist. Indem man dem Anderen einen Vorrang gegenüber seiner Identifizierung einräumt, lässt sich das Nichtidentische des Identischen erfahren. Erst in einer mimetischen Bezugnahme auf den Anderen, kann man ohne Angst verschieden sein (vgl. Adorno 1986, S. 131).

lebendige Erfahrung

Während Identität zum Synonym eines rigiden modernen Selbstbeherrschungszwangs wird und die „Mimikry ans Erstarrte und Tote" (Wulf 2005, S. 72) auf die Angleichung des Individuums an herrschende Normen, Mechanismen des Marktes und Stereotypen der Massenmedien zielt, versucht die Mimesis im Sinne Wulfs als Urform „lebendiger Erfahrung" ein gewaltfreies Verhältnis zum Anderen (wieder-)zugewinnen. Wulf greift den Gedanken einer mimetisch-vorsichtigen Annäherung an den Anderen auf und fokussiert diesen vor allem in Hinblick auf den Körper, das Soziale, die Pädagogik und das Imaginäre.

Mimesis kennzeichnet eine körperlich-ästhetische Aneignung und Darstellung von Welt, in der das Verhältnis von Selbst und Anderer stetig eröffnet oder geöffnet, und insofern oszillierend, fließend, grenzgängerisch und ambivalent bleibt. Wenn von Mimesis im Kontext einer Ethik die Rede ist, so ist ein Dreifaches gemeint: erstens der mimetische Nachvollzug auf einer praktischen Ebene, die zur Veränderung konkreter Handlungen und Haltungen beiträgt, zweitens der mimetische Nachvollzug der Bilder und Ideen auf einer symbolischen oder imaginären Ebene, die zur Verinnerlichung und zum kreativen Entwurf von (neuen) Zeichenwelten führt und schließlich der mimetische Nachvollzug im Geschmack und im Interesse am Anderen, die mit emotionalen, voluntativen und validierenden Momenten verbunden ist.

Ethik

Dennoch bleibt auch der ethische Anspruch der Mimesis durchaus kritisierbar: Wulf selbst verweist darauf, dass mimetische Prozesse „ambivalent" sind: „[I]hnen ist ein Impuls zur Angleichung inhärent, der sich unabhängig vom Wert der vorgängigen Welt vollziehen kann. So können Anähnlichungen an Erstarrtes und Lebloses stattfinden, die die innere Entwicklung des Subjekts blockieren oder fehlleiten" (Wulf 2014a, S. 256). Dazu können auch mimetische (Fehl-)Formen beitragen, die mit den Begriffen des „stereotypen Verhaltens", der „Überidentifikation" oder der „Assimiliation" belegt sind. Im Grunde haben wir es dann mit dem Abschließen von mimetischen Prozessen zu tun, die die intendierte Wechselwirkung zwischen Ich und Welt stillstellen und somit Bildung und Entwicklung verunmöglichen.

Ambivalenz

An dieser Stelle ergeben sich vielfache Konvergenzen mit dem Resonanzkonzept von Hartmut Rosa (2016), das dieser in Anlehnung an Adornos Mimesis-Konzept entwickelt hat. Ein Zitat soll diese Zusammenhänge zumindest andeuten: Resonanzbeziehungen sind Beziehungen, „in der sich Subjekt und Welt gegenseitig berühren und zugleich transformieren. [...] [Sie] setzen voraus, dass Subjekt und Welt hinreichend ‚geschlossen' bzw. konsistent

Resonanzkonzept

sind, um mit je eigener Stimme zu sprechen, und offen genug, um sich affizieren oder erreichen zu lassen" (Rosa 2016, S. 298).

Auf der anderen Seite ist der dezidierte Versuch, den Anderen nicht zu verstehen, weil man so Gefahr läuft ihn zu schematisieren und zu kategorisieren, ein hoher moralischer Anspruch, der lebenspraktisch betrachtet, kaum einlösbar erscheint: „So gesehen ist ein Verzicht auf ‚Verstehen', ‚Anpassung', ‚Empathie', ‚Assimilierung', ‚Identifikation' im Interesse der Differenz zum Anderen unvermeidbar" (Wulf 1999a, S. 63).

Empathie

Warum Wulf so stark darauf abhebt, den Anderen nicht verstehen zu können und zu wollen, und warum er darauf beharrt, das Selbst von einer mimetischen Beziehung zum Anderen her zu denken, lässt sich etwa am Beispiel der Empathie gut erläutern. Wir können hier noch einmal an Nietzsche anschließen, der von der These ausgeht, dass das Mitleid sich nicht nur aus der Quelle des wohlwollenden Helfens – wobei es nach Nietzsche das eigene Leid (als Mitleid), das Leid des Wohlwollenden, ist, wovon er sich zu befreien versucht –, sondern auch aus dem der Lust speist. Für Nietzsche ist das Mitleid wesentlich egoistischer „Selbstgenuss" als Lust der Emotion und der Befriedigung in der Ausübung der Macht; Mitleid ist Selbsterniedrigung, die auf Selbsterhöhung zielt. Insofern kann sie bedeuten, jemanden nicht ernst zu nehmen, ihn oder sie nicht als gleichwertig zu verstehen und ihn letztlich zu verachten (vgl. Nietzsche 1883-1885/1999, S. 115f.; 1886/1999, S. 134ff.). Mitleid, so könnte man die Kritik Nietzsches am Mitleid zusammenfassen, verwandelt den Anderen in ein Ich; dabei geht es vor allem um das egoistische Selbsterleben.

Noch einen ethisch bedenklicheren Schritt weiter kann man dann mit Fritz Breithaupt gehen, der von den *dunklen Seiten der Empathie* (2017) spricht. An Beispielen sadistischer Empathie und des Helfersyndroms sowie von Helikopter-Eltern, Stage-Mothers und Stalkern wird sehr plausibel, wie oft Empathie dem Zweck dient, den Anderen zu vereinnahmen, ihn zu manipulieren, zu instrumentalisieren oder gar zu „vampirisieren". Häufig führt daher Empathie nicht zu einer „moralisch positiven Einstellung zum anderen" (Breithaupt 2017, S. 209). Und schließlich lässt sich Empathie sogar – völlig pervertiert – als Rechtfertigung für die Vernichtung des Anderen missbrauchen, was Klaus Dörner (1988) in seiner Analyse der NS-Euthanasie herausarbeitet, der in diesem Zusammenhang vom „tödlichen Mitleid" spricht.

Auch für die andern von Wulf im obigen Zitat angemerkten Verhältnisse zum Anderen (Verstehen, Anpassung, Assimilierung, Identifikation) lassen sich solche problematischen Implikationen herausarbeiten – worauf hier aus Raumgründen verzichtet werden soll. Betont soll allerdings werden, dass dem Verstehen des Nicht-Verstehens des Anderen ein Verstehen des Nicht-Verstehens des Eigenen im Mimetischen korrespondiert. Die Selbstfremdheit und die Fremdheit des Anderen sind gleichermaßen Bedingungen der Möglichkeit einer gelingenden ethischen Beziehung. „Als *homo absconditus* kann sich der Mensch in seinen Handlungen nicht ganz begreifen, ist er sich selbst und dem Anderen verborgen. Diese Vorstellung vom Menschen verweist auf seine Historizität und Reflexivität sowie seine Durchlässigkeit gegenüber dem Rätsel und dem Nichtwissen“ (Wulf 2006, S. 144). Anders und pathetisch formuliert: Wer glaubt, das *Rätsel des Humanen* (Wulf 2013) gelöst zu haben, verliert die Humanität.

Verstehen des Nicht-Verstehens

Wulf hebt hierbei auf ein *Ethos der Virtualität* ab, d.h. auf eine Haltung, die wechselseitige, gemeinsame „Spielräume“ des Denkens, Handelns und Fühlens in mimetischen Prozessen ermöglichen soll (vgl. Wulf 1999a, S. 74). Die Sensibilisierung für das Andere des Anderen und des Eigenen zeitigt sozusagen die nötigen „Leerstellen“, die wechselseitig „ausgelotet“ werden können. „Durch den mimetischen Bezug meiner ‚Welt‘ zur ‚Welt des Anderen‘ erfolgt eine Annäherung an den Anderen. [...] Die *mimetische Bewegung* gleicht einem Tanz zwischen dem Fremden und dem Eigenen“ (Wulf 1999b, S. 31, 33). Gelingen kann dieser „Tanz“ im Grunde nur dann, wenn beide – Ich und Anderer – in Bewegung bleiben: Für diesen Tanz gibt es keine Regeln, weil diese von den Tanzenden in der Bewegung selbst „ausgehandelt“ werden. Aber in der mimetischen Annäherung ändern sich diese Regeln auch stetig, weil der Bezug zum Anderen das Selbst verändert und weil der Andere durch den Bezug zum Selbst eine Entwicklung erfährt und weil sich schließlich auch die mimetischen Bezüge zwischen ihnen selbst verändern. Der mimetische Tanz als Verzicht auf eine Identifizierung des Anderen zugunsten einer lebendigen Erfahrung seiner bereichernden habituellen und ideellen Welt bedeuten aber in Konsequenz auch ein Verzicht auf ein direktes pädagogisches Einwirken: „Die mimetische Beziehung lässt den Anderen so, wie er ist, und versucht nicht, ihn zu verändern“ (Wulf 2014a, S. 256).

Ethos der Virtualität

Tanz

Fragen

1. Wie können wir uns mit Rousseau pädagogisch an der Natur orientieren?
2. Inwieweit können wir mit Kant die Autonomie der Zöglinge kultivieren?
3. Was spricht dafür, sich mit Nietzsche um ein ständiges Anderssein zu bemühen?
4. Warum ist es pädagogisch wichtig, sich mit mimetischen Prozessen zu beschäftigen?

Weiterführende Literatur

Gebauer, Gunter/Wulf, Christoph (2003): Mimetische Weltzugänge. Soziales Handeln – Rituale und Spiele – ästhetische Produktionen. Stuttgart: Kohlhammer. – Die Autoren thematisieren das anthropologische Konzept der Mimesis in Geschichte und Kultur, in den ästhetischen Kontexten und in der sozialen Welt. Dabei werden auch zahlreiche pädagogisch-anthropologische Sachverhalte angesprochen, wie der Andere, der Körper, die Sprache, die Zeit, die Visualität, das Schöne, das Spiel, das Ritual und die Erziehung.

Gödde, Günter/Loukidelis, Nikolaos/Zirfas, Jörg (Hrsg.) (2016): Nietzsche und die Lebenskunst. Ein philosophisch-psychologisches Kompendium. Stuttgart: Metzler. – Das Kompendium erschließt die Lebenskunstphilosophie von Nietzsche in werkhistorischer und systematischer Perspektive. In neun Kapiteln und 39 Beiträgen zu drei Schaffensperioden Nietzsches, zu seiner Biographie, seinem Verhältnis zur Tradition, zu seiner Weiterführung sowie zur Ästhetik, Psychologie und Therapeutik werden zahlreiche anthropologische Sachverhalte wie Glück und Leid, Individualität und Einsamkeit, Zeit und Tod, Muße und Kunst und zahlreiche pädagogische Diskussionen zum Leben als Experiment, zur Lebensführung, zur Transformation der Affekte, zur Autooperation und zum „stilvollen Durchwursteln“ (Heit) geboten.

Göhlich, Michael/Zirfas, Jörg (Hrsg.) (2009): Der Mensch als Maß der Erziehung. Festschrift für Christoph Wulf. Weinheim/Basel: Beltz. – Die Festschrift enthält neben einer Einführung in die Forschungspraktiken und -inhalte von Christoph Wulf 13 Beiträge, die in unterschiedlichen Akzentuierungen zum einen körperliche und mimetische Perspektiven auf Erziehung und Bildung im Hinblick auf Biographie, Familienspiel und Handlungsbefähigung, zum zweiten kulturelle und rituelle Dimension von Schule und Familie unter performativen und inszenatorischen Gesichtspunkten und zum dritten das Verhältnis von Selbst und Anderen unter den Thematiken der Offenheit, des Bildes und der Rätselhaftigkeit menschlichen Daseins in den Blick nehmen.

Kamper, Dietmar/Wulf, Christoph/Gebauer, Gunter (Hrsg.) (2002): Paragrana. Internationale Zeitschrift für Historische Anthropologie. Band 11, Heft 2: Kants Anthropologie. Berlin: Akademie Verlag. – Das Buch beschäftigt sich, häufig ausgehend von Michel Foucaults Perspektiven auf die Anthropologie Immanuel Kants vor allem mit dessen wenig rezipierter *Anthropologie in pragmatischer Hinsicht*. Neben philosophischen finden sich in diesem Sammelband sozial- und kulturwissenschaftliche, aber auch erziehungswissenschaftliche Beiträge zu epistemologischen, praktischen, moralischen, historischen, sozialen und pädagogischen Fragestellungen.

Mikhail, Thomas (2017): Kant als Pädagoge. Eine Einführung mit zentralen Texten. Paderborn: Ferdinand Schöningh. – Das Buch besteht aus zwei großen Teilen: Teil 1 stellt Kants Bedeutung für die Pädagogik, seine Biographie, seinen Bezug zu Rousseau, sein erkenntnistheoretisches und ethisches Denken sowie seine pädagogischen Überlegungen mit Blick auf Anthropologie und Ethik vor. Teil 2 enthält die Primärliteratur, die nach den folgenden Themenfeldern gegliedert ist: Pädagogik als Wissenschaft, Pädagogische Anthropologie, Erziehung, Unterricht, Ästhetische Bildung, Pädagogische Pflichten.

Niemeyer, Christian (2016): Nietzsche als Erzieher. Pädagogische Lektüren und Relektüren. Weinheim/Basel: Beltz Juventa. – Der Autor unternimmt vor dem aktuellen Stand der Nietzscheforschung und mit Blick auf Einsteiger in das pädagogische Denken von Nietzsche in insgesamt 11 Studien eine kritische Lektüre seiner wichtigsten Schriften von der *Geburt der Tragödie* bis hin zum *Zarathustra*. Gerahmt wird dieser Überblick über das Werk durch eine Einleitung zur Biographie, Intention und Wirkung Nietzsches und drei Kapiteln zur Lebenskunstphilosophie, zum „richtigen Leben“ und zum „guten Europäer“.

Oelkers, Jürgen (1992): Pädagogische Ethik. Eine Einführung in Probleme, Paradoxien und Perspektiven. Weinheim/München: Juventa. – Jürgen Oelkers legt mit diesem Buch kein systematisches Konzept einer pädagogischen Ethik vor, sondern er rekonstruiert und diskutiert die Schwierigkeiten und Unmöglichkeiten einer solchen Ethik. Ausgehend von ethischen Optionen der klassischen Pädagogik bei Rousseau, Kant, Herbart u.a. thematisiert er moderne Irritationen der Ethik durch Pluralismus, postmoralische Subjektivität und eine Pädagogik der Aushandlung. Erziehung wird vor diesem Hintergrund als moralische Kommunikation bestimmt, die in moralische (Selbst-)Erfahrungen, ethische Geltungsansprüche und pädagogische Implikationen einführt.

Rang, Martin (1959): Rousseaus Lehre vom Menschen. Göttingen: Vandenhoeck & Ruprecht. – Der Autor skizziert in umfassender Weise die pädagogische Anthropologie Rousseaus. Zur Sprache kommen die Entwicklungs- und Gesellschaftskonzeption von Rousseau, sein Menschenbild, seine Kindheit- und Jugendvorstellungen, die Systeme der natürlichen und der politischen Erziehung sowie die Bedeutung von Glauben und Religion.

Reichenbach, Roland (2018): Ethik der Bildung und Erziehung. Paderborn: Ferdinand Schöningh/UTB. – Roland Reichenbach diskutiert in dreizehn Zugängen den Zusammenhang von ethischem und pädagogischem Denken und Handeln. Es geht dabei auf ethische Ziele wie das vollkommene Leben, Autonomie, Authentizität oder Gleichheit ein, problematisiert ethische Einstellungen wie Verantwortung, Fürsorge oder den „guten Willen", analysiert die pädagogischen Modelle der Übernahme von Konventionen, die Erziehung der Gefühle oder die Herzensbildung und es plädiert schließlich für einen pädagogischen Dilettantismus, der „viel Sollen" mit „wenig Können" in Verbindung bringt.

Schäfer, Alfred (2017): Jean-Jacques Rousseau: Ein pädagogisches Porträt. 2. Aufl. Weinheim/Basel: Beltz Juventa. – Alfred Schäfer erschließt die Pädagogik Rousseaus in fünf Zugängen: über seine Kritik an der Entfremdung in der bürgerlichen Gesellschaft, über seine theoretischen Modelle von Identität, Anthropologie, Natur und Fiktion, über seine Idee der natürlichen Erziehung mit Entwicklungsstufen, Ausgrenzung des Sozialen, kluggeregelter Freiheit, Sprache und Weltsicht sowie dem Verzicht auf das Eigene, über seine Anthropologie der Frau und schließlich über seine Wirkungsgeschichte.

Kapitel 3: Orientierungswissen oder: Was darf ich hoffen?

„Als wir das Ziel endgültig aus den Augen verloren hatten, verdoppelten wir unsere Anstrengungen."
Mark Twain

„Verbesserung"

Der Pädagogik geht es, in welcher Form auch immer, um eine „Verbesserung" des Menschen. „Die Geschichte der Erziehung und Bildung lässt sich als ein Traum verstehen, Kinder, Jugendliche und Erwachsene zu vervollkommnen" (Wulf 2001 S. 13). Dieser Traum ist in der Geschichte der Pädagogik verschieden „ausbuchstabiert" worden: als spezifischer Lernprozess, in dem der Einzelne kognitive, praktische oder emotionale Sachverhalte lernen bzw. sich intellektuell, sportlich oder moralisch bilden soll, als Vervollkommnung einer solidarischen oder demokratischen Gesellschaft, als Perfektionierung der Menschheit zu Frieden und Freiheit oder auch als Verbesserung der pädagogischen Institutionen und ihrer Praktiken. Bei diesen Verbesserungen kommen verschiedene „Medien" wie Arbeit, Askese, Gebet, Gott, Natur, Muße, Kunst, Kultur, Bildung – oder modern: Technologien und Algorithmen – zum Einsatz (vgl. Oelkers 1990).

Hoffnung

Orientierung

Mit diesen Optimierungs- und Vollkommenheitsfiguren ist die Pädagogik auf Fragen der Hoffnung und der Orientierung verwiesen. Unter Hoffnung wird dabei im Folgenden die pädagogische Erwartung einer Realisierung in der Zukunft verstanden. Unter Orientierung – ein Begriff, der als Metapher des „Ausrichtens am Orient", erst mit Kant und Moses Mendelssohn (1729-1786) in die Wissenschaft gekommen ist – geht es darum, sich zurechtzufinden, Anhaltspunkte zu gewinnen, weiterzukommen, sich Handlungsmöglichkeiten zu erschließen und ggf. auch die Ziele „unterwegs" zu verändern (vgl. Stegmaier 2008).

Wenn man sich nun aus anthropologischer Perspektive fragt, was sich die Pädagogik in der Neuzeit erhofft und an was sie sich orientiert, so wird man mit verschiedenen Problematiken konfrontiert, die im Folgenden pädagogisch-anthropologisch ausbuchstabiert werden, nämlich im Hinblick auf: 1. die Voraussetzung der Bildsamkeit, 2. die Hoffnung auf den Fortschritt, 3. das Vertrauen in die Selbstbestimmung und 4. die Erwartung des Kinderglücks. In diesem Sinne könnte man den folgenden Teil so zusammenfassen, dass die Pädagogik hofft, dass Menschen sich selbst bestimmen und dabei glücklich werden und dass sie sich in dieser Hoffnung an der Bildsamkeit und dem Fortschritt orientieren.

Im Unterschied zu Anthropologien anderer Provenienz, die den Menschen durchaus kritisch sehen – wie etwa Thomas Hobbes (1588-1679) und seine politische Anthropologie, für den der Mensch ein *homo homini lupus* ist, oder Konrad Lorenz (1903-1989) in seiner verhaltenstheoretischen Anthropologie des „sogenannten Bösen", die von einem „Kampftrieb" gegenüber dem Artgenossen spricht – sind pädagogische Anthropologien optimistische Anthropologien, d.h. Menschenbilder, die die Entwicklungsmöglichkeiten und die Lernmotivation der Schüler*innen oder aber die Erziehungs- und Unterrichtsmöglichkeiten der Lehrenden betonen. In diesem Sinne wird in diesem Kapitel über die Hoffnungen und Orientierungen der Pädagogik, deren begründende Momente und deren Optimismus gesprochen. Denn wie immer begründet die Erwartungen der Pädagogik auch sein mögen – sei es durch langjährige Erfahrungen oder auch durch empirische Untersuchungen –, es bleiben insofern Hoffnungen, als dass pädagogisch nicht garantiert werden kann, dass der Einzelne, die Gesellschaft oder gar die Menschheit die erwartbaren Lernprozesse auch wirklich vollziehen. Zugleich sind mit diesen Optimierungs- und Vollkommenheitsfiguren auch konstitutive Widersprüchlichkeiten, Paradoxien und Inkonsistenzen der pädagogischen Profession im Hinblick auf anthropologische Grundvorstellungen verbunden.

optimistische Anthropologien

Die Voraussetzung der Bildsamkeit

Pädagog*innen können und müssen davon ausgehen, dass Menschen bildsam sind. Bildsamkeit ist ein zentrales konstitutives Prinzip pädagogischen Denkens und Handelns (Benner 1991, S. 56ff.). Bildsamkeit ist kein genuin anthropologisches, sondern ein *pädagogisch*-anthropologisches Prinzip. In diesem Sinne schreibt Dietrich Benner: „Bildsamkeit ist vielmehr ein Prinzip der pädagogischen Interaktion, ein Relationsprinzip, welches sich auf die pädagogische Praxis als eine intergenerationelle Praxis bezieht und jede Reduktion pädagogischen Handelns zum Erfüllungsgehilfen der Vorsehung im Sinne anlagenbestimmter oder umweltbedingter Determinanten negiert" (Benner 1991, S. 57). Aus diesem Zitat lässt sich entnehmen, dass die häufig geführte Kontroverse, ob und inwieweit der Mensch durch seine Anlagen, seine Begabung oder seine Gene festgelegt ist, oder ob und inwie-

konstitutives Prinzip

weit er Produkt (und Opfer) seiner Umwelt ist, müßig ist. Wir können und müssen als Pädagog*innen voraussetzen, dass Menschen sich entwickeln, dass sie Fortschritte machen oder dass sie Kompetenzen erwerben können – wie auch immer diese Lernfortschritte oder Entwicklungen aussehen werden.

Blickt man in die neuzeitliche Pädagogik, so ist immer wieder auf diese Bildsamkeit mit unterschiedlichen Akzentuierungen hingewiesen worden – auch wenn der Begriff selbst erst am Ende des 18. Jahrhunderts als Substantiv Verwendung findet (vgl. Benner/Brüggen 2004): So spricht etwa Comenius in seiner *Pampaedia – Allerziehung* von 1677 davon, dass alle Menschen – und hierbei bezieht er ausdrücklich auch die Menschen mit (schweren) Behinderungen ein – gebildet werden können: „Immer ist irgendwo ein Eingang zu der vernünftigen Seele vorhanden, und dort muß Licht hineingetragen werden" (Comenius 1991, S. 37). Im 18. Jahrhundert findet der französische Begriff der *perfectibilité* Eingang in die Pädagogik. Obwohl schon als Modell in der Renaissance vorformuliert, wird der Begriff vermutlich zuerst von Turgot 1750 in dem an der Sorbonne gehaltenen Vortrag „Tableau philosophique des progès succesifs de l'esprit humain" verwendet. Rousseau übernimmt den Begriff vermutlich von dort in seinen *Discours sur l'inégalité* (1755/1984), wodurch sich der Begriff europaweit verbreitet. Häufig wird dieser Begriff mit „Vervollkommnungsfähigkeit" bzw. „Vervollkommnung" übersetzt, und gibt somit das Ideal der Aufklärung wieder. So behauptet etwa der Begründer des Genossenschaftswesens Robert Owen (1771-1858), dass alle Menschen in einem unbegrenzten Ausmaß perferktioniert werden können, d.h., er macht die Möglichkeit einer „endlosen fortschreitenden Steigerung" geltend, eine Steigerung im Hinblick auf das „‚Körperliche, Intellektuelle, Moralische und das Glück, ohne die Möglichkeit eines Rückschritts oder einer nennbaren Begrenzung" (Owen, zit. n. Passmore 1975, S. 164). In der Übertragung aus dem Französischen ins Deutsche, die ebenfalls im 18. Jahrhundert vorgenommen wurde, verliert der Begriff viel von seinem Pathos, denn er meint nun sehr schlicht „Veränderungsfähigkeit", „Plastizität" oder „Bildsamkeit".

perfectibilité

Vermutlich ist der Mensch das Lebewesen, dass bei seiner Geburt am weitesten von der ihm möglichen (körperlichen, intellektuellen, moralischen etc.) Vollkommenheit entfernt ist. Perfektibilität meint, dass sich der Mensch (im Unterschied zum Tier) weiterentwickeln und vervollkommnen, allerdings auch scheitern und dabei „hinter das Tier", d.h. in die Barbarei, zurückfallen kann. In diesem Begriff sind Offenheit und Unbestimmtheit menschli-

Offenheit und Unbestimmtheit

cher Existenz angesprochen bzw. der Sachverhalt, dass Menschen die Meta-Fähigkeit (der Bildsamkeit) haben, Fähigkeiten zu entwickeln.

Ab dem 19. Jahrhundert wird der Begriff der Perfektibilität auch kulturgeschichtlich verwendet, wobei er meist den als faktische Vervollkommnung verstandenen „Fortschritt", z.B. in Gestalt der Abschaffung der Sklaverei, der Menschenrechte, der wissenschaftlichen und technischen Entwicklung oder auch der Emanzipation der Bürger, der Arbeiter und der Frauen meint (siehe den nächsten Abschnitt).

Grundbegriff der Pädagogik

Es ist dann Johann Friedrich Herbart, der den Begriff der Bildsamkeit explizit als Grundbegriff der Pädagogik ausweist, diesen dann mit einem sehr weiten Umfang versieht und schließlich den Prozess der Bildung mit einer Überführung von Unbestimmtheit in Bestimmtheit in einen Zusammenhang bringt. Er schreibt in seinem *Umriss pädagogischer Vorlesungen* (1835/41/1982): „§ 1. Der Grundbegriff der Pädagogik ist die Bildsamkeit des Zöglings. *Anmerkung*: Der Begriff der Bildsamkeit hat einen viel weitern Umfang. Er erstreckt sich sogar auf die Elemente der Materie. Erfahrungsmäßig läßt er sich verfolgen bis zu denjenigen Elementen, die in den Stoffwechsel der organischen Leiber eingehn. Von der Bildsamkeit des Willens zeigen sich Spuren in den Seelen der edlern [sic] Tiere. Aber Bildsamkeit des Willens zur Sittlichkeit kennen wir nur beim Menschen"; der Begriff der Bildsamkeit ist dabei ein „Übergehen von der Unbestimmtheit zur Festigkeit" vor allem des sittlichen Handelns (Herbart 1835/41/1982, S. 165).

Aus der Bildsamkeit ergeben sich eine negative und eine positive pädagogische Bestimmung: Negativ bedeutet sie, dass wir dem pädagogischen Gegenüber weder bestimmte Anlagen zunoch absprechen, noch so auf es einwirken dürfen, dass wir seine Entwicklungsprozesse begrenzen und festlegen. „Die eigene Bildsamkeit und die eines jeden anderen anzuerkennen, heißt positiv gewendet, so auf die Erziehungsbedürftigen einzuwirken, daß diese bei der Erlangung ihrer Bestimmtheit mitwirken" (Benner 1991, S. 57). In gewisser Hinsicht bietet das pädagogisch-anthropologische Konstitutiv der Bildsamkeit also keine Konkretisierung pädagogischen Handelns – außer dem Sachverhalt, dass diese das Potential der Bildsamkeit nicht gefährden, sondern entwickeln soll. Eine weitere Bestimmung erfährt das Handeln dadurch, dass es an der Selbstständigkeit des Anderen orientiert ist, d.h. daran, dass auch das pädagogische Gegenüber an seiner Bildsamkeit arbeitet. Bildsamkeit ist ein notwendiges, aber kein hinreichendes

Selbstständigkeit

konstitutives Kriterium der Pädagogik, hierzu braucht es noch die Aufforderung zur Selbstständigkeit (Benner 1991, S. 63ff.).

Aufgrund der Bildsamkeit ist der Mensch nicht mehr nur an Vorbildern, sondern an eigenen, selbst entworfenen Bildern orientiert, das macht seine Selbsttätigkeit aus. Als Pädogog*innen können wir diesen Prozess der Selbstentwürfe und -bestimmungen nur unterstützen, so dass der Zögling in die Lage versetzt wird, seine Bildung aus eigener Kraft voranzutreiben, und „keineswegs [...] nur fähig werde, das durch Erziehung ihm hingehaltene Bild leidend aufzufassen" (Fichte, zit. n. Benner/Brüggen 2004, S. 194). In diesem Sinne kann man formulieren, dass Menschen die *einzigen* pädagogischen Lebewesen sind, und zwar nicht nur deshalb, weil sie intersubjektiv-bildsam sind, sondern auch weil sie zur Bildung der Selbstständigkeit aufgefordert werden müssen.

Veränderungsfähigkeit

Daher hat die neuzeitliche Bildungstheorie immer wieder auf die Veränderungsfähigkeit des Menschen abgehoben; und wenn sie von Bildsamkeit spricht, bedeutet dies, dass jedes Individuum an seiner Bestimmung zu arbeiten habe; und dass es letztlich kein universelles Maß für die Bildsamkeit des Einzelnen gibt, das diesem seine Bestimmung von außen auferlegt. Die Bildsamkeit eines Menschen ist nicht der anthropologische Maßstab, an dem seine Bestimmung zu messen wäre, sondern die pädagogische *Aufgabe*, die sich aus der Bestimmung ergibt, dass der Mensch sich selbst bilden *soll*. Insofern ist Bildsamkeit im Kern keine anthropologische, sondern eine pädagogische Bestimmung, die sich auf das Verhältnis der pädagogischen Interaktion und dabei auf die Möglichkeit der Mitwirkung der zu Erziehenden an pädagogischen Interaktionen bezieht. Beide konstitutiven Prinzipien sind miteinander verschränkt: Die Bildsamkeit verweist darauf, dass sie sich erst in einer Aufforderung zur Selbsttätigkeit entfalten kann; die Aufforderung zur Selbstständigkeit macht nur dann Sinn, wenn die intersubjektive Vorstellung von Bildsamkeit unterstellt wird (Benner 1991, S. 65).

Unerfassbarkeit

Folgerichtig konzentriert sich der für die Neuzeit konstitutive Gedanke im Erziehungs- und Bildungskontext auf das Moment, dem pädagogischen Gegenüber diejenigen Möglichkeiten zu gewährleisten, sich selbst am Bildungsgeschehen aktiv und selbstbestimmt beteiligen zu können, ohne festlegen zu können, wie dessen Selbsttätigkeit genau „beschaffen" sein wird. In diesem Sinne gilt auch nach wie vor Mollenhauers bezüglich der anthropologischen Bildsamkeit geäußertes Diktum ihrer wissenschaftlichen Unerfassbarkeit: *„Ich weiß es nicht [was Bildsamkeit ist; J.Z.], und ich halte es für unmöglich, es in dem Sinne ‚wissen' zu können, in dem die*

Wissenschaft sich bemüht, zuverlässiges Wissen zu erzeugen. Wissenschaftliches Reden über Bildsamkeit ist nichts als die Erläuterung dieser Unmöglichkeit. [...] es ist ein Reden über die Grenze zwischen dem Sagbaren und dem Unsagbaren, zwischen Subjektivität und Intersubjektivität" (Mollenhauer 1994, S. 80, S. 86). Wir können die Bildsamkeit eines Menschen nicht konkret bestimmen und wir sollten es auch nicht tun. Insofern bekommt das pädagogische Handeln die Form einer Hypothese, eines auf die Zukunft des pädagogischen Gegenüber zielenden Experiments, eines offenen Entwurfs, der von den Bildungsbewegungen des Anderen immer wieder überholt wird. „Ist diese Hypothese aber in der pädagogischen Interaktion nicht beständig für Korrekturen offen, d.h. ist sie derart verfestigt, daß sie keine *neuen* Erfahrungen mit dem Kinde [gilt aber auch für den Erwachsenen; J.Z.] mehr zuläßt – wird also aus dem offenen Experiment ein geschlossenes Ritual, dann droht auch die Bildsamkeit des Kindes zu erlöschen" (Mollenhauer 1994, S. 104).

„Erlöschen"

Dieses „Erlöschen" lässt sich immer wieder beobachten. Vor allem dort, wo man glaubt, dass Bildsamkeitsunterschiede – die sich ja durchaus empirisch festhalten lassen – mit einer Natur eines Menschen in Verbindung stehen, die „wundersamerweise" dann noch mit seinem sozialen Status korrelieren. Wo mithin (konservative) Pädagagog*innen davon ausgehen, dass die Bildsamkeit in einzelnen Schichten der Gesellschaft unterschiedlich verteilt ist, „d.h. im statistischen Sinne ist das Kind gebildeter Eltern eher für das Gymnasium geeignet als das Kind von Eltern, die selbst nur die Volksschule besucht haben" (Giesecke 1991, S. 19), bildet diese Annahme nicht nur das dreigliedrige Schulsystem gleichsam die Bildsamkeitsstrukturen einer Gesellschaft ab, sondern führt auch dazu, dass Kinder ganzer Bevölkerungsgruppen in ihrer Bildsamkeit schon von vorne herein „verlöschen".

Familie oder Herkunft

In der Gegenwart wird die Bildsamkeit nicht mehr im Rekurs auf die Natur oder Biologie, sondern auf die Familie oder Herkunft bezogen und die Argumentation umgekehrt: Nicht mehr die Orientierung an der natürlichen, sondern an der familiären Bildsamkeit bzw. an der herkunftsbedingten Ungleichheit ist verantwortlich für den Erfolg bzw. Nichterfolg im Bildungssystem – und dieser Sachverhalt ist im Hinblick auf eine Gesellschaft, die auf Chancengleichheit und Leistung abhebt, schlicht ein Skandal und kein Sachverhalt, den man aus „natürlichen Gründen" auf sich beruhen lassen sollte (vgl. Liebau/Zirfas 2008).

Erst mit den Arbeiten von Heinrich Roth (1906-1983) in den 1960er Jahren änderten sich diese biologistischen Begründungsmuster in der Pädagogik. Begabung ist kein ausschließliches na-

Begabung

türliches Faktum mehr, sondern auch der Tatsache des „Begabens“ geschuldet; Bildsamkeit ist auch auf Erziehung und Bildung angewiesen, um ihre Möglichkeiten entfalten zu können. Andererseits lässt sich auch in seinen Schriften nachzeichnen, dass die zentrale Bestimmung des Menschen, seine Mündigkeit, in seiner Selbstbestimmung besteht, die wiederum ohne pädagogische Reflexion und Praxis nicht realisiert werden kann (z.B. Roth 1966). In seiner „Theorie der Bildsamkeit“ führt Roth insgesamt auch aktuell noch sehr plausible zwölf Punkte aus (Roth 1966, S. 263-267), die hier pointiert zusammengefasst werden sollen:

1. An der Entwicklung und Bildung des Individuums sind (genetische) Erbausstattung, die soziokulturelle Umwelt und das Ich durch Entscheidungen und Handeln beteiligt.
2. Es gibt in der Bildung eine mehr oder weniger große Variationsbreite an Entwicklungsmöglichkeiten.
3. Die Vererbung bedingt einerseits eine Vereinheitlichung der Gattung Mensch, andererseits eine Differenzierung und Individualisierung.
4. Veranlagungen sind auf für sie passende Umwelten angewiesen wie umgekehrt auch Umwelten auf für sie passende Anlagen.
5. Lernen lässt sich potentiell immer steigern; Menschen erreichen kaum ihre Übungsgrenzen.
6. Bei Beeinträchtigungen von speziellen Entwicklungsmöglichkeiten sind Kompensationen in anderen Bereichen möglich.
7. Spezifische Lernfähigkeiten nehmen mit dem Alter ab; Umlernen erscheint schwieriger als Lernen.
8. Die Entwicklung ist ein Zusammenspiel zwischen körperlichen Organen, inhaltlichen Gegebenheiten und sozialen Bedeutungen: „Wir werden mit der Fähigkeit, sprechen lernen zu können, geboren, lernen aber die Sprache unserer Umwelt, die rückwirkend in unseren Sprechorganen Bewegungsmuster einschleift, die so verfestigt wirken, als ob sie angeboren wären“ (Roth 1966, S. 264f.).
9. Die menschliche Bildung ist ein Ineinander von körperlichen Reife- und individuellen Lernprozessen.
10. Es lassen sich kritische Phasen der Bildsamkeit – vor allem für die Kindheit und Jugend – festhalten, in denen bestimmte Erfahrungen, Übungen etc. „optimale“ Erfolge gewährleisten; gelegentlich lassen sich Lernbereiche ausmachen, die in späteren Lebensphasen kaum kompensiert werden können.
11. Am wenigsten veränderlich erscheinen bei Roth: Körperlichkeit (Organe), Temperament und Energiekapazität; sehr verän-

derlich erscheinen ihm: Intelligenz, Emotionalität, Wahrnehmungen und Vorstellungen, Aktivität und Grundeinstellungen wie Extra- oder Introvertiertheit; und am stärksten beeinflussbar sind, gerade im Kinder- und Jugendalter: „Bedürfnisse, Interessen, Motivationen, Schul- und Lebensleistungen, die Verhaltenseigenschaften, Werthaltungen, Gesinnungen, Ansichten, Lebens- und Weltanschauungen" (Roth 1966, S. 266).

12. Zwar muss Pädagogik mit den unterschiedlichen Bildsamkeiten rechnen, doch lässt sich das Leistungsspektrum der Einzelnen und das Leistungsspektrum aller durchaus vergrößern.

Auch die Überlegungen von Roth verweisen letztlich darauf, dass über Bildsamkeit kein sicheres Wissen möglich ist, und dass dennoch pädagogisch unterstellt werden muss, dass Lernen und Bildung immer möglich sind: „Wer erziehen will, darf wie der Arzt den Glauben nicht aufgeben, daß eine Wendung, wenn nicht zum Guten, so doch zum Besseren jederzeit noch möglich sein kann" (Roth 1966, S. 267). An diesen Glauben an die Bildsamkeit sind wiederum die pädagogischen Vervollkommnungsvorstellungen geknüpft (vgl. Roth 1971).

Vollkommenheit

Dabei kann man erstens festhalten, dass die Vervollkommnung in der Moderne häufig nicht mehr an eine Idee der Vollkommenheit gebunden ist, sondern sich von dieser gelöst hat (vgl. Passmore 1975, S. 163). So heißt es schon 1796 bei William Godwin (1756-1836): „Der so erklärte Ausdruck ‚vervollkommnungsfähig' impliziert nicht nur keineswegs die Fähigkeit, zur Vollkommenheit gebracht werden zu können, sondern steht in ausdrücklichem Gegensatz dazu. Könnten wir Vollkommenheit erlangen, dann gäbe es ein Ende unserer Besserung und Steigerung" (Godwin, zit. n. Passmore, 1975, S. 163). In diesem Sinne hält auch Max Weber (1864-1920) an der postulierten Schrankenlosigkeit der Verbesserungsfähigkeit des gebildeten Menschen fest (1995, S. 403).

Für Jan Amos Comenius (1592-1670) besteht ganz traditionell die Vollkommenheit der Bildung noch darin, „aller Dinge kundig" zu sein (gelehrte Bildung, *eruditio*), die Dinge und sich selbst zu beherrschen (Tugend, Sittlichkeit, *mores*) und „sich und alles auf Gott als den Ursprung der Dinge" zurückzuführen (Frömmigkeit, Religiosität, *religio*; Comenius 1993, S. 29). Damit ist ein mehr oder weniger eindeutiges Bildungsideal der Vollkommenheit formuliert. Doch was passiert in dem historischen Moment, in dem die Vollendung nicht mehr als (erreichbares) Ziel, sondern selbst als (unendlicher) Prozess gedacht wird? Was bedeutet es, wenn das lebenslange Lernen selbst zum Selbstzweck wird? Auch bei Comenius findet sich diese Idee des lebenslangen Lernens: „Und

lebenslanges Lernen

in alledem trachtet ein hochherziger Geist immer höher, aber ohne zum Ziel zu kommen. Denn in diesem Leben finden die Wünsche und Bestrebungen kein Ende" (Comenius 1993, S. 23). Doch der Trost seiner Pädagogik besteht darin, dass der „dritte Aufenthalt des Menschen" – der Himmel, den der Mensch nach Mutterleib und Erde erreicht – die „Vollendung" des Lebens erbringt: Hier erhält der Mensch „die unbegrenzte Fülle von allem" und das Leben „ruht in sich selbst ohne ein anderes Ziel", denn der Mensch ist in die „ewige Seligkeit der Gemeinschaft mit Gott" eingegangen (Comenius 1993, S. 25, S. 28).

Bei John Dewey (1859-1952) lässt sich dagegen das moderne Ideal unendlicher Vervollkommnung festhalten, das sich von einem Ideal der Vollkommenheit vollständig gelöst hat: „Unser Endergebnis war, daß Leben Entwicklung ist und Entwicklung und Wachstum Leben sind. Ins Pädagogische übersetzt bedeutet das, 1. daß der Vorgang der Erziehung kein Ziel außerhalb seiner selbst hat; er ist sein eigenes Ziel; 2. daß der Erziehungsvorgang beständige Neugestaltung, dauernden Neuaufbau, unaufhörliche Reorganisation bedeutet" (Dewey 1993, S. 75).

Selbstoptimierung

Von hier aus lassen sich Übergänge in die Gegenwart und die Praxis des lebenslangen Lernens oder auch der Selbstoptimierung ziehen. In nahezu allen Lebensbereichen ist der Gedanke der Selbstoptimierung mittlerweile virulent: Wir finden in unterschiedlichen Kontexten die (anthropologischen) Begriffe der Plastizität, Perfektibilität und Bildsamkeit oder auch des *life long learnings*, die auf eine potentiell unendliche Steigerungsfähigkeit des Menschen – auch noch im hohen Alter verweisen. Die (sozialwissenschaftlichen) Begriffe der Subjektivierung und des unternehmerischen Selbst sind – vor dem Hintergrund der Angst vor Konkurrenz, Flexibilität und Scheitern – mit der Hoffnung auf sozialen Aufstieg und ein gutes Leben verbunden. Die psychologischen Modelle des Selbstverstehens und der Selbsttherapie betreiben mit Hilfe von *positive psychology*, Resilienzforschung und Copingstrategien geglückte Selbstverwirklichungen oder Selbst(er)findungen. In der (pädagogischen) Selbstentwicklung sollen Lehr- und Lernprozesse durch Mediatisierungs- und Digitalisierungsprozesse eine Verbesserung erfahren und im Feld des Sozialen sollen (individuelle und allgemeine) Orientierungen und Evaluationen durch Algorithmen und Big Data zur Selbstoptimierung beitragen. Eine Ethik der Optimierung wird derzeit durch ein heterogenes Ensemble von Techniken und Praktiken definiert, die sich im Begriff des *Enhancement* bündeln lassen; diese scheinen die vormodernen Techniken und Praktiken weitgehend außer Kraft gesetzt zu haben, weil sie mittels

Psychopharmaka, Bio- und Mikrotechnologie sowie Digitalisierung Selbstoptimierungseffekte versprechen, die über die althergebrachten Übungs- und Trainingsprozeduren weit hinausgehen (vgl. Mayer/Thompson/Wimmer 2013).

keine Sicherheit

Zweitens lässt sich konstatieren, dass die Idee von Vollendung die Bedingungen ihrer eigenen Hinführung im Sinne der Vervollkommnung nur unzureichend regelt, d.h., dass für Erziehung und Unterricht trotz der klaren und eindeutigen Kriterien oder Inhalte, mit denen sie versehen sind, keine Sicherheit gewährt werden kann, dass das Ziel auch erreicht wird. Die pädagogische Reflexion „hat ihren Schwerpunkt im *Ziel*, nicht in seiner Erreichbarkeit, anders wäre der unablässige Konnex mit ‚Vollendung' schon früh am eigenen Widerspruch gescheitert" (Oelkers 1997, S. 14). Steht doch der Erreichbarkeit etwa im Weg, dass das Ziel mit unvollkommenen Menschen (Lehrer*innen wie Schüler*innen), verbesserbaren Institutionen und Methoden und immer wieder auch neuen, nicht schon vorab feststellbaren, Inhalten erreicht werden soll oder schlicht der empirische Sachverhalt, dass Menschen keine vollkommenen Wesen werden. Insofern sind auch die von Comenius formulierten Grundsätze für die „Verlängerung des Lebens", zu „sicherem Lehren und Lernen, bei dem der Erfolg nicht ausbleiben kann", zu „leichtem Lehren und Lernen", zu „dauerhaften Lehren und Lernen" und „für die Schnelligkeit und Abkürzung beim Lernen" (Comenius 1993, S. 79-135) nur deshalb von Erfolg gekrönt, weil Gott selbst als „oberster Pädagoge" fungiert, „der in allen Dingen alles wirkt", so dass „dem Menschen nichts zu tun bleibt, als die Samen der Lehre mit treuem Herzen aufzunehmen. [...] Gedeihen und Wachstum werden von oben kommen" (Comenius 1993, S. 85). Eine Pädagogik der Vollendung ist in diesem Sinne eine Pädagogik des Gottvertrauens. Und diese Pädagogik hat in der Neuzeit andere Vertrauensgaranten der Vervollkommnung gefunden, wie etwa die „Natur", die „Gene", die „Vernunft" oder (aktuell) „die künstliche Intelligenz". Das sind alles Titel für den Sachverhalt, dass die Erreichbarkeit der oftmals hehren Ziele durch Erziehung und Bildung alleine nicht gewährleistet werden konnte.

nachmetaphysisches Denken

Nun lässt sich noch ein drittes Problem festhalten, das mit dem Übergang von einem metaphysischen zu einem nachmetaphysischen Denken zu tun hat. Unter dem metaphysischen Denken wird ein solches verstanden, dass sich an den ersten bzw. letzten, über das Gegebene hinausgehenden (vom gr. *meta ta physika*, „nach bzw. hinter dem Physischen") Prinzipien des Seins orientiert, etwa am Kosmos, an Gott, an der Natur, an der Seele oder an der Freiheit.

Während das metaphysische antike und mittelalterliche Denken durch einen kosmologischen und religiösen Rahmen begrenzt war, jenseits dessen sich nichts Neues ereignen konnte – was wiederum mit einer geschlossenen, kreisförmigen Struktur der Zeit zusammenhängt, die als ewige Wiederholung gedacht wurde – geht das nachmetaphysische Denken spätestens seit der Aufklärung von einer offenen Zukunft aus und stellt somit um vom *profectus* als begrenzter Vollkommenheit auf *progressus* als unbegrenzbare Perfektibilität (vgl. Kosselleck 1975). Insofern gilt: In den älteren Zeiten erscheint der Mensch zwar mit Blick auf seine Bestimmung veränderlich, doch in der Moderne wird die Emphase auf die Veränderbarkeit bzw. die Bildsamkeit der Bestimmung *selbst* gelegt. Der Mensch wird zunächst zum Subjekt seines Fortschreitens, indem er vor allem seine Bestimmung selbst definiert. Dabei dient der Fortschritt als Modell, das der Bildsamkeit Richtung und Inhalt vorgibt und verspricht, nicht nur die Lücke zwischen anthropologischer Formbarkeit und Verbesserungsfähigkeit, sondern auch die zwischen Verbesserungsfähigkeit und ihrer Realisierung zu schließen. Es wird kritisch zu prüfen sein, ob die pädagogisch gedachte Zukunft mehr ist als ein Versprechen.

offene Zukunft

Die Hoffnung auf den Fortschritt

Der Begriff „Fortschritt", so belehrt ein Blick in die einschlägigen Wörterbücher, ist ein neuer Begriff, der erst seit dem 18. Jahrhundert bekannt ist (vgl. Kosselleck 1975, S. 407f.). Es ist ein optimistischer Begriff, der die Entwicklung zum Besseren beschreibt, und dies vor allem vor dem Hintergrund technischer, industrieller und wissenschaftlicher Erneuerungen. Fortschritt wird seit der Aufklärung vor allem als Entwicklung der Menschheit verstanden – sei es als Konsequenz von Rationalität und Wissenschaft, als Effekt sozialer, ökonomischer und politischer Erneuerungen, als Resultat technologischer oder pädagogischer Anstrengungen oder auch als natürliche oder kulturelle Evolution.

Entwicklung der Menschheit

Allerdings finden wir Ansätze eines Fortschrittsdenkens schon in Antike, Mittelalter und Früher Neuzeit, die sich aber von einem modernen Verständnis unterscheiden (vgl. Lebrecht 1934; Kosselleck 1975; Dodds 1977; Burgen et al. 1997; Strasser 2015, Kap. 1): Mit dem modernen Fortschrittsdenken gelingt eine Sicherung der Unvergeblichkeit jedes Schrittes, denn auch Umwege und Pausen und selbst Rückschritte dienen letztlich dem Fortschritt. Wenn die Menschheitsgeschichte – wie auch immer – Fortschritt garantiert, dann können gelegentliche politische, soziale, technische oder pädagogische Fehler als unwesentlich erachtet werden. Allerdings stuft er auch jede seiner Phasen zur bloßen Vorstufe der ihr folgenden herunter (Blumenberg 1986, S. 116).

Subjekt des Fortschreitens

In der Moderne wird die Emphase auf die Veränderbarkeit bzw. die Bildsamkeit der Bestimmung des Menschen *selbst* gelegt: Der Mensch wird zunächst zum Subjekt seines Fortschreitens, indem er vor allem seine Bestimmung selbst definiert (etwa bei Pico della Mirandola, siehe nächster Abschnitt). Doch mit der rapiden Entwicklung der industriellen Revolution werden immer weniger der Mensch bzw. das Menschengeschlecht und seine Wissensbestände, sondern der technologische Prozess selbst zum entscheidenden Fortschrittsmodell (vgl. Arendt 1996, S. 30; Ran 2013a, 2013b). Das liegt auch nahe, denn endliches Leben ist definitiv zu kurz für unendlichen Fortschritt, daher muss man über den Menschen hinausgehen. Die Figuren dafür sind: die Zukunft, die Utopie, die Generationen, die Menschheit oder der Transhumanismus (vgl. Spreen 2015). Da nicht die gesamte empirische Menschheit als Fortschrittssubjekt in Frage kommt, sind es immer wieder einzelne Gruppierungen (bis hin zu Nationen und Kulturen), die sich als Apologeten des Fortschritts verstehen und die hypothetische Hintergrundgeschichte zur realen Vordergrundgeschichte machen wollen. Das objektive, aber nicht für jeden einsehbare fortschrittliche Geschehen autorisiert zum subjektiven Aktivismus – gerade, wenn die Zeit drängt. Die Garantie, sich als Vollstreckter des Fortschritts zu verstehen, besteht dabei in einer sich autoritisierenden (quasi religiösen) Selbstbeglaubigung.

technologischer Prozess

Fortschreiten bedeutet in einem übertragenen Sinn, die Dinge in einer spezifischen Weise wahrzunehmen, d.h., eine bestimmte Interpretation von Veränderungen vorzunehmen, dabei eine spezifische Richtung einzuschlagen, eine spezifische Betonung der Zukunft herauszustellen und letztlich ein spezifisches Ziel in der Zukunft zu realisieren zu suchen, wobei der Fortschritt nicht identisch mit der Erreichung des Ziels ist (vgl. Spaemann 1983). Geschichte wird dann beschreibbar als Differenz von Erfahrung und Erwartung. Diese Differenz induziert zugleich die Thematik der Gleichzeitigkeit des Ungleichzeitigen, insofern es nun möglich ist, die Ungleichzeitigkeit verschiedener aber im chronologischen Sinne gleichzeitiger Geschichten etwa ethnologisch beschreibbar aber auch pädagogisch auswertbar zu machen. Mit der Idee des Fortschritts rücken die Reflexionen über Dekadenz und Zivilisation, Beschleunigung und Verzögerung, über Nicht-Mehr und Noch-Nicht in den Vordergrund.

Geschichte

Die moderne Fortschrittsidee mitsamt ihrer Beschleunigungsdimension wird vor allem durch die Lebensverlängerung, aber dann auch maßgeblich durch die wissenschaftlichen und technischen Veränderungen bestimmt. Sie erzeugen und begleiten die spezifische Unruhe des Fortschritts, die die Dinge dieser Welt eben nicht auf sich beruhen lassen kann (Konersmann 2015). Hier können vor allem die großen Weltausstellungen des 19. Jahrhunderts als offensichtliche Meilensteile gelten, die den Fortschritt nicht länger als spekulatives, vages Versprechen, sondern als sicht- und anfassbare Tatsache darstellten (vgl. Strasser 2015, S. 113ff.). Fortschritt erscheint als Prozess ohne Subjekt, als autopoietische Selbststeuerung von sozialen, kulturellen und wissenschaftlichen Systemen.

Unruhe

Der Fortschritt bringt die „neuzeitlichen Hiatus-Erfahrungen auf einen Begriff"; in diesem Sinne ist „[d]ie Triade der fortschrittlichen Europäer, der stagnierenden Chinesen und der rückständigen Primitiven [...] im ganzen 18. und 19. Jahrhundert geläufig" (Kosselleck 1975, S. 391, S. 397). Die Hiatus betreffen bis heute auch und gerade die Bildungsfragen, werden doch zentrale soziale, politische etc. Problemlagen immer wieder mit Divergenzen der Bildungsresultate in Verbindung gebracht. Die einen sind „weiter" als die anderen: Das zeigen uns zurzeit z.B. die PISA-Rankings. Der Fortschrittsbegriff ist auch ein Elitebegriff. Aus der Gleichzeitigkeit des Ungleichzeitigen im Fortschreiten lassen sich nicht nur Legitimationen für Politik und Wissenschaft, sondern auch für Erziehung und Bildung gewinnen. Der Fortschritt macht zudem auch deutlich, warum es in der Schule Sitzenbleiben, Nachsitzen, Stillsitzen, Eckenstehen und das Klassenverlassen gibt – pädagogisch verordnete, exkludierende Immobilitäten, die auf das Nichtmitkommen im Vollendungsprozess verweisen. Der Fortschritt etabliert eine Mitmachkultur, der man sich nur unter Sanktionen entziehen kann.

Hiatus-Erfahrungen

Elitebegriff

Die Geschichtlichkeit des Fortschritts gewinnt gegenüber dem individuellen Leben an Relevanz; der Fortschritt erscheint als geschichtsmächtiges Subjekt, der von der Befriedigung der Menschen notwendigerweise absehen muss, will er denn weitergehen. Denn die Idee der Menschheit geht immer schon über den Einzelnen hinaus. Der Fortschritt bemisst sich am Allgemeinen, nicht am Individuellen. Das Individuelle kann nur als defizienter Modus des Allgemeinen gelten, ihm bleibt nur die Achtung, das Gefühl der Unangemessenheit seiner Vermögen, der Idee des Fortschreitens gerecht zu werden. Der Fortschritt ist eine Idee der Ohnmacht, da man seinem Gesetz nicht gerecht werden kann; er

geschichtsmächtiges Subjekt

ist aber auch eine Idee der Allmacht, da nur er die Schere zwischen Partikularem und Universellem zu schließen in der Lage ist. Der Fortschritt selbst perspektiviert einen unwiderlegbaren Prozess in die Zukunft, der eine Differenzierung in wahr oder falsch, sinnvoll oder sinnlos kaum mehr möglich macht. Auch der Fortschritt ist ein imaginäres Schema der Entwicklung: Wo aber die Zukunftsprojektionen die Erfahrungsdefizite billigend in Kauf nehmen, werden sie zu ideologischen Waffen.

Ubiquität

Die Ubiquität des Fortschrittsdenkens kennt keine Grenzen, keine historischen, keine kulturellen, keine technischen, keine ökonomischen etc. und keine anthropologischen. Er geht aufs Ganze, auf die Welt, die Weltgesellschaft, die Humanität, das Glück. Längst schon hat der Fortschritt auch den Menschen selbst als Objekt im Blick. Die Selbstermächtigung des Menschen macht vor sich selbst nicht Halt. Schon weil der Mensch ein Unsicherheitsfaktor für den Fortschritt ist, erscheint es folgerichtig, ihn auf Gesundheit, Intelligenz, Fehlerfreiheit, Berechenbarkeit, Effektivität und Effizienz etc. hin weiterzuentwickeln: Das kann man biologisch tun, durch eugenische Maßnahmen der Zwangssterilisierung und der Vernichtung unwerten Lebens oder der bewussten Zuchtwahl, das kann man durch genetische Eingriffe (*Genome Editing, Genomic Engeneering*) in die Keimbahn veranlassen, oder durch *human enhancement*, durch chemische oder technische Aufrüstungen (etwa des Gehirns, vgl. Zirfas 2020), das lässt sich durch Überwachungs- und Kontrollmaßnahmen aller Orte oder schließlich auch durch Selbstoptimierungsprogramme als Internalisierung sozialer Zwänge und Disziplinierungen bewerkstelligen – wenn man nicht direkt den Programmen der Transhumanisten folgen will, die schon „über den Menschen hinaus" denken. Es ist schon erstaunlich, wie sich in der Spätmoderne umfassende humane Verwertbarkeit als Entfaltung der Persönlichkeit, exzessive Mobilität als Freisetzung, gnadenlose Konkurrenz als Kreativität und permanente Flexibilisierung als Erlösung von Routine und Langeweile (vgl. Strasser 2015, S. 235f., S. 227ff.) – oder kurz: wie sich Verdinglichung als Autonomie „verkaufen" lässt.

Verdinglichung

Die Unterordnung des Fortschritts unter die Perspektiven der Beherrschung, der Ökonomie und der Technologie – und nicht der Ökologie, des Sozialen, des Friedens oder der Moral – degradieren Menschen zu Mitteln fortschrittlicher Zwecke. Und die Frage ist, ob durch den Fortschritt einerseits die Grundlagen für das Humane und zum anderen das Humane selbst zerstört werden.

Mythos

Die Geschichte Europas, aber auch die der Pädagogik, wird spätestens seit der Aufklärung vom *Mythos des Fortschreitens* (Sting

1991) dominiert. Der Fortschritt wird geschichtsphilosophischer Universal- und Legitimationsbegriff, Partei- und Aktionsbegriff, ideologisches Subjekt einer Selbstbewegung, Verbesserungskategorie, linearer Richtungs-, temporaler Perspektiv- und Planungsbegriff sowie schließlich Beschleunigungsbewegung (vgl. Kosselleck 1975, S. 352f.).

Es ist Kant, der im 18. Jahrhundert die vielen Geschichten aller Orte zu einer Geschichte der Menschheit verdichtete und sie mit *einer* Richtung versah, nämlich *dem* Fortschritt (vgl. Koselleck 1975, S. 352; Blumenberg 1966, S. 184f.). Auch pädagogisch bleibt diese Idee, als Idee der Vollkommenheit, der „Prospekt zu einem künftigen glücklicheren Menschengeschlecht" (Kant 1803/1982, S. 700), für ihn leitend (vgl. Zirfas 2007b). Geschichte als Fortschrittsgeschichte bietet Moral, Politik und Pädagogik einen Erwartungshorizont, der die vielen kleinen Erfahrungen bündelt und konzentriert. Der Fortschrittsgedanke bleibt ein Einheits- und Vereinheitlichungsgedanke, der das Disparate nicht zusammenzwingt, sondern aufhebt, um es als solches zu bewahren. Allerdings stellt sich die Frage, inwieweit der Idee des einen Fortschritts eine Gewaltförmigkeit innewohnt, die die Wahrnehmung des Menschen im „Tunnelblick des Fortschritts" (Konersmann 2015, S. 266) auf *eine* Richtung begrenzt und zugleich statt des einen Fortschritts die vielen *pluralen* Fortschritte ebenso aus dem Blick verliert wie den Zweifel am Modell des Fortschreitens überhaupt. Denn zur Voraussetzung des Fortschritts gehört, dass einige Fragen nicht gestellt werden dürfen (vgl. Zirfas 2002b).

Die ständige Erinnerung an das noch Ausstehende im Fortschritt verpflichtet die wartenden Menschen, sie werden mit ihm an ein Versprechen gebunden, das in der performativen Anrufung als Ziel des Fortschreitens ständig neu erzeugt wird. Der Fortschritt ist ein Appell, der eine neue Zukunft verheißt; er bildet damit einen performativen Entwurf, der seine eigene Erfüllung einklagt.

Gesetzmäßigkeit des Zweckmäßigen

Der Fortschritt fußt auf dem Prinzip, dass dem Chaotischen und Zufälligen, die Gesetzmäßigkeit des Zweckmäßigen abgerungen werden kann. Hinter oder unter den vielen empirischen Geschichten in der Welt gibt es die eine Fortschrittsgeschichte der Welt, die alle Einzelfortschritte in sich bündelt: der Fortschritt der Geschichte. Diesem Kollektivsingular kann man sich nicht entziehen, er ist – modern gesprochen – alternativlos. Nunmehr agiert und regiert der Fortschritt, der sich sozusagen weltgeschichtlich selbst bemächtigt. Das macht ihn gelegentlich nur zu einem Schlagwort. Der Fortschritt beweist, dass Geschichte sich nicht mehr wiederholt, und dass wir es in Zukunft mit neuen, unverwechselbaren Gegebenheiten zu tun haben werden.

Der universelle Fortschritt muss sich daher auch keine Sorgen um die Bewegungen des (vernünftigen) kulturellen und sozialen Fortschritts machen, denn diese sind eben nicht, wie die vielen realen Fortschritte, permanent durch das Risiko und den Unfall bedroht; das Versagenkönnen sowie die Möglichkeit des Scheiterns stellen den prognostizierten Verlauf nicht unter den Vorbehalt der Kontingenz. Der Fortschritt dient als eine Art „Stützkorsett für das mit den Ansprüchen der Emanzipation vielleicht doch ein wenig überforderte Individuum" (Strasser 2015, S. 91). Der Fortschritt, der potentiell alle Lebensbereiche umfasst, wird zum eigentlichen Subjekt der Geschichte. Dass damit das Besondere und Individuelle nivelliert und neutralisiert, wenn nicht gar eliminiert wird, liegt auf der Hand (Sting 1991, S. 213f.). Fortschritt ist eine Einbahnstraße – vielleicht auch eine Sackgasse.

Orientierung

Dem Fortschritt geht es dabei um eine imaginäre Orientierung. Verdankt sich damit das Subjekt der Moderne letztlich einer Fiktion des Fortschritts, mithin der Idee, dass es sich auf dem Weg zu einem „Besseren" befindet? Das Individuum ist immer auf der Suche – nach sich selbst, dem Anderen oder einer Verbesserung des Lernens. Einer Suche, die zunehmend früher beginnt, ständig beschleunigter wird, sich keine Abwege, Verirrungen oder Pausen gönnen darf und deren Ziel zunehmend in die Ferne rückt. Und auch in der Pädagogik gilt – und hier lässt sich auf die einschlägigen Studien von Foucault oder Pongratz (2010) verweisen – dass

Prozession

die Progression immer mehr zur Prozession wird. „Und es ist daran zu erinnern, daß eben damals die Kontrolltechniken der Administration und der Wirtschaft eine gesellschaftliche Zeit serieller, gerichteter und kumulativer Art zur Geltung brachten: Entdeckung einer Evolution als ‚Fortschritt'. Die Disziplinartechniken bringen individuelle Serien hervor: Entdeckung einer Evolution als ‚Entwicklung'" (Foucault 1977, S. 207). Fortschritte werden allenthalben inszeniert, beobachtet, dokumentiert und evaluiert. Das Ziel: das gouvernmentale Subjekt, das sich einsam (Rousseau) oder gemeinsam (Kant) dem Unternehmen des Fortschrittes verschrieben hat. Unfälle sind in diesem Sinne Stillstände, Null- oder Negativentwicklungen – oder pädagogisch gewendet finden wir die Unbelehrbaren und Bildungsfernen, die Anarchist*innen und Antipädagog*innen. Es ist diese Imagination des Fortschreitens, die die Abweichungen und Brüche, die Unfälle und das Scheitern – nicht nur in der Pädagogik – selbst hervorbringt.

Seit der Aufklärung kommen vor allem der Wissenschaft, der Politik, der Technik, aber auch der Pädagogik die Aufgaben zu, an der Vervollkommnung und Verbesserung des Menschen bzw. der Menschheit, an der Höherbildung und am Fortschritt des Einzelnen wie der Allgemeinheit mitzuarbeiten. Vor diesem historischen Hintergrund erscheinen Fortschritt und Zukunft als zentrale integrale Kategorien, von denen alles abhängt. Pädagogisches, politisches und auch medizinisches Handeln wird unter dieser Prämisse ein „prinzipiell riskanter Vorgriff auf Künftiges", der sich legitimieren muss (Mollenhauer 1980, S. 67), gerade weil mit dieser Figur eine Fülle von Problematiken verbunden sind (vgl. de Haan 2014). Diese Problematiken sind mit der Bestimmung dessen verknüpft, von welcher Zukunft überhaupt die Rede ist (wobei zwischen einer vergangenen, gegenwärtigen und einer zukünftigen Zukunft unterschieden wird), und wie diese Zukunft erreicht werden kann und soll, ob man (gerade angesichts der Gräueltaten des 20. Jahrhunderts) überhaupt am Modell des linearen, kontinuierlichen Fortschritts festhalten soll, ob und welche unerwünschten zukünftigen Nebenfolgen zu erwarten bzw. zu befürchten sind (was zur Zeit an den Effekten des Klimawandels diskutiert wird) oder auch inwieweit die permanente Revision von Wissens- und Könnensbeständen Ausdruck eines futuristischen Nichtwissenkönnens ist.

Zukunft

Der Fortschritt ist heute doppelt plural geworden, die Geschichte hat sich wieder zu Geschichten vervielfältigt, und die vielen Fortschrittsgeschichten haben je unterschiedliche Interpretationen erfahren – was für den einen ein Fortschritt ist, ist für den anderen der Niedergang. In diesem Sinne ist mittlerweile der Fortschritt auch konservativ geworden, in dem er – gegen sich selbst (?) – festhält, was es an Bewahrenswertem gibt, indem er das Unverzichtbare gegen Gefährdungen absichert, indem er die Beweislastregel sich selbst auferlegt und indem er der Katastrophenvorbeugung Priorität gegenüber der Realisierung von Utopien einräumt (vgl. Lübbe 1975, S. 62f.).

In der Moderne ist das Wissen um die Zukunft nicht mehr mit der gewohnten Erfahrung, aber auch nicht mehr mit der prognostizierbaren und planbaren Wahrheit, sondern mit vagen Erwartungen verbunden, die Diagnosen lauten: „Fortschrittsnebenfolgen" und „Zukunftsgewißheitsschwund" (Lübbe 1983, S. 43f.). Fortschritt bedeutet nun die Zunahme des Unerwarteten. Damit einher geht die Problematik, dass es unter den Bedingungen beschleunigten Wandels zunehmend schwieriger wird, entlastende Orientierungen und Traditionen zu bilden: Daher rührt der stetig

Zunahme des Unerwarteten

steigende Bedarf an Futurologie, Beratung und Reformen der Reformen (vgl. Lübbe 1975). Man erwartet sich spezifische Effekte vom Einsatz des Wissens und weiß zugleich, dass die Effekte dieses Einsatzes nicht sicher prognostiziert, ja nicht einmal erahnt werden können. Damit ist Wissen nicht mehr eindeutig an die Idee der Vervollkommnung, sondern an ein ganzes Set von Formen des Nichtwissens gebunden, an denen sich das Wissen und die Wissenschaften abzuarbeiten haben. Denn deutlich wird, dass Zukunftswissen nicht ausreicht, (1) um (zukünftige) Probleme in einer gültigen und belastbaren Form umfassend zu bestimmen; es reicht auch nicht aus, (2) um Wege und Methoden zu benennen, die die kalkulierten Risiken einer Lösung entgegenführen, und es reicht schließlich auch nicht aus, (3) um alle (kontingenten) Nebenwirkungen exakt vorhersehen zu können. Das moderne Zukunftswissen zeichnet sich durch Pluralität, Offenheit und Unsicherheit aus, durch Nichtwissen und Nichtwissenkönnen. Die Unberechenbarkeit des Fortschritts lässt sich mittlerweile empirisch verifizieren (vgl. Zirfas 2015).

Offenhalten

Ist das Offenhalten von Zukunft, die Steigerung von Wahlmöglichkeiten, ein Wert an sich oder verhindert es ggf. Selbstbestimmungsmöglichkeiten, die ja auch Einklammerungen und Festlegungen von Optionen bedeuten? Kann man sich überhaupt sinnvoll bilden, wenn man sich alle Optionen prinzipiell immer offenhalten muss? Oder lauern nicht hinter dieser emphatischen Offenheit die Maximen einer stetigen Anpassung, einer durchgängigen Optimierung, einer adaptiven Beschleunigung und einer umfassenden Verpflichtung – jederzeit neu für alles verfügbar zu sein?

Spätmoderne Organisationen stehen dabei im Verdacht, durch Optimierungsmaßnahmen den Fortschritt der Individuen auf Dauer zu stellen (vgl. Lindner 2016). Während in vormodernen Zeiten die Veränderungsfähigkeit den Subjekten von außen vorgegeben wurde, wird diese von den Individuen mittlerweile selbst hervorgebracht. Sie sehen die Optimierung als Chance zur Selbstverwirklichung, nicht als Anpassung und Unterwerfung. Wer sich noch steigern kann, der hat sich und sein Potential noch nicht ausgeschöpft – und kann daher auch nicht glücklich sein. Als eine starke, resiliente Persönlichkeit gilt dann jemand, der immer noch Reserven für gestiegene Anforderungen hat, die er dann auch gelassen einsetzen kann. Es erscheint nachvollziehbar, dass derjenige, der sich als prinzipiell unerschöpflich und unendlich steigerbar erlebt, mit sich und der Welt zufrieden sein kann. Steht mithin der Fortschritt dem Autonomieversprechen und dem Authentizitätsgebot der Moderne selbst im Weg? Wie verhält man sich gegenüber abstrakten, ziel- und substanzlosen Wettbewerbs- und Steigerungszwängen, die tautologischen Rechtfertigungsmustern folgen und damit auch kaum kritisier- und revidierbar erscheinen (vgl. Rosa 2009, S. 42)?

Katastrophe

Schon Walter Benjamin (1892-1940) hatte darauf hingewiesen, dass der Fortschritt eine einzige Katastrophe sei, die „unablässig Trümmer auf Trümmer häuft" (Benjamin 1984, S. 161) und Horkheimer hatte angemerkt, dass das „Fortschreiten der technischen Mittel von einem Prozeß der Entmenschlichung begleitet [wird]. Der Fortschritt droht das Ziel zunichte zu machen, das er verwirklichen soll – die Idee des Menschen" (Horkheimer 1967, S. 13). Diese Gefahr wird zur Zeit mit den Begriffen des Kapitalozäns oder des Anthropozäns diskutiert, die weitgehende negative Eingriffe des Menschen in die Natur oder das Soziale beschreiben (Wulf 2020, S. 190-236). Mittlerweile stehen wir an der Schwelle, wo der Fortschritt buchstäblich über den Menschen hinaus geht: Die transhumane Zukunft der künstlichen Intelligenz wirbt mit der unendlichen Steigerbarkeit von Effizienz und Effektivität in allen Belangen – da können Menschen wohl nicht mithalten.

Spekulation

Die Frage bleibt, ob der Fortschrittsgedanke für den modernen Menschen nicht eine letzte, nicht hintergehbare Orientierung darstellt. Führt ein Aussetzen des Fortschritts nicht zur Idee der Rückkehr in eine vermeintlich heile Welt oder zur Zuflucht in den Ursprung vor aller Zeit? Ist Fortschritt nicht eine regulative Idee (Kant), die nicht nur retrospektiv die Geschichte in einen möglichen Ordnungszusammenhang stellt, sondern auch die Zukunft mit einer Orientierungsperspektive versieht? Fortschritt verweist anthropologisch auf die „Weite", in die Menschen aktiv vorstoßen können, aber auch auf die „Ferne", von der sie sich passiv angezogen fühlen und die sie zugleich aktiv verlangen (vgl. Bollnow 1994, S. 93). Er gibt eine Antwort auf die Frage, was zu tun ist. Die Vernunft kann nicht umhin, dass es eine Richtung der sich verbessernden Veränderungen gibt, dass es also positiv weitergeht. Man kann das Spekulation nennen und damit das Verstiegene, Unbesonnene, vielleicht auch Abstrakte unterstreichen; man kann aber auch das Spekulative im etymologischen Sinne auf die Übersicht und Durchsicht beziehen, auf jenes Wissen, das die Bedeutung des Höchsten und Letzten formuliert (vgl. Henrich 1999, S. 95f.).

Aus dieser Perspektive ließe sich die Frage stellen, was wir verlieren, wenn wir die Idee des Fortschritts aufgeben? Steht damit nicht auch die Vergangenheit in Frage, die sich auf einmal als Irrweg entpuppt? Werden nicht irrationale Desintegrationskräfte freigesetzt, wenn das, was für Fortschritt gehalten wurde, sich letztlich einer ideologischen Verblendung verdankt (vgl. Lübbe 1983, S. 135f.)? Die Frage ist: Machen wir mehr vom Selben – höher, schneller, weiter – oder machen wir es anders und besser, indem wir die existierenden Widersprüche aufgreifen und weiterzuentwickeln suchen? Lässt sich nicht zumindest eine pauschale negative Zustimmungsfähigkeit hinsichtlich denkbarer globaler Katastrophen, wie sie mit den Folgen der Klimaerwärmung, des Nahrungs- und Wassermangels, mit Atomkatastrophen und terroristischen Diktaturen verbunden sind, unterstellen? In diesem Sinne man kann Peter Sloterdijk wohl Recht geben, wenn er schreibt (2004, S. 427): „Das Interesse am Nicht-Eintreten des Ernstfalls ist in der entstehenden politischen Weltkultur ernster, realer, verbindlicher geworden als alles, was traditionell als ernst, real, verbindlich galt." Es gilt also nicht für eine positiv ausformulierte Zukunft, sondern daraufhin zu lernen, dass eine bestimmte, negativ gefasste Zukunft nicht eintritt. Diese scheint zumindest eine zukunftsorientierte Perspektive zu eröffnen, wenn auch die Richtung einer positiven Weiterentwicklung von Kulturen dadurch nicht bestimmt werden kann. Vielleicht sind nicht alle diese Punkte universell begründbar, doch vielleicht muss die Unbegründbarkeit hier der Unverzichtbarkeit auf die fortschreitende Perspektive weichen, an der sich Menschen orientieren können.

negative Zustimmungsfähigkeit

Was wäre ein wirklicher, substantieller Fortschritt? Eine wirkliche Verbesserung der Lebensqualität, ein gutes und glückliches Leben für alle? Entscheidend wird wohl vor allem folgender Aspekt sein: nämlich ein anderer Umgang mit Natur. Die durch das Judentum, das Christentum und den Islam bewirkte Entsakralisierung der Natur, die den Menschen zum Herrscher der Natur und diese wiederum zum Material seiner Selbstermächtigung degradierte (vgl. van der Pot 1985, S. 36ff.), erscheint als das eigentliche Problem des Fortschritts. Der wahre Fortschritt bestände darin, den Menschen vor einer Anthropologie der Souveränität zu bewahren. Das erscheint als zentrale pädagogische Bestimmung einer modernen Selbstbestimmung (vgl. Wulf/Zirfas 2020).

anderer Umgang mit Natur

Das Vertrauen in die Selbstbestimmung

Als Zielbegriff von Erziehung und Bildung wird Selbstbestimmung häufig synonym zu Begriffen wie Selbsttätigkeit, Emanzipation, Mündigkeit oder Autonomie gebraucht und zielt insofern auf einen subjektorientieren Ansatz der Pädagogik. Wenn auch die einzelnen Begriffe gelegentlich durchaus unterschiedliche

Aspekte und Facetten einer Selbsttätigkeit bezeichnen, sollen sie im Folgenden als gleichbedeutend betrachtet werden. Selbstständigkeit ist ein die Erziehung einschränkendes und bindendes, wenn man so will, selbst-restriktives Prinzip. Auf der anderen Seite wird mit dem Gedanken der Selbstständigkeit jegliche Möglichkeit der Legitimation pädagogischen Einschränkens, Strafens und erzieherischen Zwanges einzig und allein im Hinblick auf diese realisierbar. Dagegen erscheint die Frage, warum Menschen überhaupt selbstständig sein wollen, absurd. Selbstbestimmung ist als zentrales Ziel pädagogischer Anstrengungen in der Moderne anerkannt – was sich nicht zuletzt daran festmachen lässt, dass es schon in der Kindheit zu einer zentralen pädagogischen Bezugsgröße geworden ist.

selbst-restriktives Prinzip

Kindheit

Blicken wir in die aktuellen pädagogischen Erhebungen und Untersuchungen, dann scheint das Kind als selbstbestimmtes Subjekt in der Gegenwart ernster genommen zu werden als in allen anderen Zeiten zuvor. Dessen Absichten und Wünsche, dessen Vorstellungen und Perspektiven werden von den Eltern aufgegriffen, die diesen wiederum sehr behutsam einschränkende Regeln und Normen vermitteln. Die moderne Familie ist ein Aushandlungs-, Unterstützungs- und Beratungshaushalt, in dem das kindliche Recht auf Mitbestimmung fast flächendeckend verwirklicht erscheint: Die *Kids Verbraucheranalyse* von 2013, die mit 1.645 Kindern im Alter von 6 bis 13 Jahren durchgeführt wurde, konstatiert weitgehende Mitbestimmungsrechte der Kinder: „82% der 6-9 Jährigen und 90% der 10-13 Jährigen dürfen mitbestimmen, was die Familie unternimmt; mitentscheiden über Lebensmittelkäufe dürfen 71% der Kleinen und 85% der Großen; über ihre Zimmereinrichtung entscheiden 63% der Kleinen und 84% der Großen mit; bei der eigenen Kleidung sind es 56% der Kleinen und 77% der Großen. Unbeaufsichtigt im Internet surfen 70% der größeren Kinder. Dabei geht es vorwiegende um Mails, Musikhören, Chatten, Informationsbeschaffung und die Nutzung kostenfreier Online-Spiele" (Rudolf 2015, S. 189f.).

Diesen Prozessen liegt wiederum die pädagogisch-anthropologische Idee zugrunde, dass das Individuum letztlich an seiner Freiheit als Selbstbestimmung oder Selbstständigkeit, aber auch an seinen Entwicklungsmöglichkeiten und Erziehungsnotwendigkeiten interessiert ist. Selbstbestimmung soll hier nicht als eine, an komplexe kognitive Strukturen und Prozesse gebundene, Autonomiefähigkeit verstanden werden, sind hiermit doch oftmals sehr umfangreiche Rationalitäts- und Reflexivitätsansprüche verbunden, die von vielen Menschen kaum eingelöst werden können.

Selbstbestimmung zielt, anthropologisch betrachtet, darauf anzuerkennen, dass Menschen ihr Leben in einer spezifischen Weise verstehen, bewerten und praktizieren können und wollen sowie, pädagogisch betrachtet, darauf, Menschen dabei zu unterstützen, ihre Kompetenzen des Verstehens, Bewertens und Praktizierens zu erweitern und zu differenzieren. Selbstbestimmung muss nicht nur anthropologisch unterstellt, sondern auch moralisch gefordert und pädagogisch gefördert werden. Denn der Mensch zeichnet sich dadurch aus, dass er sich seine Bestimmung selbst zu geben hat; die Bestimmung des Menschen liegt, so der Tenor des pädagogischen Denkens der Neuzeit, in der Selbstbestimmung. Zentrales Bestimmungsmoment der Selbstbestimmung ist mithin die Erfahrung von Selbsttätigkeit – in der Entwicklung einer Vorstellung des guten Lebens oder auch dem Vermögen, diese Vorstellung in der Realität soweit als möglich zu verwirklichen. Selbstbestimmung ist somit nicht nur eine rationale, sondern auch eine körperliche, soziale, kulturelle und moralische Fähigkeit. In einem pädagogischen Verständnis ist Selbstbestimmung nicht nur anthropologisch vorgegeben bzw. nicht vorgegeben, sondern auch *aufgegeben*.

Erfahrung von Selbsttätigkeit

Dass die Selbstbestimmung die zentrale Aufgabe des Menschen darstellt, zeigt sich schon in der Frühen Neuzeit, etwa bei Giovanni Pico della Mirandola (1463-1494). Der Mensch wird bei ihm zur Instanz von Frage und Antwort der Selbstbestimmung, er kann die Frage nach dem Menschen nur an sich selbst richten und durch sich selbst beantworten. Damit war er wohl einer der ersten, der dieses neuzeitliche Selbstverständnis des Menschen in seinem, nicht nur für die Pädagogik wichtigsten Werk, der erst posthum 1496 veröffentlichten *Oratio* oder *De hominis dignitatis*, auf diesen Punkt gebracht hat (vgl. vor allem Pico 1496/1992, S. 10f.). Die grundlegenden anthropologischen Bestimmungen des Humanismus bei Pico sind folgende: die Bild- und Bestimmungslosigkeit des Menschen, deren gottgewollte Bestimmung darin liegt, sich ein Bild zu machen und sich eine Bestimmung zu geben; die Freiheit als Selbstbestimmungsfähigkeit, als Fundamentalwahl des Willens wie als Bestimmung durch den Willen; die zentrierte Stellung in der Welt, die eine privilegierte kontemplative Position impliziert; die künstlerische Verfertigung seiner selbst, die einer Selbsterschaffung aus einem vorgegebenen Stoff gleichkommt und schließlich die Möglichkeit der Selbstverfehlung aber auch die Möglichkeit der Selbstvervollkommnung.

Humanismus

Selbstvervollkommnung

Pico begreift die Stellung des Menschen nicht deterministisch-konstitutiv, sondern fakultativ, als Möglichkeit, sich zwischen Himmel und Erde zu entscheiden und sich sowohl dem göttlichen als auch dem tierischen Sein annähern zu können. Gott hat den Menschen geschaffen, um ihm die Möglichkeiten der wissenschaftlichen Erkenntnis, der ästhetischen Bewunderung und der moralischen Vervollkommnung des Kosmos zu eröffnen (Pico 1496/1992, S. 9). Der Mensch zeichnet sich dadurch aus, dass er keiner Bedingung unterliegt, weil sein Sein mit seinem Können identisch ist (vgl. Zirfas 2011b). Er wird zu einem sich stetig selbst überbietenden und optimierbaren Wesen ernannt.

Wenn eine moderne Pädagogische Anthropologie gar nicht anders gedacht werden kann als eine solche, die durch Offenheit, Bildungsnotwendigkeit und -fähigkeit geprägt ist, und *wenn* diese Momente auf Selbstbestimmung verweisen, so verfallen alle Maßnahmen einer kritischen Betrachtung, die Bildung und Selbstbestimmung beeinträchtigen oder verhindern, und dazu gehören viele Formen von theoretischer und praktischer Normierung, wie sie etwa mit den Normen von Schönheit, Intelligenz, Gesundheit etc. einhergehen oder viele Formen der Kontrolle und Disziplinierung, die etwa auf Anpassung und Nützlichkeit zielen (vgl. Seichter 2020). Anders formuliert: Einer pädagogisch-anthropologischen Begründung der Pädagogik liegen die Interessen an der Selbstständigkeit, an den individuellen Entwicklungsmöglichkeiten – aber auch an der durch die Erziehung und Bildung bedingten Abhängigkeit von Anderen zugrunde.

Selbstbestimmung soll hier nicht – wie erwähnt – als eine, an komplexe kognitive Strukturen und Prozesse gebundene, Autonomie verstanden werden, sondern lediglich daran, dass Menschen ihr Leben in einer individuellen Weise verstehen, bewerten und praktizieren können und wollen. Vor diesem Hintergrund sind alle inhaltlich anthropologisch begründeten normativen Positionen in der Pädagogik fragwürdig geworden, die das Verstehen, Bewerten und Praktizieren in einer spezifischen Richtung festlegen wollten, etwa in einer rationalistischen, ökonomischen, religiösen etc. Form. Nicht zufällig greift die neuere Bildungstheorie auf diese formale Anthropologie zurück, die den Menschen als selbstbestimmungsfähiges Wesen versteht und die Pädagogik gerät mit ihrem Erziehungsverständnis, das sich *grosso modo* immer noch als „Kultivierung der Freiheit" (Kant) verstehen lässt, in unlösbare Aporien (vgl. Meyer-Drawe 2007). Denn mit der anthropologischen Selbstbestimmungsfähigkeit bewegt sich die Pädagogik einerseits in dem Paradox, die Offenheit von Bildung zu gewährleisten und das pädagogische Gegenüber dennoch mit spezifischen Bildungsinhalten zu konfrontieren und andererseits in dem Paradox, Menschen zu einem Können aufzufordern, das

Paradox

sie noch nicht zu leisten imstande sind und sie als diejenigen anzuerkennen, die sie erst noch werden sollen (vgl. Benner 1991).

Autonomie

Will man der Autonomie als Erziehungsziel entsprechen und glaubt man zudem, dass Erziehung diesem Ziel gerecht werden kann, so kann es in der Erziehung nicht darum gehen, Selbstständigkeit herbeizuführen bzw. herstellen zu wollen, sondern lediglich – in der *intentio obliqua* – Bedingungen dafür bereit zu stellen, dass das Individuum autonom werden kann. Das meint, dass der Begriff der Autonomie nicht primär auf bestimmte Fähigkeiten zielt, sondern auf die pädagogischen Bedingungen der Möglichkeiten für die Entwicklung von Fähigkeiten überhaupt. Denn das Recht auf Selbstständigkeit erscheint dort sinnlos, wo die Möglichkeiten fehlen, dieses Recht überhaupt in Anspruch nehmen zu können. Die Intention der Erziehung ohne faktische Bedingungen der Möglichkeit für die Erprobung von Autonomie erscheint wertlos.

Normalisierung

Definiert man Selbstbestimmung als Fähigkeit, sein Leben individuell zu verstehen, zu bewerten und zu praktizieren, so erscheinen anthropologisch betrachtet vor allem pädagogische Normalisierungstheorien und -praktiken problematisch, denn diese sprechen Menschen die Möglichkeit einer individuell sinnvollen Bestimmung und Veränderung ihres Lebens ab. Normalisierungspraktiken führen dementsprechend dazu, „Menschen so zu behandeln, als ob sie keine Menschen wären“ und damit zum Ausschluss aus der Menschengemeinschaft (Margalit 1997, S. 177). Normalisierungspraktiken sind Demütigungshandlungen, die den Einzelnen in seinen Entwicklungsmöglichkeiten gefährden, in seinen Bildungsfähigkeiten begrenzen und seine Selbstbestimmung negieren. Kurz: Sie zerstören seine *Selbstachtung*. Diese gründet in den pädagogisch-anthropologischen Voraussetzungen, sich selbst bestimmen zu können, aber auch der pädagogischen Unterstützung durch Andere zu bedürfen. Selbstachtung wird hier verstanden als psychologisch-moralischer Ausdruck des anthropologisch-ethischen Prinzips der Selbstbestimmung.

Selbstachtung

Eine Verletzung der Selbstachtung bedeutet letztlich eine Verletzung elementarer menschlicher Interessen, von denen die elementarste vielleicht die Verletzung der Veränderungsfähigkeit des Menschen darstellt. Die radikale Freiheit des Menschen als Möglichkeit, seinem Leben eine völlig neue Perspektive zum Besseren zu geben, oder als Zurücknahme von Ansprüchen, Interessen und Wünschen mit Bezug auf Andere, konstituiert die Selbstachtung oder auch die Würde des Menschen. „Achtung ist dem Menschen nicht dafür zu zollen, in welchem Grad er sein Leben tatsächlich zu ändern vermag, sondern allein für die Möglichkeit der Veränderung. Achtung vor dem Menschen bedeutet daher auch, niemals jemanden aufzugeben, da alle Menschen fähig sind, ihrem Leben eine entscheidende Wendung zum Besseren zu geben" (Margalit 1997, S. 92). Insofern konkretisiert sich Demütigung als Zerstörung der Würde des Menschen in dem Versuch, ihm seine Selbstbestimmungs- und Bildungsmöglichkeiten, aber auch seine Erziehungsnotwendigkeiten zu nehmen.

Denn während die anthropologische Idee der Offenheit des Humanen pädagogische Maßnahmen der Unterstützung der Selbstbestimmung impliziert und die anthropologische Idee der Entwicklungsfähigkeit auf die lebenslange pädagogische Begleitung von Lernprozessen abhebt, zielt die anthropologische Idee der Erziehungsnotwendigkeit auf die Angewiesenheit auf einen pädagogischen Anderen, ohne den Selbstbestimmung und individuelle Entfaltung nicht möglich wären. Dementsprechend achten sich Menschen nicht nur, indem sie sich als sich selbst bestimmend erfahren, und auch nicht nur, indem sie die Möglichkeiten haben, sich selbst zu entwickeln, sondern auch, indem sie sich mit Anderen in ihrer Angewiesenheit auf Andere verbunden wissen.

Erziehungsnotwendigkeit

Eine Pädagogische Anthropologie der Selbstbestimmung ist hier mit einer Anerkennung der individuellen Selbstachtung zu verbinden. Diese enthält eine anthropologische Basis in dem *unterstellten* Interesse an Selbstachtung. Todorov hat dieses Bedürfnis in zwei Stufen beschrieben: „Von den anderen verlangen wir erstens, unsere Existenz anzuerkennen (die *Anerkennung* im engeren Sinn), und zweitens, unseren Wert zu bestätigen (diesen Teil des Prozesses bezeichnen wir als *Bestätigung*)" (Todorov 1996, S. 100). Dementsprechend gibt es zwei Formen der Nicht-Anerkennung: die versagte Anerkennung (Entwertung) und die verweigerte Bestätigung (Verwerfung). Anthropologisch wird hier vorausgesetzt, dass Menschen erstens existentiell anerkannt werden wollen und dass sie zweitens auch geschätzt sein wollen – das gilt von Anfang an.

Anerkennung

Kinder (und Jugendliche) als Lebewesen, die eine bestimmte Vorstellung von ihrem Wohlergehen haben, können daher in ihrer Selbstachtung tangiert werden, wenn Eltern andere – als die von Kindern favorisierten Ziele – gegenüber den Kindern geltend machen. Hierbei kann man wohl von einem Set grundsätzlicher (anthropologischer) Bedürfnisse und Interessen ausgehen (vgl. die klassische Maslow-Pyramide):

Bedürfnisse

1. Physiologische Bedürfnisse: Atmung, Wasser, Nahrung, Schlaf, Fortpflanzung, Versorgung, Geborgenheit.

2. Sicherheitsbedürfnisse: materielle Grundsicherung, Arbeit, Wohnung, Gesundheit.
3. Soziale Bedürfnisse: Familie, Freundschaft, Gruppenzugehörigkeit bzw. Zugehörigkeitsgefühl, Kommunikation, sozialer Austausch, Gemeinschaft, gegenseitige Unterstützung, Beziehung, Zuneigung, Liebe.
4. Individualbedürfnisse: Vertrauen, Wertschätzung, Selbstbestätigung, Erfolg, Freiheit und Unabhängigkeit.
5. Selbstverwirklichung: Entfaltung von Potenzialen und Kreativität, Weiterentwicklung der Fähigkeit und Persönlichkeit, Lebensgestaltung und Sinngebung.

Die Frage nach den Interessen lässt sich im Kindheitsalter vor allem mit der (extremen) Abhängigkeit der Kinder von den Eltern und mit der langen Entwicklung hin zur Selbstständigkeit in Verbindung bringen; eine Entwicklung, die – berücksichtigt man die ökonomische Selbstständigkeit – auch im frühen Erwachsenenalter gerade durch die zunehmende Verweildauer im Bildungssystem oftmals noch nicht abgeschlossen ist. Und auch die in diesem Kontext etablierte Praxis des advokatorischen Diskurses, in der sich die Eltern als Stellvertreter des Kindes und als Obwalter des kindlichen Wohls verstehen, löst das Problem nicht. Durch die Abhängigkeit der Kinder von den Eltern entsteht eine asymmetrische Situation, in der i.d.R. *letztlich* die bedeutsamen Entscheidungen von den Eltern getroffen werden. Wer abhängig und auf fremde Hilfe zur Erreichung seiner Ziele angewiesen ist, bleibt vulnerabel bezüglich der Verfolgung der eigenen Interessen, die dann immer mit anderen (elterlichen) Interessen verhandelt werden müssen.

advokatorischer Diskurs

Insofern stellt sich gerade für Erzieher*innen auch die Frage, inwieweit pädagogische Maßnahmen Entwicklungen, Lernprozesse oder Bildungsfähigkeiten stärken – oder schwächen (vgl. Wyrobnik 2012). Gerade Kinder sind Lebewesen in vielfältigsten – körperlichen, sozialen, intellektuellen, emotionalen und lernbezogenen – Entwicklungen. Kindheit ist in der Moderne Entwicklungskindheit, ist ein Lebensalter, das im hohen Maße auf Entwicklung und Zukunft bezogen ist. Kinder erscheinen – trotz des *life long learning,* das potentiell alle Menschen infantilisiert – als immer noch unvollendetere Lebewesen als etwa erwachsene oder ältere Menschen. Und es ist wohl mehr als plausibel, hierbei auch von Gefährdungen, Verzögerungen und Beeinträchtigungen von Entwicklungs- und Lernprozessen zu sprechen. In vielen Studien zeigen sich deutliche Zusammenhänge zwischen dem sozio-ökonomischen Kontext, dem Erziehungsstil der Eltern und den Bildungs- und Entwicklungsmöglichkeiten der Kinder. Gerade, weil

Kinder

Kinder ihre Formen des Aufwachsens nicht wesentlich selbst mitbestimmen (können), weil sie mit den kulturellen Diskursen und Lebensformen nicht vertraut sind, weil ihnen wichtige Informationen fehlen und weil die Pädagogik die Aufgabe zu verfolgen hat, Kinder in für sie sinnvolle Lebensformen einzuführen – insofern gleicht Erziehung immer einem Initiationsprozess (Mollenhauer) – bleibt Bildung für Familie und Schule eine prekäre Angelegenheit: Denn diese müssen nicht nur individuelle Entwicklungsmöglichkeiten berücksichtigen, sondern auch sicherstellen, dass der Initiationsprozess in die Gesellschaft und Kultur nicht gefährdet wird. Hierbei lassen sich die Debatten um die Bildungsbenachteiligungen und die hiermit verbundenen Verhinderungen von Bildungsprozessen und -erfolgen auch als Debatten über die extreme Anfälligkeit der Bildungs- und Entwicklungsprozesse von spezifischen sozialen, ökonomischen und kulturellen Rahmenbedingungen verstehen.

Bildungsbenachteiligungen

Überfürsorglichkeit und übertriebene Bevormundung können hierbei durchaus die Entwicklungen von Fähigkeiten und Fertigkeiten verhindern und eine selbstständige soziale und kulturelle Integration gefährden. Und dennoch hat die Pädagogik – verstärkt seit Rousseau – auf kindgerechte Karenzräume gesetzt, in denen Kinder – frei von verschiedenen sozialen Einflüssen – aufwachsen können. Die Diskussionen darüber, inwieweit die Schule „das Leben" hereinzunehmen habe, sind auch Verständigungen darüber, inwieweit die Entwicklungsmöglichkeiten von Kindern mit diesen Maßnahmen erweitert oder aber auch begrenzt werden. Hierbei kann man durchaus an Debatten um Werbung in der Schule (die einerseits die finanziellen Rahmenbedingungen der Schule erweitern, ggf. aber auch das Konsumverhalten von Kindern fokussieren würde), aber auch an die Möglichkeit denken, die Schüler*innen statt der Schule dem Arbeitsmarkt zur Verfügung zu stellen (was einerseits die ökonomischen Partizipationsspielräume von Kindern – im doppelten Sinne als Teilhabe an der Arbeitswelt wie als finanzielle Teilhabe – vergrößern, und andererseits ihre persönlichen Ressourcen gefährden würde: man denke hier an Ausbeutung und Überforderung). Eltern und Schule nehmen mithin Selektionen vor: Sie definieren und entwerfen pädagogische Räumlichkeiten, in denen Erziehung und Unterricht nicht nur optimal gewährleistet werden können, sondern in denen sich auch Kinder und Schüler*innen optimal zur Selbstständigkeit hin entwickeln können (sollen) und sie regeln diese Gewährleistungen über Formen direkter und indirekter Erziehung und direkten und indirekten Unterrichts.

Karenzräume

Klugheit

In der Selbstverwirklichung geht es auch um Klugheit, d.h. um die Fähigkeit, die für das eigene Leben sinnvollen Normen und Kriterien, wenn nicht selbst zu entwickeln, doch dann zumindest mit Blick auf die Verwirklichung selbstbestimmter Vorstellungen eines guten Lebens auszuwählen. Dieses, das Sich-für-das-eigene-Leben-Gesetze-Geben ist ein wesentlicher Aspekt von Autonomie und zugleich ein wesentlicher Bezugspunkt von Erziehung und Unterricht. Es gilt, selbst herauszufinden, was für einen gut ist und die Kriterien für dieses Gute als Mittel zur Realisierung des Lebens einzusetzen. Insofern wird Selbstständigkeit gegenüber der bloßen Interessenäußerung mit einer Dezentrierung des Individuums in Verbindung gebracht: Wer sich selbstständig verhält, tut dies, weil sie oder er ein kohärenteres Bild vom Anderen und von sich selbst hat, und somit in der Lage ist, von allgemeingültigeren und weniger widersprüchlichen Standpunkten aus über ihre oder seine Interessen urteilen zu können.

Aufgrund pädagogisch-anthropologischer Erkenntnisse ist zu ergänzen, dass die Entwicklung von Selbstbestimmung nur im Kontext von vielfältigen Entwicklungsmöglichkeiten und nur auf der Basis einer pädagogischen Abhängigkeit von Anderen entfaltet werden kann. Dieser Sachverhalt stellt Pädagog*innen vor die Frage, wie denn die Selbstbestimmung der Anderen am besten gefördert werden kann. Hierbei zeigt sich, dass die Bildsamkeit im Verständnis von Herbart als „Übergehen von der Unbestimmtheit zur Festigkeit“ der Selbstbestimmung (siehe oben) einer neuen Figur gewichen ist, die sich als „Übergehen von unbestimmter Unbestimmtheit in bestimmte Unbestimmtheit“ fassen lässt (vgl. Ehrenspeck/Rustemeyer 1996). Alles Lernen und alles Gelernte ist vorläufig, kontingent und fallibel. Zukunftsfähig, notwendig und kategorisch erscheint nur der Sachverhalt, *dass* weiter gelernt werden muss. Selbstbestimmung lässt sich insofern als generelle Zustimmung zur lebenslänglichen Weiterbildung verstehen.

bestimmte Unbestimmtheit

lebenslanges Lernen

Im Zeitalter des lebenslangen Lernens erscheint es müßig, pädagogische Prozesse noch zeitlich eingrenzen zu wollen, unterstellt doch dieser Sachverhalt, dass ein Ende des Lernens nur der Beginn eines neuen Lernprozesses darstellt. Wie für den Begriff des Lernens, so sind auch für die Begriffe Bildung, Sozialisation und Entwicklung kaum mehr zeitliche Eingrenzungen möglich, auch sie verlaufen ein Leben lang. Das heißt nicht, dass wir es nicht in spezifischen Zusammenhängen mit zeitlich und inhaltlich eingrenzbaren Lernprozessen (etwa des Laufenlernens), von spezifischen Bildungsprozessen (etwa in der theatralen Bildung eines Schultheaterprojekts) oder speziellen Sozialisationsprozessen (etwa dem Erwerb einer Gesundheitskompetenz) zu tun haben; und dass es auch im formalen Bildungssystem (z.B. Schule) oder im nonformalen Bildungssektor (z.B. Tanzschule) konkrete Lern-, Bildungs- und Sozialisationsprozesse mit scheinbar relativ klar abgrenzbaren Anfangs- und Endpunkten gibt. Dennoch lässt sich einerseits festhalten, dass durch die Norm des lebenslangen Lernens kein absolutes Ende des Lernens in Sicht ist. Hierbei soll daran erinnert werden, dass die Rede vom lebenslangen Lernen zwar häufig als moderne Errungenschaft gilt (die vor allem von der OECD seit den 1960er Jahren mit Blick auf die sich entwickelnde Globalisierung als pädagogisches Erfordernis stark reklamiert wurde), doch findet sich diese Idee, dass das Leben insgesamt ein (ununterbrochener) Lernprozess von der Wiege bis zur Bahre darstellt, seit der Antike in den Modellen des Leben- und des Sterben-Lernens (vgl. Zirfas 2008b). Zum anderen erscheint aber auch bedeutsam, dass das menschliche Leben befristet ist. Was wir lernen können, können wir nur in diesem Leben lernen (auch hierbei gibt es Ausnahmen, siehe Comenius). Diese anthropologische Grenze erzeugt einen gewissen Lerndruck, der durch spezifische soziale, wirtschaftliche, aber auch pädagogische Fristen, in denen spezifische Sachverhalte gelernt werden *sollen*, noch erhöht wird.

Unsicherheit und Offenheit

Die Unsicherheit und Offenheit von Bildungs- und Lernprozessen sind konstitutive Bestandteile pädagogischen Denkens und Handelns (vgl. Dederich/Zirfas 2020). Diese Unsicherheit ist eine *positive* Bestimmung im Sinne einer „sinnvollen Gegebenheit" – sie ist Voraussetzung dafür, dem pädagogischen Anderen und seiner Selbstständigkeit in seiner Gegenwart und Zukunft gegenüber angemessen und gerecht bleiben zu können. Zugleich ist sie eine positive Nichtbestimmung in dem Sinne, dass wir nicht von vorneherein festlegen können, wie diese Angemessenheit und Gerechtigkeit praktisch ausgestaltet werden kann und soll; das ist wiederum dem pädagogischen Takt vorbehalten (vgl. Burghardt/Zirfas 2019).

pädagogischer Takt

Pädagog*innen müssen darauf vertrauen, dass Unsicherheit und Nicht-Wissen pädagogisch „Sinn machen", sie müssen hoffen, dass spezifische Methoden und Inhalte bildungsrelevant sind, sie müssen eine Ahnung dafür entwickeln, wie sich Menschen weiterentwickeln können und sie müssen von dieser Ahnung abweichen können. Professionelle Unsicherheit gibt es einerseits als Hoffnung in sie, aber andererseits auch als Glauben in die Orientierung der Pädagogik an Selbstbestimmung, Glück oder Bildung.

Insofern lässt sich der pädagogische Rekurs auf die Selbstbestimmung als Ausdruck einer Verlegenheit verstehen: Weil die moder-

Wissen des Nichtwissens

ne Pädagogik vom Wissen des Nichtwissens ausgeht, zielt Erziehung nicht auf Fremdbestimmung, sondern auf Selbstbestimmung. Aus diesen Überlegungen lassen sich wiederum mehrere Konsequenzen ziehen: Wenn Erziehung nicht genau festgelegt ist, dann bestimmt sich Pädagogik als unbegrenzbar, was nicht nur dazu führt, dass die Erzieher nicht aufhören können zu erziehen (vgl. Luhmann 1990, S. 17), denn man weiß nie genau, ob dieser Mensch nun „tatsächlich" selbstständig geworden ist. Zudem sind die Pädagog*innen nicht in der Lage gewesen, die „Pathosformel" der Mündigkeit (Rieger-Ladich 2002) zu operationalisieren. Bis heute gibt es keine pädagogischen Kriterien, die zweifelsfrei klären, wann und wie mit Erziehung begonnen werden muss oder ob ein Mensch mündig ist. Es sind letztlich Medizin und Justiz, die die Anfänge und Endpunkte definieren, etwa in der Frage, wann das Leben eines Menschen anfängt, wann er schulreif oder ein mündiger Bürger bzw. eine mündige Bürgerin ist (vgl. Wünsche 1989, S. 187). Zum letzteren heißt es im BGB § 2 ganz lapidar: „Die Volljährigkeit tritt mit der Vollendung des achtzehnten Lebensjahres ein" – unabhängig davon, was jemand ist, kann oder soll. Als volljährige (d.h. mündige) Person darf man etwa ohne Erlaubnis der Sorgeberechtigten heiraten, Verträge ohne Sorgeberechtigte rechtmäßig abschließen, hochprozentigen Alkohol und Tabakwaren kaufen und konsumieren, sich an jugendgefährdenden Orten (Nachtbars und Nachtclubs) aufhalten und vieles andere mehr. Vor allem braucht man sich nicht mehr erziehen zu lassen. Vor 1950 in der DDR und vor 1975 in der BRD war man erst mit 21 volljährig, was darauf verweist, dass auch die medizinischen und juristischen Normen ihren zeithistorischen Index haben. Kant ging im Übrigen davon aus, dass Selbstständigkeit schon mit 16 Jahren gegeben sei: „Wie lange soll die Erziehung denn dauern? Bis zu der Zeit, da die Natur selbst den Menschen bestimmt hat, sich selbst zu führen; da der Instinkt zum Geschlecht sich bei ihm entwickelt; da er selbst Vater werden kann, und selbst erziehen soll, ohngefähr bis zu dem sechzehnten Jahre" (Kant 1803/1982, S. 710).

Mündigkeit

Die Erwartung des Kinderglücks

Die Frage, ob und inwieweit es der Pädagogik möglich sein wird, Glück oder auch die Suche danach als das letzte inklusive pädagogische Ziel zu legitimieren, hat sie über Jahrhunderte hinweg beschäftigt. Wobei einerseits zu beachten ist, dass unter „Glück" historisch je verschiedene Sachverhalte verstanden wurden (vgl.

Tatarkiewicz 1984), und andererseits, dass diese Konzepte nicht genuin für Kinder, sondern für Erwachsene entworfen worden sind. Doch in der Moderne rückt das Glück der Kinder dezidiert in den Fokus der Pädagogik.

Und auch in der Moderne gibt es eine Fülle von pädagogischen Konzeptionen, die Glück als Ziel von Erziehung verstehen; diese finden sich z.B. bei Rousseau und Kant, bei Campe und Schleiermacher oder auch bei Neill und von Hentig. Und je mehr die Pädagogik als Lebens(lauf)wissenschaft die Zeit der Menschen in Anspruch nimmt, desto mehr kommt sie unter theoretischen und praktischen Druck, die Frage nach dem Glück – nicht nur für die Kinder – beantworten zu müssen. Damit reagiert die Pädagogik einerseits auf den Verlust religiöser Heilsgewissheiten und andererseits auch auf die individuellen Ansprüche. Denn für die Moderne gilt, dass die Subjekte mehr oder weniger selbst ihre Bewertungen des Glücks vornehmen und darüber entscheiden, wann und inwiefern sie sich glücklich fühlen wollen und können. Glück wird dabei oftmals als Bewusstseinszustand einer dauerhaften Zufriedenheit verstanden, die durchaus auch Momente des Unglücks umfasst; dieser Zustand wird durch eine Balance zwischen Wollen und Können, zwischen Sein und Bewusstsein sichergestellt. So spricht man zum einem vom Lebensglück als dauerhaftem Gefühl des Wohlbefindens und von Lebenszufriedenheit als rationaler Betrachtung dieses Gefühls. Dabei spielen sowohl kurzfristige, intensive und positive Emotionen des Glückserlebens als auch langfristige im Lebenslauf entwickelte Erfahrungen und Strukturen des biographischen Wohlbefindens eine wichtige Rolle. Glück ist wohl der umfassendste Begriff des Wohlbefindens, der die ganze Persönlichkeit in ihrer Biographie betrifft.

Glück

Glück als dauerhaftes Glücklichsein ist in der Moderne vor allem daran geknüpft, dass Menschen ihre zentralen Lebensziele erreichen, dass ihre wichtigsten Wünsche in Erfüllung gehen, und dass sich die Erwartungen auf positive Ereignisse verwirklichen lassen. In all diesen Fällen spielen soziokulturelle, aber vor allem auch subjektiv-biographische Bewertungsprozesse eine entscheidende Rolle. Denn jedes Individuum bewertet sein aktuelles Glücksempfinden wie sein momentanes umfassenderes Glücklichsein immer auch im Kontext seiner Lebens- und Lerngeschichte, so dass sich etwa das Glücksgefühl eines Augenblicks individuell nur sehr schwer vorhersagen lässt (vgl. Körner 2008). Glück ist vor dem Hintergrund einer subjektiven Bewertung in der Moderne plural geworden und der Pädagogik kommt hier die dilemmatische Aufgabe zu, (eine bestimmte Vorstellung von) Glück

Bewertungsprozesse

nicht zum verallgemeinerbaren Bildungs- und Erziehungsziel machen zu können und andererseits zu wissen, dass Bildungs- und Erziehungsprozesse für das Glück enorm bedeutsam sind.

Und obwohl das Glück der Kinder in der modernen Pädagogik nur in wenigen Zeiten theoretisch wie praktisch im Zentrum stand, lässt sich für die Moderne insgesamt von einem latenten pädagogischen Imperativ der Verwirklichung von Glück sprechen: *„Nichts in der Welt ist wichtiger, als ein freies und glückliches Kind aufzuziehen“* (Neimann 2014, S. 148; vgl. Riemen 1991; Zirfas 1993; Thomä 2003). Diesen Imperativ kann man verschieden begründen, etwa durch den anthropologischen Sachverhalt, dass alle Menschen nach Glück streben oder auch durch den Hinweis auf die Präambel und den Artikel 3 der Kinderrechtserklärung der UNO von 1959, in der vom Recht der Kinder auf Glück die Rede ist. Hier heißt es: „In der Erkenntnis, dass das Kind zur vollen harmonischen Entfaltung seiner Persönlichkeit in einer Familie und umgeben von Glück (happiness), Liebe und Verständnis aufwachsen sollte [...] und bei allen Maßnahmen, die Kinder betreffen [...] ist das Wohl (*the best interests*) des Kindes ein Gesichtspunkt, der vorrangig zu berücksichtigen ist.“

pädagogischer Imperativ

Eine interessante und gewichtige Begründung liefert auch der für den Glücksbegriff so kritisch eingeschätzte Immanuel Kant – der doch das Glück als nicht objektiv und nicht operationalisierbar aus dem großen Kanon der Philosophie gestrichen hatte – der die Pädagogik in einem fundamentalen Sinne auf die Erziehung zum Glück verpflichtet. Denn er etabliert mit seiner kritischen Aufklärung einen familiären Glücksimperativ, der sich heute in vielen Erziehungsumfragen widerspiegelt, im Rahmen seiner Diskussion des Elternrechts in der *Metaphysik der Sitten* (Kant 1797/1982, § 28).

Aufgabe

Hier heißt es, dass den Eltern die Aufgabe obliegt, die Kinder „so viel in ihren Kräften ist, [...] mit diesem ihrem Zustande zufrieden zu machen“ (Kant 1797/1982, S. 394). Nach Kant haben die Eltern eine Verpflichtung die Kinder zu einem glücklichen Dasein zu erziehen. Dabei resultiert die Pflicht zu einer guten und glücksorientierten Erziehung nicht aus der anthropologischen Tatsache der Geburt, sondern aus der ethischen Handlung der Zeugung. Denn mit der Zeugung greifen die Eltern in das Autonomiepotential des Kindes ein und bringen dieses, ohne es zu fragen, auf die Welt der Erwachsenen: „den Akt der Zeugung als einen solchen anzusehen, wodurch wir eine Person ohne ihre Eigenwilligung auf die Welt gesetzt, und eigenmächtig in sie herübergebracht haben; für welche Tat auf den Eltern nun auch eine

Verbindlichkeit haftet, sie, so viel in ihren Kräften ist, mit diesem ihrem Zustande zufrieden zu machen" (Kant 1797/1982, S. 394).

Natürlich ist das ein paradoxes Programm, denn man kann Kinder vor der Geburt nicht fragen, ob sie auf diese Welt kommen wollen. Und dennoch behauptet hier Kant ein Schuldverhältnis zwischen den leiblichen Eltern und dem Kind. Damit hat er ein pädagogisches Pflichtprogramm formuliert, das seiner Ansicht nach zu allen Zeiten und allen Orten Gültigkeit beansprucht. Das Verursacherprinzip stiftet zwischen Eltern und Kindern ein unwiderrufliches und asymmetrisches Verantwortungsverhältnis. Kant spricht in dem eben erwähnten Paragraphen nicht vom Recht auf eine gute Erziehung, was pädagogisch ohnehin fragwürdig wäre, denn Erziehung als Vermittlungsgeschehen kennt weder eine Produkthaftung noch im engeren Sinne einen Kunstfehler, wie ihn die Medizin oder die Juristik kennt. Nur in gewalttätigen Grenzfällen, bei denen es i.d.R. strittig sein dürfte, ob man es noch mit Erziehung zu tun hat, können Eltern in Deutschland – seit 2000 – auch für ihr erzieherisches Verhalten in einem umfassenden Sinne juristisch haftbar gemacht werden. Wegen der fehlenden, ursächlichen Verbindung der Intention und der Wirkung, d.h. dem Technologiedefizit der Erziehung, und wegen niemals vollständig vorhandener pädagogisch-methodischer Kompetenzen („so viel in ihren Kräften ist"), spricht Kant auch sinnvollerweise nur von einer intentionalen, nicht von einer Wirkungsverbindlichkeit.

pädagogisches Pflichtprogramm

Hervorzuheben ist, dass es die leiblichen Eltern sind, die Kant zur Erziehung verpflichtet; das Kind hat ein Recht auf Wiedergutmachung gegenüber seiner Mutter und seinem Vater. Im Grunde gehen die Eltern mit der Zeugung die Verpflichtung gegenüber dem Kind sowie auch eine Selbstverpflichtung ein, das Kind zu einem selbstständigen und glücklichen Menschen zu erziehen.

Natürlich gab und gibt es in der Moderne Gegenstimmen und gewichtige Argumente gegen eine Pädagogisierung des Glücks: Denn das Glück als allgemeinverbindliches Ziel ist als eine „empirische Größe" in sich vieldeutig und widersprüchlich; es kann daher der Pädagogik keine konkrete praktische Orientierung vermitteln, nur ein vages pädagogisches Regulativ sein. Zudem kann Glück auch noch illusionär strukturiert sein und stellt daher mitunter eine Gefahr für die zu Erziehenden dar. So können gerade die ausschließliche Fixierung und die übertriebene Hoffnung auf das gelingende Leben zu seinem Scheitern führen (vgl. Zirfas 2008a). Weder als Glück des Augenblicks, noch als solches der Zukunft, kann es im vollen Sinne durch Pädagogik sichergestellt werden. Eine pädagogische Produkthaftung des Glücks macht kei-

Pädagogisierung des Glücks

nen Sinn. Dieser Sachverhalt, dass das Glück des Menschen nicht direkt, sondern nur indirekt erreichbar ist, bedeutet für eine eudämonistische Pädagogik die Absage an eine „Technologie des Glücks". Es gibt keine kausale Regelhaftigkeit, in dem Sinne, dass eine bestimmte Erziehung immer zu dem gewünschten, glücklichen Ergebnis führt; wenn überhaupt, so besteht die umgekehrte, negative Relation, d.h., wenn die Erziehung mit einem Höchstmaß an Unfreiheit, Manipulation und Gewalt verbunden ist, dann lässt sich vermuten, dass der Heranwachsende mit größerer Wahrscheinlichkeit unzufrieden und unglücklich wird. Auch erscheint Glück zwar im juristisch-ethischen Sinn legitimierbar zu sein, denn Kinder haben – laut der Präambel der Kinderrechtserklärung – ein Recht auf Glück, doch es stellt sich nicht nur die Frage, ob und wie es von ihnen eingeklagt werden kann, sondern auch die Frage, wie es von den Erwachsenen vermittelt werden soll.

intentio obliqua

Nun wurde über die Jahrhunderte des vor allem philosophischen und pädagogischen Nachdenkens über das Glück eine weitere Gewissheit etabliert, dass das Glück nicht in der *intentio recta*, sondern nur in der *intentio obliqua* sinnvollerweise verwirklicht werden kann (vgl. Zirfas 2012b). Da Glück intentional nicht verfügbar erscheint, plädieren eine Reihe von pädagogischen Autor*innen sinnvollerweise für einen Umweg zum Glück, das sich dann durch das Ausüben von moralischen Tugenden, durch ästhetische Tätigkeiten oder auch im Vollbringen spezifischer pädagogischer Anforderungen einstellen kann (vgl. Brumlik 2002; Mertens 2008). Zum Glück des Kindes trägt Pädagogik so wesentlich dazu bei, wenn sie die Bedingungen der Möglichkeiten des Glücklichwerdens und Glücklichseins versucht zu entwickeln, zu festigen oder zu verbessern. Eine Erziehung zum Glück zielt in diesem Sinne nicht auf das Glück, sondern auf die *Glücksfähigkeit*. Sie zielt auf die Selbstbildung des Glücks durch die Vermittlung von intellektuellen, schöpferischen, sozialen, lebenspraktischen Fähigkeiten, von Fähigkeiten zur Lebensgestaltung und Glückswahrnehmung.

Glücksfähigkeit

Man könnte an dieser Stelle auch die bis in die Gegenwart stattfindenden Debatten darüber anschließen, wie die Frage nach dem Kinderglück vor allem im Kontext der eudämonistischen Schuldiskussionen verfolgt wird. Verwiesen sei hier lediglich auf vor allem materialistische, entwicklungspsychologische, psychoanalytische und reformpädagogische Konzepte, die die Schule in der Pflicht sahen, Leistungs- und Konkurrenzdruck zu mindern, um so die freie Entfaltung einer glückhaften Sinnlichkeit erlebbar zu machen; die Schule sollte Schüler*innen zudem befähigen ein solidarisches Glück der Gemeinsamkeit zu pflegen, individuelle Interessen und

Wünsche zu vertreten, das Nachdenken über eine humane Gesellschaft anzuregen und auch die Fähigkeiten für die Lebensbewältigung und -gestaltung zu steigern. Darüber hinaus sollte die Schule Schüler*innen in ihrer geglückten Personenwerdung durch die Erfüllung zentraler Wünsche unterstützen, sie in ihren Glückskonzepten verstehen und beraten (lernen), und gemeinsam mit ihnen Konzepte einer geglückten Gestaltung des Lebens entwerfen. Mittlerweile haben diese Debatten zu einem Schulfach „Glück" geführt (vgl. Dimbath 2007; Fritz-Schubert 2008).

Pluralität von Glücksmöglichkeiten

Da hierbei keine bestimmte Glücksvorstellung als die für alle Kinder sinnvolle und richtige gelten kann, zielt eine solche Pädagogik des Glücks auf eine Pluralität von Glücksmöglichkeiten. Doch auch mit ihr bleibt die zu treffende Entscheidung, von welchem Glück man sein Leben abhängig machen möchte. Doch *dass* man diese Entscheidung treffen kann, kann durchaus als eine wichtige Form des Glücks gelten. Damit man aber eine eudämonistische Entscheidung treffen kann, braucht es pädagogisch different Glücksmodelle.

Wenn wir auch die UN-Kinderrechtskonvention für ein wenig idealistisch halten und wenn der Kantische Imperativ aufgrund seiner paradoxalen Struktur nicht wirklich überzeugt, so bleibt doch der Anspruch erhalten, Kinder zu glücklichen Menschen zu erziehen (vgl. Taschner 2003). Ein Umfrageergebnis ist hier einschlägig: Eltern wünschen sich für ihre Kinder vor allem, dass sie glücklich sind (vgl. Bucay/Bucay 2018, S. 202-216). Und es scheint durchaus plausibel, davon auszugehen, dass auch in der praktischen Erziehung dieser Wunsch eine, wenn auch implizite, Handlungsorientierung bildet. Diese implizite eudämonistische Handlungsorientierung ist in den Erziehungswissenschaften kaum thematisiert und erforscht. Allerdings ist das Glück in der Praxis der Erziehung wohl daher umso bedeutsamer geworden, weil es in vielen populärwissenschaftlichen Ratgebern und Zeitschriften eine wichtige Rolle spielt. Der Versuch, für die Bedingungen für die Etablierung und Bewahrung des Glücks der Kinder zu sorgen, ist Aufgabe einer modernen Pädagogik. Das heißt vor allem die Wahrnehmung, die Einsicht und die Realisierung des Glücks einer Bildung, die darin besteht, dass das Kind an seinem Glück reflexiv arbeiten kann, dass es seine Bedürfnisse aufgrund seiner psychischen wie physischen Tüchtigkeit befriedigen kann und dass es sich selbst mit Anderen zusammen verwirklichen kann.

Bild von Kindheit

Aus der empirischen pädagogischen Glücksforschung wissen wir auch, dass Eltern und Erzieher*innen ein ganz bestimmtes Bild von Kindheit, d.h. einen eher romantisierenden Blick auf

Kindheit, haben, der den oben dargestellten empirischen Befunden widerspricht. So werden heutige Kinder generell unglücklicher eingeschätzt als frühere Kinder, weil sie zwar materiell reich, aber arm an Zuwendung seien – weil Kindheit heute ökonomisiert und kommerzialisiert würde, weil Kinder zu viel Zeit mit den Medien (Fernsehen, Computer) verbringen würden, oder weil ihre Zeit total verplant sei. Eltern glauben, dass Kinder heute wie kleine Erwachsene funktionieren müssten – was sie wiederum so unglücklich mache. Die Meinungen der Eltern spiegeln damit einen Kindheitsdiskurs wider, der seit der Aufklärung und Romantik tendenziell modernekritisch ist (vgl. Fuhr 2002). Und gleichzeitig erscheinen die Eltern (vor allem die Eltern der Mittelschicht) als die großen Generalisten der Erziehung genötigt, dieser historisch-eudämonistischen Negativbilanz etwas Zureichendes entgegenzusetzen, nämlich: *Alles aus Liebe zum Kind* (Beck-Gernsheim 1990) aufzubieten. Je stärker die empfundene Diskrepanz des verlorenen Glücks der Kindheit, desto eher ist das pädagogische Bemühen festzustellen, kompensatorische Maßnahmen der Glücksrealisierung und Glücksoptimierung für Kinder und Jugendliche auf den Weg zu bringen (vgl. Schächter 2009).

Zum Glück der Kinder wissen wir schließlich, dass diese pessimistische Sicht auf Kindheit nicht der empfundenen Realität der Kinder entspricht. Denn in allen Umfragen zum Thema Kinderglück, die in den letzten Jahren in Mitteleuropa stattgefunden haben, kann man, neben vielen ganz unterschiedlichen Erkenntnissen und Gesichtspunkten, immer wieder drei Ergebnisse nachlesen: 1. Kinder sind glückliche Menschen, 2. Kinder brauchen nicht „viel" zu ihrem Glück und 3. zu diesem Kinderglück trägt vor allem die Familie bei.

Kinderglück

So zeigt sich z.B. in der letzten LBS-Kinderbaromenter-Studie von 2011, die ca. 10.000 Kinder im Alter zwischen 9 und 14 Jahren aus dem gesamten Bundesgebiet befragte, dass Kinder unter ihren fünf wichtigsten Wertvorstellungen neben anderen Menschen helfen, Freunde haben, eine eigene Meinung haben, Ehrlichkeit, auch den Wert Spaß haben nennen (vgl. www.lbs.de). Sport bereitet Kindern mit Abstand den größten Spaß (33%), gefolgt von Aktivitäten mit Freunden (30%), Computerspiele landen mit der Schule nur bei 6%. In dieser Studie konnte man zudem nachlesen, dass sich 71% der Kinder in ihrer Familie gut oder sehr gut fühlen, immerhin 9% eher schlecht. Glück im Sinne von Wohlbefinden, so wurde hier festgehalten, wird am stärksten durch Familie und Schule bestimmt (vgl. Bucher 2001).

Trotz der unterschiedlichen Entwicklungsanforderungen und den damit verbundenen unterschiedlichen Aufgaben, kann die hohe Bedeutung des Vertrauens, der Anerkennung und der Unterstützung durch die Eltern für das kindliche Glück als empirisch gesichert betrachtet werden (vgl. Wulf et al. 2011). Den (leiblichen) Eltern kommt in dieser Lebensphase in erster Linie die Funktion eines Verlässlichkeitssystems zu, das im Hintergrund wirkt. So erleben Kinder Glück vor allem in familiären Zusammenhängen: wenn ihre Grundbedürfnisse erfüllt sind, wenn sie ernst genommen werden, wenn sie Liebe und Anerkennung erfahren, in gemeinsamen Unternehmungen, bei der Ermöglichung von Freude und Spaß und einer Umgebung voller Bildungsanregungen und im Erleben von Kontinuität und Struktur (Münch/Wyrobnik 2010, S. 39ff., S. 59ff.).

Erwartungskonstrukt

Vor dem Hintergrund dieser Reflexionen lässt sich die Idee der glücklichen Kindheit als ein spezifisch-pädagogisches Erwartungskonstrukt beschreiben (Oelkers 2002, S. 554f.). Diese Erwartung wird dezidiert erst in der Moderne geäußert; jahrhundertelang hat Glück wenig mit Kindern zu tun. Kindheit galt nicht als glückliche Zeit (vgl. Lassahn 1983, S. 30). So schreibt etwa Aristoteles: „Wenn man daher wählen dürfte, so wäre deswegen wohl überhaupt das Nichtgeborenwerden vorzuziehen. Und was für ein Leben führt man dann in der Kindheit! Kein Verständiger würde es über sich gewinnen, in dieses zurückzukehren" (Aristotles, zit. n. Lassahn 1983, S. 30). Kindheit war gekennzeichnet durch Sterblichkeit und Gewalt, durch Unwissenheit und Unvernunft. Kinder waren unvollkommene Wesen, Hoffnungen auf die Zukunft, potentielle Menschen, die ihr Menschsein – das meint theoretische und praktische Vernunft – noch nicht verwirklicht haben. Erst der Erwachsene erreichte die ethische Vollkommenheit und das Maximum an Tugend. In der Antike wurde Kindheit mit einem Stadium der Unvollkommenheit, der nichtausgebildeten Vernunft, mit dem Begehren und Streben nach Lust in Verbindung gebracht. „Sinnvollerweise nennen wir nun auch weder ein Rind noch ein Pferd noch irgendein anderes Tier glückselig. Denn keines von ihnen kann an einer solchen Tätigkeit [die Verwirklichung des Edlen; J.Z.] teilhaben. Aus demselben Grunde ist auch ein Kind noch nicht glückselig. Denn es kann wegen seines Alters noch nicht derartig handeln. Preist man solche aber dennoch glückselig, so tut man es im Sinne einer Hoffnung" (Aristoteles 1984, S. 72, 1100a).

unvollkommenes Wesen

Dass Kinder nicht glücklich sein können, wurde mit dem Christentum noch einmal pointiert, die der unvernünftigen Kindheit auch noch die Erbsünde attestierten: Das Kind „trägt deshalb von

Anbeginn das Mal der Verdammung, die Natur ist verderbt und strebt zum Bösen. [...] Der Wert, den man der Kindheit zubilligen könnte, liegt lediglich in der Schwäche. Ein Kind besitzt noch keinen starken eigenen Willen" (Lassahn 1983, S. 32f.) – insofern besteht für es die Möglichkeit, sich dem göttlichen Willen zu öffnen.

Vor diesem Hintergrund ist die Leistung von Rousseau nicht hoch genug einzuschätzen (vgl. Zirfas 1993, S. 237ff.): Er befreite die Kindheit nicht nur von dem antiken Makel der Unvollkommenheit, indem er konstatierte, dass Kinder keine kleinen Erwachsenen, sondern Lebewesen mit einer eigenständigen Entwicklungslogik sind; er konterkarierte die christliche Idee der sündigen Kindheit durch den Hinweis darauf, dass der Mensch „von Natur aus" gut ist; und schließlich wertete er die unglückliche Kindheit in das glückliche Paradies um, indem er den Mythos von glücklichen Wilden mit dem Modell einer natürlichen Kindheit identifizierte. Jedes Kind ist jetzt ein Versprechen auf die Zukunft – nicht, weil es dem Glück (der Vernunft oder der Tugend) noch fern ist, sondern weil es das Glück der Gegenwärtigkeit, der Harmonie der Kräfte und der Authentizität „verkörpert". Kinder *sind* glückliche Lebewesen bzw. sie *können* und *sollen* durch pädagogische Maßnahmen glückliche Lebewesen sein, und versprechen so eine bessere Gesellschaft und eine bessere Welt. Wer die Welt vervollkommnen will, muss sich an den Kindern und nicht an den Erwachsenen orientieren.

Versprechen auf die Zukunft

Erst seit 200 Jahren wird mit den Überlegungen von Rousseau zum romantischen Glück die Hoffnung auf eine glückliche Kindheit zum pädagogischen Erwartungskonstrukt: Kinder werden als die Zukunft einer Gesellschaft verstanden und Erziehung ist demgemäß Investition in die Zukunft der Kinder und der Gesellschaft zugleich. Sie ist aber auch eine Investition in die Gegenwart, da Kinder glücklich sein müssen, um für das Leben gerüstet zu werden. Und umso unsicherer die Zukunft ist, desto mehr gilt es, das Glück des Augenblicks nicht dieser ungewissen Zukunft pädagogisch zu opfern. Es gilt die pädagogische Prämisse: Eine glückliche Kindheit ist Voraussetzung für ein glückliches Leben, denn nur, wer eine glückliche Kindheit hatte, kann ein ebensolches Leben führen. Gerade die Entwicklungspsychologie und die Bindungsforschung haben darauf hingewiesen, dass die frühen Erfahrungen von Glück als Umsorgtwerden, Aufgehobensein, Vertrauen, Geborgenheit und Anerkennung für das spätere glückliche Leben unverzichtbar sind (vgl. Andresen 2012). Das mit den modernen Erwartungen verbundene Kinderbild lässt sich mit folgenden Stichworten umreißen (vgl. Oelkers 2002, S. 563f.):

pädagogische Prämisse

Kinderbild

1. Kinder werden als niedlich wahrgenommen;
2. Kindheit soll behütet sein: möglichst mit Hochbegabung und Schulerfolg;
3. Kinderwelten sollen perfekt organisiert werden;
4. Kinder sind einsichtig und autonom;
5. die Beziehung zu Kindern ist partnerschaftlich, verlässlich und möglichst problemfrei.

Deskription und Präskription

Diese Gesichtspunkte bilden eine Melange aus Deskription und Präskription. Und so lässt sich kaum entscheiden, ob mit diesen Konstruktionen von Kindheit uneinlösbare Glücksversprechen, regulative pädagogische Glücksnormen, Erfahrungen von glücklicher Kindheit oder ideologische Theoreme verbunden sind. Vielleicht ist es auch gerade diese nicht eindeutige und (leicht) utopische Konstruktion von Kindheit bzw. glücklicher Kindheit, die für Pädagog*innen so anziehend ist. Gerade weil Glück plural und individuell, unverfügbar und beeinflussbar, relativ und ideal, kritisch und utopisch, unbewusst und reflexiv ist, eignet es sich für die Moderne in hohem Maße als eine, wenn auch häufig alltagspraktisch unbewusste und wissenschaftstheoretisch kaum reflektierte, Zielformulierung der Pädagogik. Das Glück als Ziel der Erziehung sichert der Pädagogik eine immerwährende Aufgabe; darauf verweisen auch heute nicht nur die unglücklichen Kinder, sondern auch der anthropologische Sachverhalt, dass menschliches Glück immer Glück im Unglück ist.

Fragen

1. Warum ist Bildsamkeit ein grundlegender Begriff der Pädagogik?
2. Inwiefern macht es pädagogisch Sinn, vom Fortschritt zu sprechen?
3. Wie lässt sich eine Erziehung zur Selbstbestimmung verstehen?
4. Soll Glück ein zentrales Ziel der Erziehung sein?

Weiterführende Literatur

Benner, Dietrich (1991): Allgemeine Pädagogik. Eine systematisch-problemgeschichtliche Einführung in die Grundstruktur pädagogischen Denkens und Handelns. 2. Aufl. Weinheim/München: Juventa. – Dietrich Benner rekonstruiert historisch wie systematisch die konstitutiven und regulativen Prinzipien der Pädagogik für die Theorien der Erziehung und der Bildung sowie für die pädagogischen Institutionen. Konstitutiv erscheinen ihm die Aufforderung zur Selbsttätigkeit und die Bildsamkeit und regulativ die Überführung gesellschaftlicher in pädagogischer Determination und der nicht-hierarchische Ordnungszusammenhang der menschlichen Praktiken. Vor diesem Hintergrund erfolgt eine Diskussion der pädagogischen Praxis mit Blick auf Gewalt, Unterricht und Generationenverhältnis.

Hof, Christiane (2009): Lebenslanges Lernen. Eine Einführung. Stuttgart: Kohlhammer. – Diese Einführung bietet systematische und historische Annäherungen an das lebenslange Lernen im Kontext einer modernen Wissensgesellschaft; sie formuliert dieses Lernen als bildungspolitisches Programm der OECD und der UNESCO und konzipiert es als dreifache – zeitliche, räumliche und inhaltliche – pädagogische Herausforderung. Darüber hinaus werden empirische Befunde der Verbreitung und Bedeutung des lebenslangen Lernens, seine Bearbeitung in der Erziehungswissenschaft und Bildungsforschung und das pädagogische Handlungs- und Arbeitsfeld dieses Lerntypus vorgestellt.

Mertens, Gerhard (2008): Balancen. Pädagogik und das Streben nach dem Glück. 2. Aufl. Paderborn: Ferdinand Schöningh. – Das Buch rekonstruiert die Bildungsbedeutung des Glücks auf den Feldern praktischer Pädagogik. Dementsprechend rücken die Freizeit- und Konsumpädagogik, die Gesundheitsbildung, die Identitätsentwicklung und die moralische Bildung in den Fokus. Pädagogik erscheint als praktische Orientierungswissenschaft, die auf die Balancen der Selbstaktualisierung vor allem im Hinblick auf Sinnhorizonte zielt.

Meyer-Drawe, Käte (2000): Illusionen von Autonomie. Diesseits von Ohnmacht und Allmacht des Ichs. München: Peter Kirchheim. – Käte Meyer-Drawe analysiert die Frage der Autonomie eines identischen, ichstarken Subjekts aus dem Blickwinkel des Leibes. Geht man von einem inkarnierten Subjekt aus, so erscheinen die Autonomie- und Vernunftansprüche der Moderne als nicht nur illusorisch, sondern regelrecht unvernünftig. Denn sie unterlaufen die Verwickeltheit der Menschen in Sprache, Blicke, Maskeraden, Unbewusstes, Imaginäres, Intersubjektives und Soziales. Und sie unterbieten die Spielräume, die in einer fragilen, veränderlichen und ambivalenten Konzeption des Ichs stecken.

Münch, Joachim/Wyrobnik, Irit (2010): Pädagogik des Glücks. Wann, wo und wie wir das Glück lernen. Baltmannsweiler: Schneider Hohengehren. – In diesem Buch werden verschiedene Lebensalter und Lernorte mit ihren jeweils besonderen Kontextualisierungen in ihrer Bedeutung für Glück beleuchtet. U.a. kommen in den 18 Kapiteln zur Sprache: Der Staat als Glücksbringer, Lernwege zum Glück, Glück in der frühen Kindheit und im Grundschulalter, Glück als Schulfach, Glück in Freizeit, Natur, Kultur und Medienwelt und schließlich die „Saboteure des Glücks".

Passmore, John (1975): Der vollkommene Mensch. Eine Idee im Wandel von drei Jahrtausenden. Stuttgart: Reclam. – Wie der Untertitel verrät schreibt Passmore ausgehend von unterschiedlichen Begriffen der Vollkommenheit (technische, moralische, teleologische, metaphysische und ästhetische) eine Geschichte der Vollkommenheit von *Homer* bis *Hair*. Zur Sprache kommen die antiken Philosophen, die christlichen Mystiker und Reformatoren, die Humanisten und Aufklärer, die Idealisten und Materialisten, die Utopisten und Dystopisten und nicht zuletzt die Ketzer und Anarchisten.

Rössler, Beate (2017): Autonomie. Versuch über das gelungene Leben. Berlin: Suhrkamp. – Im Rückgriff auf literarische Texte (u.a. von J. Austen, F. Kafka und M. Frisch) versucht die Autorin die Ambivalenzen, Widersprüche und Spannungen zwischen der Erwartung der Autonomie und der Erfahrung des Scheiterns oder der Kontingenz im alltäglichen Leben zu klären. Dabei geht es um individuelle Voraussetzungen wie Selbsterkenntnis, Selbsttäuschung oder Wählenkönnen als auch um soziale und politische Bedingungen wie Beziehungen, Privatheit oder Gerechtigkeit im Hinblick auf die Frage nach dem gelungenen Leben.

Roth, Heinrich (1966/71): Pädagogische Anthropologie. Band 1: Bildsamkeit und Bestimmung, Band 2: Entwicklung und Erziehung. Hannover: Hermann Schroedel. – Integrative pädagogische Zusammenfassung der anthropologischen Forschungen diverser Disziplinen – von der Humanbiologie und der Psychologie über die Soziologie und die Kulturanthropologie bis hin zur Philosophie und Theologie – mit Blick auf Erziehungsbedürftigkeit, auf Entwicklungsmöglichkeiten und Erziehungsvorstellungen sowie auf Erziehungsziele, die in ein Konzept des reifen und mündigen Menschen münden.

Sting, Stephan (1991): Der Mythos des Fortschreitens. Zur Geschichte der Subjektbildung. Berlin: Reimer. – Stephan Sting schreibt die Entwicklung des modernen Menschen als imaginäre Fortschrittsgeschichte. Beginnend im Mittelalter und seinen häuslichen Ordnungen beginnt das Fortschreiten in einer doppelten christlichen Erfahrung: in der Erfahrung der Schrift durch den Eremiten oder Mönch und in der Erfahrung der Welt durch den Pilger. Mit der Aufklärung setzen sich nicht nur die Verallgemeinerung des Fortschreitens und ihre Mythologien durch, sondern auch ihre Un-Fälle, d.h. die Friktionen zwischen dem Einzelnen und dem Allgemeinen, die Stillstände und Rückentwicklungen und die Erfahrungen von unmöglichen pädagogischen Vermittlungen.

Strasser, Johano (2015): Das Drama des Fortschritts. Bonn: Dietz. – Das Buch bietet eine Ideengeschichte, Analyse und Kritik unterschiedlicher Fortschrittsmodelle der abendländischen Kultur. Neben theologischen Konzepten der Apokalypse und Pilgerschaft sowie politischen Modellen der Revolution und der Geschichtsmetaphysik finden wir Debatten zum technischen und ökonomischen Fortschritt, zur Evolution und zur Ökologie sowie zur Pädagogik der (Selbst-)Erziehung des Menschengeschlechts und zur Selbstoptimierung. Eingefordert wird ein „anderer", reflexiver Fortschritt und eine Erneuerung des Humanismus, die die Zukunft eines freien und gleichen Austauschs der Menschen offenhalten sollen.

Kapitel 4: Systematisches Wissen oder: Was ist der Mensch?

„Als *homo absconditus* kann sich der Mensch in seinen Handlungen nicht ganz begreifen, ist er sich selbst und dem Anderen verborgen. Diese Vorstellung vom Menschen verweist auf seine Historizität und Reflexivität sowie seine Durchlässigkeit gegenüber dem Rätsel und dem Nichtwissen."

Christoph Wulf

Die Frage „Was ist der Mensch?" hat eine Fülle von Antworten erhalten, die vom „denkenden", „vernünftigen", „sprechenden" oder auch: „geschwätzigen", „flüsternden", „versprechenden" und „lügenden" Tier über das „lachende bzw. weinende", „arbeitende", „herstellende", „handelnde", „kochende" und „sich langweilende" Wesen bis hin zum „nachahmenden", „transzendierenden", „unbewussten", „autonomen" und auf „zwei Beinen gehenden" Erdenbürger reichen; schließlich finden sich auch Bestimmungen, die den Menschen als *tabula rasa*, „Genpool", „Maschine", „Mängelwesen" oder „Ebenbild Gottes" verstehen – eine Reihung, die sich ergänzen ließe. Einige dieser Bestimmungen haben in der Geschichte der Pädagogik eine lange Tradition (z.B. das Mängelwesen oder das Vernunftwesen), andere sind erst neueren Datums (z.B. der Mensch als Maschine oder Genpool); einige haben eine sehr große Bedeutung für die Pädagogik (z.B. das versprechende und das autonome Wesen), andere wiederum spielen zwar in den diversen anthropologischen Überlegungen, aber kaum in pädagogischen Diskursen eine bedeutsame Rolle (z.B. der lachende oder sich langweilende Mensch).

Rückblickend auf über 2.000 Jahre anthropologischen Reflektierens im Abendland lässt sich festhalten, dass wir noch keine abschließende Beantwortung der Frage nach dem Menschen in der Pädagogik erfahren haben, dass sich aber die Art und Weise des Fragens historisch verändert hat (vgl. Hartung 2008, S. 124ff.): Seit der Renaissance und den Überlegungen etwa von Pico della Mirandola, in denen der Mensch immer mehr zum Former und Bildner seiner Selbst wird, *sui ipsius plastes et fictor*, verschieben sich die Fragen von metaphysischen und ontologischen Herangehensweisen zur Analyse von humanen Artikulationen und Praktiken. Dezidiert formuliert, geht es seit dieser Zeit nicht mehr um die Frage, *was* der Mensch ist, sondern *wie* er ist. Während die erste Perspektive auf sog. Wesens- und Substanzbestimmungen abzielt, versucht die zweite Handlungs- und Existenzbestimmungen herauszuarbeiten: Was der Mensch ist, zeigt sich jetzt nicht mehr in seinem den Handlungen vorgängigen metaphysischen „Kern" oder „Wesen", sondern es „zeigt sich in seinem Tun und in den Produkten seines Tätigseins" (Hartung 2008, S. 125). Während in der Antike und Mittelalter die Frage lautete, was den Menschen in seinem Wesen ausmacht, fragt die Neuzeit, wie er sich selbst zum Menschen macht. Und mit dieser Umstellung des anthropologischen Blickwinkels von der Metaphysik auf die Praxis tauchen auch immer wieder die Fragen auf, wie es möglich ist, (noch) ein Mensch zu sein (z.B. im Transhumanismus) bzw. ob es notwendig ist, ein anderes Wesen zu werden, um noch Mensch sein zu können (z.B. im Posthumanismus). Die älteren Versuche bieten sozusagen *konstative* Anthropologien, die Neuzeit *performative*.

Handlungs- und Existenzbestimmungen

In diesem Teil soll der Versuch unternommen werden, die häufig sehr pauschale Rede von den „Menschenbildern in der Pädagogik" begrifflich systematisch schärfer zu fassen. Hierbei versuche ich systematisch zwischen folgenden Modellen zu unterscheiden: monistischen, dualistischen, triadischen sowie negativen Anthropologien. Diese Reihung von pädagogischen Menschenbildern ist als eine analytische zu verstehen, die im Einzelfall nicht exakt trennscharf zu machen ist. Und sie ist nicht zufällig, da sie von stärkeren und eindeutigeren zu schwächeren und uneindeutigeren anthropologischen Vorstellungen verläuft. Und damit ist ein zweiter Argumentationsschritt verknüpft, nämlich dass stärkere Modelle eindeutigere Vorgaben für Erziehung, Unterricht und Bildung ermöglichen als schwächere. Insofern liefern stärkere Modelle die Grundlagen eines pädagogischen Systems, das die pädagogischen Ausgangslagen ebenso definiert wie die Ziele, Möglichkeiten und Erfolge pädagogischer Bemühungen. Die schwächeren Modelle versuchen lediglich, die anthropologischen Bedingungen der Möglichkeit von Erziehung, Bildung und Unterricht in den Blick zu nehmen.

Reihung

In diesem Teil werden die Überlegungen der vorherigen Kapitel gebündelt und systematisiert. Intendiert ist eine Orientierung für die Studierenden in dem recht heterogenen Feld der pädagogischen Menschenbilder. Deutlich werden soll, dass die traditionellen Menschenbilder, seien sie nun monistisch, dualistisch oder triadisch konstruiert, sich letztlich einem metaphysisch-konstativen Modell von pädagogischer Anthropologie verdanken; sie setzen auf eine Wesensanthropologie. Die modernen pädagogischen

Anthropologien sind dagegen *performativ-optativ*, da sie die Frage, was den Menschen ausmacht zur Frage verschieben, *wie* er betrachtet und eingeschätzt werden kann. Diese Perspektive bietet auch für die Pädagogik andere Anschlussmöglichkeiten.

Monistische Anthropologien

Mit *monistischen* Anthropologien sind solche gemeint, die den Menschen auf ein ihm wesentliches anthropologisches Kriterium festlegen. Ein für das abendländische Denken sehr prominent gewordenes Modell des Menschen ist das des „Mängelwesens". Der Mythos des Sophisten Protagoras bringt bei Platon (427-347 v. Chr.) diese anthropologische Grundposition zum Ausdruck, die sich bis heute in den verschiedensten Formen erhalten hat, nämlich die Position, der Mensch sei ein Mängelwesen, dessen Kultur- und Erziehungsbedürftigkeit in seiner physischen Konstitution zu finden sei. In jenen Tagen, da es noch keine Menschen gab, und in denen die Götter Prometheus und Epimetheus beauftragten, die Lebewesen, „auszustatten und die Kräfte unter sie, wie es jedem zukomme, zu verteilen" (Platon 1984d, 320d) geschah Folgendes: Epimetheus erbittet sich von Prometheus die Verteilung vornehmen zu dürfen, dieser solle sie dann begutachten. Epimetheus fängt bei den Tieren an und „verleiht einigen Stärke ohne Schnelligkeit, die Schwächeren aber begabte er mit Schnelligkeit, einige bewaffnete er, anderen, denen er eine wehrlose Natur gegeben, ersann er eine andere Kraft zur Rettung. [...] Wie aber Epimetheus doch nicht ganz weise war, hatte er unvermerkt schon alle Kräfte aufgewendet für die unvernünftigen Tiere; übrig also war ihm noch unbegabt das Geschlecht der Menschen, und er war ratlos, was er diesem tun sollte. In dieser Ratlosigkeit nun kommt Prometheus, die Verteilung zu beschauen und sieht die übrigen Tiere zwar in allen Stücken bedacht, den Menschen aber nackt, unbeschuht, unbedeckt, unbewaffnet, und schon war der bestimmte Tag vorhanden, an welchem auch der Mensch hervorgehen sollte aus der Erde an das Licht. Gleichermaßen also der Verlegenheit unterliegend, welcherlei Rettung er dem Menschen noch ausfände, stiehlt Prometheus die kunstreiche Weisheit des Hephaistos und der Athene, nebst dem Feuer – denn unmöglich war, dass sie einem ohne Feuer angehörig oder nützlich sein können –, und so schenkte er sie dem Menschen. Die zum Leben nötige Wissenschaft also erhielt der Mensch auf diese Weise, die bürgerliche aber hatte er nicht" (Platon 1984d, 320d-321d).

Mängelwesen

Dieser Mythos macht folgende anthropologische Perspektive deutlich: Der Mensch mit seinen natürlichen Schwächen, seiner Instinktarmut und seinen Unangepasstheiten braucht Institutionen, Werkzeuge, Sitten, Technik und Künste um die Talente zu kompensieren, die er von Natur aus nicht „mitbekommen" hat. Der Mensch ist somit angewiesen auf das (mühsame) Aneignen von Fähigkeiten und Fertigkeiten durch Erfahrungen und Übungen, auf den Erwerb von (lebenserhaltenden) Praktiken und Techniken und auf die Tradierung des Gelernten, des Wissensbestands an Bildung und Kultur von Generation zu Generation.

Kompensation

Wird bei Platon das Wesen des Menschen durch einen existentiellen Mangel definiert, so finden wir umgekehrt bei Comenius eine Anthropologie der Fülle. Hier ist der Mensch ein göttliches Wesen und während Platon die Frage nach dem Menschen im Unterschied zum Tier verdeutlicht, und Pädagogik insofern aufgerufen ist, die „natürlichen" Mängeln zu kompensieren, orientiert sich Comenius in seiner Anthropologie an einer göttlichen Ontologie, in der der Erziehung die Aufgabe zukommt, die Menschen zu „vergöttlichen". Bei Comenius ist die zentrale anthropologische Figur eine unverdorbene und gute, d.h. letztlich von Gott gegebene Menschennatur, an die immer wieder (pädagogisch) angeknüpft und die auch immer wieder (pädagogisch) hergestellt werden kann. „Gott aber hat keinen Unterschied zwischen den Menschen gemacht, wenigstens nicht in der Anordnung dessen, was das Wesen des Menschen betrifft. Denn er hat alle geschaffen 1. aus einem Blut – Apg. 17, 26 – also ein Stoff! 2. als Teilhaber am gleichen göttlichen Ebenbilde – 1. Mos. 1, 26 – also eine Form! 3. als Geschöpfe desselben Schöpfers – ebenda – also eine Ursache! 4. Als Erben derselben Ewigkeit – Matth. 25, 34 – also ein Ziel! 5. In die gleiche Schule der Welt werden wir ausgesandt; es ist uns aufgegeben, uns für ein anderes Leben vorzubereiten. Alles ist also einheitlich!" (Comenius 1991, S. 23).

Anthropologie der Fülle

Gottesdienst

Pädagogik ist hier als Gottesdienst definiert. Sie findet in einem umfassenden zeitlichen Kontext statt, der zeitlich von der „Schule des vorgeburtlichen Werdens" bis hin zur „himmlischen Akademie", d.h. von der fötalen bis zur letalen Existenz reicht; inhaltlich hat das zu vermittelnde Wissen einen pansophischen Anspruch: Es gilt allen, alles, allumfassend (*omnes, omnia, omnino*) zu lehren. Und das ganze Modell hat schließlich auch einen einheitlichen Anstrich, denn wenn alle Menschen prinzipiell gleich (wenn auch nach ihren Fähigkeiten graduell unterschiedlich) sind, dann lassen sich alle auch einheitlich erziehen und unterrichten. „Was einer von ihnen von Natur aus ist, hat, will, weiß und kann, das sind, haben, wissen, wollen und können auch alle anderen. [...] Wenn daher alle Menschen dieselben Wege geführt werden, müssen notwendig alle zum gleichen Ziel gelangen" (Comenius 1991, S. 29). Dieses Ziel dieser allumfassenden, einheitlichen Erziehung geht über das menschliche Leben hinaus und bietet einen paradiesischen Zustand: „Die letzte Bestimmung des Menschen ist also offensichtlich die ewige Seligkeit in der Gemeinschaft mit Gott" (Comenius 1993, S. 28).

anthropologische Bestimmungen

Da der Mensch mit dem Schöpfungsplan in dreifacher Weise, nämlich geistig, animalisch und spirituell, verbunden ist, leitet Comenius daraus auch eine Dreizahl der anthropologischen Bestimmungen ab: „Daraus geht hervor, daß der Mensch unter die anderen leiblichen Geschöpfe gestellt wurde als das Geschöpf, welches 1. Vernunft besitzt, 2. die anderen Geschöpfe beherrschen und 3. das Ebenbild und die Freude seines Schöpfers werden soll. Diese drei Bestimmungen sind so unter sich verknüpft, daß sie nicht voneinander getrennt werden dürfen; sie bilden die Grundlage dieses und des künftigen Lebens" (Comenius 1993, S. 28). Und von diesen Bestimmungen werden wiederum die pädagogischen Aufgaben abgeleitet: Der Mensch soll Vernunft und Einsicht gewinnen, mit sich selbst und Anderen diszipliniert umgehen und Gottes Ebenbild sein; dazu benötigt er die *eruditio*, Bildung und Rationalität, die *mores* als Tugenden und Sitten und die *religio* (oder *pietas*) als Frömmigkeit oder Religiösität: „Halten wir also fest: in dem Maße, wie wir uns in diesem Leben um *gelehrte Bildung*, um *Sittlichkeit* und um *Frömmigkeit* bemühen, kommen wir unserer letzten Bestimmung näher. Diese drei Dinge sollen also das Werk unseres Lebens bestimmen, alles andere ist nur Beiwerk, Hemmnis und falscher Schein" (Comenius 1993, S. 30).

vernünftiges Wesen

Bei Immanuel Kant lässt sich die Idee finden, dass der Mensch vor allem ein vernünftiges Wesen ist (bzw. sein soll), das die Grundlagen, den Zusammenhang und die Grenzen des Wissens – die „*Prinzipien* der Erkenntnis apriori" – zu bestimmen in der Lage ist, und dass sich in dieser Hinsicht vor allem mit Gott, Freiheit und Unsterblichkeit zu beschäftigen hat (Kant 1781/1982, S. 62, S. 49). Vernunft ist das Vermögen, die letzten bzw. ersten Gegebenheiten der Welt zu begreifen; sie bezieht sich auf den Verstand als Vermögen der Regeln des Schließens und sie schafft Ordnung in der Begriffswelt (Kant 1781/1982, S. 564), indem sie sich mit der Erkenntnisart von Gegenständen beschäftigt und die transzendentale Frage klärt, inwiefern diese möglich sind. Insofern ist der vernünftige Mensch Kants derjenige, der die Bedingungen der Möglichkeit des Vernünftigseins untersucht. Dabei geht es ihm vor allem um die Frage des vernünftigen Bewusstseins (vgl. Zirfas 2012a).

Nicht zufällig handelt daher das 1. Buch der *Anthropologie* Kants „Vom Erkenntnisvermögen" und darin findet sich der 1. Abschnitt „Vom Bewusstsein seiner selbst", der wie folgt beginnt: „Dass der Mensch in seiner Vorstellung das Ich haben kann, erhebt ihn unendlich über alle andere auf Erden lebende Wesen. Dadurch ist er eine Person und vermöge der Einheit des Bewusstseins bei allen Veränderungen, die ihm zustoßen mögen, eine und dieselbe Person, d.h. ein von Sachen, dergleichen die vernunftlosen Tiere sind, mit denen man nach Belieben schalten und walten kann, durch Rang und Würde ganz unterschiedenes Wesen, selbst wenn er das Ich noch nicht sprechen kann, weil er es doch in Gedanken hat: wie es alle Sprachen, wenn sie in der ersten Person reden, doch denken müssen, ob sie zwar diese Ichheit nicht durch ein besonderes Wort ausdrücken. Denn dieses Vermögen (nämlich zu denken) ist der Verstand" (Kant 1798/1982, S. 407).

Wahnsinn

Wie Michel Foucault in *Wahnsinn und Gesellschaft* (1973) nahelegt, wird die Frage nach dem Wesen des Menschen in der Aufklärung auf eine Triade von Vernunft, Wahrheit und Wahnsinn bezogen. Der Wahnsinn wird zur anthropologischen Negativfolie, auf der sich der vernünftige Mensch seiner eigenen Wahrheit versichern kann. Der wahnsinnige Mensch ist nun nicht mehr, wie über weite Strecken der abendländischen Geschichte, der schlechthin unverstehbare oder böse Andere, sondern die Kehrseite der eigenen, körperlich und natürlich verstandenen Wahrheit, denn der Irre „enthüllt die elementare Wahrheit des Menschen. Sie reduziert ihn auf seine primitiven Wünsche, seine einfachen Mechanismen, die dringlichsten Bestimmungen seines Körpers" (Foucault 1973, S. 545). Indem der Wahnsinn in der Aufklärung durch die Vernunft, ihre Methoden und Diskurse, erfahrbar wurde, wurde er objektivierbar, klassifizierbar und verstehbar. „Der Wahnsinn besitzt jetzt eine anthropologische Sprache, durch die er gleichzeitig in einem doppeldeutigen Moment, aus dem er für die moderne Welt seine beunruhigenden Kräfte bezieht, die Wahrheit des Menschen und den Verlust jener Wahrheit und infolgedessen die *Wahrheit jener Wahrheit* anvisiert" (Foucault 1973, S. 543). Das wahnsinnige Subjekt wird zum Erkenntnisobjekt und zu einer wissenschaftlichen Angelegenheit. Die Wahrheit des Menschen erscheint im Lichte der Aufklärung im größten Dunkel, also dort, wo der Mensch dem Wahnsinn anheimgegeben worden ist.

Die Strategie, sich seiner Vernünftigkeit in der Abgrenzung und zugleich mit Bezug auf den Wahnsinn zu versichern, finden wir vor allem im Kontext der Diskussion der Abirrungen der menschlichen Vernunft wieder (vgl. Rauer 2007): Betrachten wir vor dem Hintergrund der regulativen Absicht der Anthropologie Kants deren mögliche psychologische Konkretisierungen, so zeigt sich sehr schnell, dass diese Perspektive vor allem zu den Abgründen des menschlichen Selbst- und Weltverhältnisses führt. In der *Anthropologie* selbst wird dieser negativistische Zug z.B. bei der mit der Differenz von Vernunft und Wahnsinn gegebenen Unterscheidung deutlich: An vielen Stellen folgt die anthropologische Untersuchung den mit den menschlichen Vermögen gegebenen psychologischen Abweichungen und Abirrungen. Das Selbstbewusstsein wird vor allem mit Blick auf den Egoismus diskutiert, die Sinnlichkeit mit Blick auf die Scheinhaftigkeit fokussiert und einem kurzen Paragraphen über den Verstand folgen seitenlange Ausführungen über die Schwächen und Krankheiten des Gemüts (Kant 1798/1982, S. 408ff., S. 440f., S. 512-538). So bilden die Reflexionen über die anthropologischen Widerständigkeiten, die dem Ziel der Vernunft, dem Weltbürgertum im Wege stehen, das Zentrum der *Anthropologie*: ob im Teil über das Erkenntnisvermögen, in dem vom Egoismus, von undeutlichen Vorstellungen, von Unbewusstheit, von Scheinhaftigkeit sowie von Hemmung, Schwächung und Verlust der Sinnesvermögen die Rede ist; ob im Falle der Einbildungskraft Unwillkürlichkeiten, Träume, und dann vor allem Schwächen und Krankheiten des Seele diskutiert werden; oder wenn im Horizont der Gefühle von Lust und Unlust, Langeweile, Modegeschmack, Ehrsucht, Habsucht und Herrschsucht größte Beachtung finden. Die *Anthropologie* entwirft in einer negativistischen Manier diejenigen Möglichkeiten des Gemüts, die dessen (soziomoralisches) *Können* unterbieten und dadurch das intendierte (weltbürgerliche) *Sollen* gefährden. Der Mensch ist prinzipiell bedroht von Gefahren der Abweichung und Verirrung, der Gleichgültigkeit und Passivität des Gemüts. Und die Anthropologie ist somit wesentlich eine Psychologik der prinzipiellen Gefahren, die das Selbst- und Weltverhältnis des Menschen einschränken und die Ausbildung des Menschen zum Weltbürger in Frage stellen (vgl. Althans/Zirfas 2005).

negativistischer Zug

Psychologik der prinzipiellen Gefahren

Allerdings bleibt Kant bei seinen negativistischen Überlegungen des Abirrenkönnens und der Passivität nicht stehen, sondern verweist zudem darauf, diese in Richtung auf das *Menschenmögliche* zu überschreiten, indem man die Menschen auf dieses verpflichtet: Kants Überlegungen folgen somit einem Dreischritt, der von dem, was der Mensch *kann*, d.h. was virtuell an Möglichkeiten in seinem Dasein vorhanden ist, über das, was er *ist*, mit allen seinen positiven und negativen Erscheinungsformen, bis hin zu

Menschenmögliches

dem verläuft, was er werden *soll*, d.h. an eine Vernunftwahrheit erinnern, an die der Mensch gebunden und zu der er verpflichtet ist: Nach dem Egoismus wird das wirkliche Bewusstsein verhandelt, nach den Leidenschaften die Bindung an das höchste Gut.

Kant geht mithin erstens davon aus, auch in die unvernünftigen und unordentlichen Gemütskräfte noch Ordnung bringen zu können; er legt damit zweitens eine Systematik der Gemütsschwächen und vor allem der Gemütskrankheiten bzw. Verrückungen vor, die er in die tumultuarische Unsinnigkeit, in den methodischen Wahnsinn, den fragmentarisch-methodischen Wahnwitz und den systematischen Aberwitz ausdifferenziert; er versteht somit drittens die Unvernunft als etwas „Positives" und nicht als bloßen „Vernunftmangel"; und viertens bestimmt er das allgemeine Merkmal der Gemütskrankheiten als sozialen und moralischen Verlust: als Verlust der Öffentlichkeit, der Universalisierbarkeit, der Korrekturmöglichkeiten, des *sensus communis*, und damit als Verlust von Autonomie und Freiheit (Kant 1798/1982, S. 529-537). Für Kant gibt es kein radikal Anderes der Vernunft, da die Vernunft immer schon mit ihrem Anderen vermittelt ist: „Es ist aber verwunderungswürdig, daß die Kräfte des zerrütteten Gemüts sich doch in einem System zusammenordnen, und die Natur sogar in der Unvernunft ein Prinzip der Verbindung derselben zu bringen strebt" (Kant 1798/1982, S. 532; vgl. Böhme/Böhme 1985). Vor dem Hintergrund dieser Voraussetzungen lehrt die *Anthropologie* das Ternar von Können, Sein und Sollen und sie umfasst damit die von Kant gegebenen methodischen Kriterien mit dem Fokus der Didaktik, des Unterrichtens und Vorschreibens einer bestimmten, aufgeklärt-vernünftigen Haltung sich selbst und anderen Menschen gegenüber.

Ternar von Können, Sein und Sollen

Ist es ein Zufall, dass Kant die Frage nach dem Wesen des Menschen an keiner Stelle seiner *Anthropologie* explizit beantwortet? Ich denke nicht, denn wie wir mit Kant wissen, können sich Menschen lediglich ihre Erscheinung, nicht aber ihr Wesen, bewusstmachen (Kant 1781/1982, S. 153). Zudem versteht Kant die Anthropologie selbst zwar als eine Wissenschaft, wenn auch eine, bei der man Schwierigkeiten hat, sie in den Rang einer „förmlichen" oder „gründlichen" Wissenschaft zu heben (Kant 1798/1982, S. 401, Vorrede). Die Anthropologie kommt weder in der Architektonik der reinen Vernunft noch in der sich durch die Mathematik und Physik auszeichnenden Naturwissenschaften vor (Kant 1781/1982, S. 21f.); weder kommen für sie allgemeingültige Experimente in Frage, noch lässt sie sich einfach nomologisch entwickeln oder *a priori* produzieren. Die *Anthropologie* ist eine Sammlung und Ordnung von Beobachtungen, die vorgibt, empirisch zu sein, aber häufig

Beobachtungen

nicht empirisch verfährt, indem sie etwa ihre Theorien und Hypothesen an der Wirklichkeit überprüfen würde. So verfügt Kant, obwohl er im ersten Teil der *Anthropologie* dezidiert psychologisch argumentiert, über keinerlei psychologische Erfahrungsdaten. Er ist auch nicht, etwa als Mediziner, vertraut mit den Krankheiten des Gemüts und hält doch seine Überlegungen für medizinisch universell plausibel. „Ob es schweer sey, sich selbst zu erkennen. Nein! Aber den Menschen zu erkennen, weil man ihn mit nichts anderem vergleichen kann, ist schwer" (Kant 1923, S. 661).

empirische Psychologie

Anthropologie des Gemüts

Philosophie des Weltbürgers

Der Mensch erscheint zwischen einer empirischen Psychologie, die die Motive des Denkens und Handelns aus dem Zusammenhang von beobachtbarem Handeln und inneren Dispositionen rekonstruiert, einer Anthropologie des Gemüts, die eine Pragmatik der Aktivität zum Thema hat und einer Philosophie des Weltbürgers, die ein unendliches Ziel der Menschheit fixiert. Die menschliche Natur ist nach Kant nicht definierbar, da sie zugleich ahistorisch und historisch, universellen Bedingungen folgt und doch in der Zeit zerstreut ist. Dass der Mensch nicht auf den Begriff zu bringen ist, spricht weniger für eine transzendentale Anthropologie, die die anthropologischen von den nicht anthropologischen Erkenntnissen sondert, und auch weniger für eine kritische Anthropologie, die die allgemeingültigen *conditiones humanae* bestimmt, sondern eher für eine empirische, psychologische Anthropologie, die die unterschiedlichen Erkenntnisse und Lebensformen des Menschen reflektiert. Denn nur, wer die Frage nach dem Menschen offenhält, kann Anthropologie betreiben. „Das sich selbst beobachtete [sic] Ich ist ein Inbegriff von so viel Gegenständen der inneren Wahrnehmung daß die Psychologie vollauf zu tun hat um alles darin im Verborgenen liegende auszuspüren und nicht hoffen darf damit jemals zum Ende zu kommen und die Frage hinreichend zu beantworten: Was ist der Mensch?" (Kant 1798/1982, S. 428, Anmerkung).

Humanisierung des Animalischen

In den Überlegungen von Kant ist der Mensch zwar ein körperliches Tier, das aber vernünftige humane Anlagen hat, die durch die entsprechende politische und pädagogische Umwelt entfaltet werden können. Insofern bleibt seine Anthropologie an der Vernunft orientiert. Ziel ist die Humanisierung des Animalischen: „unsere Bestimmung als Mensch ist doch, aus dem rohen Naturzustande als Tier herauszutreten" (Kant 1803/1982, S. 754). Dieses Modell ist eng mit dem Fortschrittsmodell der Aufklärung verknüpft. Es geht um die Verbesserung des Einzelnen, der Gesellschaft und schließlich der Menschheit. Und es geht um eine Verbesserung der Erziehung selbst. „Vielleicht, daß die Erziehung

Erziehung

immer besser werden, und daß jede folgende Generation einen Schritt näher tun wird zur Vervollkommnung der Menschheit; denn hinter der Edukation steckt das große Geheimnis der Vollkommenheit der menschlichen Natur. [...] Dies eröffnet uns den Prospekt zu einem künftigen glücklicheren Menschengeschlechte. [...] Kinder sollen nicht dem gegenwärtigen, sondern dem zukünftigen möglich bessern Zustand des menschlichen Geschlechts, das ist: der Idee der Menschheit, und deren ganzer Bestimmung angemessen, erzogen werden. [...]

Bei der Erziehung muß der Mensch also 1) *diszipliniert* werden. [...] Disziplin ist also bloß Bezähmung der Wildheit.

2) Muß der Mensch *kultiviert* werden. Kultur begreift unter sich die Belehrung und die Unterweisung. Sie ist die Verschaffung der Geschicklichkeit. [...]

3) Muß man darauf sehen, daß der Mensch auch *klug* werden, in die menschliche Gesellschaft passe, daß er beliebt sei, und Einfluß habe. Hierzu gehört eine gewisse Art von Kultur, die man *Zivilisierung* nennet.

4) Muß man auf die *Moralisierung* sehen. Der Mensch soll nicht bloß zu allerlei Zwecken geschickt sein, sondern auch die Gesinnung bekommen, daß er nur lauter gute Zwecke erwähle" (Kant 1803/1982, S. 700, S. 706f.).

Eine vollständige Humanisierung des Animalischen ist aber nur approximativ erreichbar, gilt es doch den Menschen immer wieder (neu) zu disziplinieren, zivilisieren, kultivieren und moralisieren. Denn erstens wird das „krumme Holz des Menschen" (vgl. Kant 1784/1982, S. 41) bzw. des Zöglings nie ganz gerade; und zweitens ist der Erzieher selbst ein Mensch, „der noch in der Rohigkeit der Natur liegt, und doch dasjenige bewirken soll, was er selbst bedarf. Daher die beständige Abweichung von seiner Bestimmung, mit immer wiederholten Einlenkungen zu derselben" (Kant 1798/1982, S. 678).

Hier sehen wir schon, dass der anthropologische Monismus bei Kant eigentlich ein Dualismus ist, der sich durch Tierheit und Vernünftigkeit auszeichnet. In der Kantischen Argumentation ließe sich von einer dualistisch-deskriptiven Anthropologie (der Mensch ist zugleich Tier und Vernunftwesen) und einer monistisch-normativen Anthropologie der Vernünftigkeit sprechen (siehe oben: Kap. 2: Was soll ich tun?).

essentialistische Anthropologien

Andere Formen essentialistischer Anthropologien lassen sich etwa bei Aristoteles und seiner Theorie des *zoon politikon*, bei Wilhelm von Humboldt (1767-1835) und seinem Konzept der Bildung als individueller Kräfteentfaltung oder auch in Friedrich Nietzsches Figur des Übermenschen nachzeichnen. Diese Vorstellungen sind inhaltlich positiv bestimmt und bieten mehr oder weniger eindeutige pädagogische Anschlussmöglichkeiten: Bei Aristoteles geht es dabei um die Eingewöhnung in das sittliche Leben des griechischen Stadtstaates, bei Humboldt um eine (ganzheitliche) Auseinandersetzung des Einzelnen mit linguistischen, historischen und mathematischen Inhalten, vor allem mit Kunst, Kultur und Sprache (vor allem mit dem Griechischen) und bei Nietzsche um das Erfinden und Durchsetzen neuer moralischer und ästhetischer Normen und stetige Neubildung.

Dualistische Anthropologien

Doch i.d.R. sind die pädagogisch-anthropologischen Figuren nicht monistisch um einen Kern, sondern zumindest um zwei Aspekte zentriert – wie schon kurz bei Kant angeklungen, der von der „Tierheit" und der „Vernünftigkeit", kurz vom *animal rationale* ausgeht. Bei Aristoteles wird zwar der Mensch einerseits als *zoon politikon* identifiziert, d.h. als ein Lebewesen, das in der Verwirklichung seiner Natur auf die *polis*, den Staat und die Gesellschaft bezogen ist. Doch andererseits spricht er auch von ihm als *zoon logon echon*, d.h. von einem Lebewesen, das sich durch den *logos* im Sinne von Sprache und Vernunft auszeichnet. Insofern lassen sich mit Aristoteles zwei wesentliche Existenzformen benennen, die dem Wesen des Menschen angemessen sind: die praktische Existenz desjenigen, der sich für die ethischen und politischen Praxisfragen einsetzt und dabei die Freundschaft mit (wenigen) Anderen pflegt (*praxis*); und die Existenz eines Philosophen, der sich durch Anschauung und Reflexion um das Leben und seine Prinzipien bemüht (*theoria*). Man kann hier natürlich die Existenzform der Praxis mit der einer Theorie in Übereinstimmung bringen – wie das bei Aristoteles angelegt ist; man kann aber auch von einer Spannung dieser beiden Lebensformen ausgehen.

animal rationale

zoon politikon

Bei den Oppositionsmodellen handelt es sich um Modelle, die im Abendland sehr häufig vertreten sind, weil das abendländische Denken im Kern durch ein binäres Denken gekennzeichnet ist. Dieses Denken erzeugt hierarchische Oppositionen, die im Grund die ganze abendländische Metaphysik ausmachen: Kultur/Natur, Geist/Körper, Vernunft/Trieb, Mann/Frau, Bewusstes/Unbewusstes, Freiheit/Zwang, Sprache/Stummheit, Gesellschaft/Individuum, Perfektion/Defekt, Erziehung/Wildheit etc. Zusammenfassend verweisen diese Oppositionen und die sich daraus

binäres Denken

ergebenden Modelle auf die Unmöglichkeit eines abgeschlossenen Menschenbildes. Allerdings lassen sich mehrere Facetten dieser Oppositionslogik rekonstruieren, die ich anhand des für das Abendland sehr prominenten Gegensatzes von Geist und Körper unternehmen werde.

Geist und Körper

Dabei findet sich durchgängig seit der Antike eine Privilegierung des Geistes (des Verstandes, der Vernunft, des Gehirns) und somit ein hierarchisches, und damit auch tendenziell gewaltförmiges Verhältnis zwischen Geist und Körper. Diese Form der Oppositionierung hat mehrere Effekte: Sie privilegiert eine Seite der Opposition, i.d.R. den Geist, den Verstand oder die Vernunft gegenüber dem Körper, den Leidenschaften und Trieben und diskriminiert die andere Seite, die häufig als „akzidentell", „dunkel" oder „defekt" etikettiert wird. Sie wirkt vereinheitlichend (aus den zahlreichen rationalen Tätigkeiten wird „die" Vernunft) sie konstruiert inklusiv-exklusive Verhältnisse: Entweder der Mensch verhält sich rational oder irrational (siehe Kant).

Körper als „Grab der Seele"

Platon etwa versteht den Körper als „Grab der Seele" (Platon 1984a, 493a) und die Seele als das Organ des Menschen, das allein um das „Wahre, Schöne und Gute" wissen kann. „Denn der Leib macht uns tausenderlei zu schaffen, wegen der notwenigen Nahrung, dann auch, wenn uns Krankheiten zustoßen, verhindern uns diese, das Wahre zu erjagen, und auch mit Gelüsten und Begierden, Furcht und mancherlei Schattenbildern und vielen andern Kinderein erfüllt er uns; so daß recht in Wahrheit, wie man auch zu sagen pflegt, wir um seinetwillen nicht einmal dazu kommen, auch nur irgend etwas richtig einzusehen" (Platon 1984b, 66b-c).

Diese Idee, dass wer immer zur Erkenntnis von Wahrheit, Moral und Ästhetik gelangen will, die „Fesseln des Körpers" abstreifen muss, dass Erkenntnis und auch Lernen möglichst „ohne Körper" und „rein" geistig oder „intellektuell" erfolgen soll, hat über die Jahrhunderte hinweg bis in die aktuelle Gegenwart der Pädagogik eine unglaubliche Wirkmächtigkeit entfaltet. Es ist *die übergangene Sinnlichkeit* (Rumpf 1981) und das Vergessen des Körpers (vgl. Kamper/Wulf 1982), die gerade eine Institution wie die Schule immer noch prägen. Leitend für die Pädagogik war dabei das sog. „Höhlengleichnis", das als „Umlenkung" und „Aufschwung" der Seele zur wahren Erkenntnis und zu Abwertung und Diskriminierung des Körpers geführt hat. Hier finden wir einen Ausschnitt aus dem für Erziehung und Bildung so ungeheuer bedeutsamen Modell. Sokrates, das Sprachrohr Platons, spricht als „Ich" und gelegentlich antwortet Glaukon, sein Gesprächspartner: „Nächstdem,

„Höhlengleichnis"

sprach ich, vergleiche dir unsere Natur in bezug auf Bildung und Unbildung folgendem Zustande: Sieh nämlich Menschen wie in einer unterirdischen, höhlenartigen Wohnung, die einen gegen das Licht geöffneten Zugang längs der ganzen Höhle hat. In dieser seien sie von Kindheit an gefesselt an Hals und Schenkeln, so daß sie auf demselben Fleck bleiben und auch nur nach vorne hin sehen, den Kopf aber herumzudrehen der Fessel wegen nicht vermögend sind. Licht aber haben sie von einem Feuer, welches von oben und von ferne her hinter ihnen brennt. Zwischen dem Feuer und den Gefangenen geht obenher ein Weg, längs diesem sieh eine Mauer aufgeführt [...]. Sieh nun längs dieser Mauer Menschen allerlei Geräte tragen, die über die Mauer herüberragen und Bildsäulen und anderer steinerne und hölzerne Bilder und von allerlei Arbeit. [...] Auf keine Weise also können diese irgend etwas andere für das Wahre halten als die Schatten jener Kunstwerke? – Ganz unmöglich. [...] Und, sprach ich, wenn ihn einer mit Gewalt von dort durch den unwegsamen und steilen Aufgang schleppte und nicht losließe, bis er ihn an das Licht der Sonne gebracht hätte, wird der nicht viel Schmerzen haben und sich gar ungern schleppen lassen? Und wenn er nun an das Licht kommt und die Augen vollen Strahlen hat, wird er nicht das Geringste sehen können von dem, was nun für das Wahre gegeben wird. [...] Gewöhnung also, meine ich, wird er nötig haben, um das Obere zu sehen. [...] Zuletzt aber, denke ich, wird er auch die Sonne selbst, nicht Bilder von ihr im Wasser oder anderwärts, sondern sie als sie selbst an ihrer eigenen Stelle anzusehen und zu betrachten imstande sein. – Notwendig, sagte er. – Und dann wird er schon herausbringen von ihr, daß sie es ist, die alle Zeiten und Jahre schafft und alles ordnet in dem sichtbaren Raume und auch von dem, was sie dort sahen, gewissermaßen die Ursache ist. [...] daß zuletzt unter allem Erkennbaren nur mit Mühe die Idee des Guten erblickt wird, wenn man sie aber erblickt hat, sie auch gleich dafür anerkannt wird, daß sie für alle die Ursache alles Richtigen und Schönen ist, im Sichtbaren das Licht und die Sonne, von der abhängt, erzeugend, im Erkennbaren aber sie allein als Herrscherin Wahrheit und Vernunft hervorbringend, und daß also diese sehen muß, wer vernünftig handeln will, es sei nun in eigenen oder in öffentlichen Angelegenheiten“ (Platon 1984c, 514a-517c).

Obwohl dieses ganze Gleichnis letztlich auf dem Sehen basiert und auf dieses abzielt, wird deutlich, dass wir es hier mit einem intellektuellen Sehen, einer idealen Schau, zu tun haben, die in der Lage ist „über“ die gewöhnlichen Sinne „hinaus-“ bzw. „hinaufzugehen“, um das Wahre, Gute und Schöne zu erkennen. Das

ideelles Wissen

wahre, unwandelbare, ewige Wissen ist das ideelle Wissen; das sinnliche, höhlenartige Wissen nur Schatten und Meinung.

Ideen

Die Ideen schaffen für Platon Verbindlichkeiten zwischen den Menschen, schaffen erkenntnistheoretische, praktische, ethische und ästhetische Standards, und zwar aufgrund ihrer allzeitlichen Struktur. So haben die in seinen Werken auftauchenden höchsten logischen Ideen wie Gleichheit, Einheit, Gerades, Ungerades, Ähnliches, Unähnliches, Zahl, Arithmetisches, Geometrisches u.a. allesamt den Charakter des Allzeitlichen und der Allgemeingültigkeit. Die Ideen stehen:

1. für die Möglichkeit, eine Sache allgemeingültig zu definieren,
2. für Geschichtslosigkeit und Unveränderlichkeit,
3. für die Unabhängigkeit von den konkreten Erscheinungen,
4. für die Wesensursache und
5. für die Objekte wissenschaftlicher Erkenntnis (Bächli/Graeser 2000, S. 111f.).

Ideen sind für Platon vor allem eins: Sie sind in ihrer unsinnlichen Geistigkeit enttäuschungssicher. Denn nur das Bleibende ist das Wahre.

Und noch etwas lernen wir hier: Der Weg der Erkenntnis ist schwierig, er braucht daher pädagogische Begleitung (die Pädagog*innen als Schlepper*innen), er verursacht Schmerzen (da die ganze Seele umgelenkt wird) und er kann scheitern (weil man sich nicht gerne schleppen lässt). Und schließlich hat dieser Weg auch Konsequenzen: Denn diejenigen, die zur intellektuellen Erkenntnis gelangt sind, sind in der Verantwortung die „Höhlenbewohner*innen" zu befreien und riskieren dabei nicht weniger als den eigenen Tod: „sondern man müsse jeden, der sie lösen und hinaufbringen wollte, wenn man seiner nur habhaft werden und ihn umbringen könnte, auch wirklich umbringen" (Platon 1984c, 517a, vgl. 519c-d). Einerseits ist die Erziehung als Umlenkung der Seele ein für alle Beteiligten durchaus riskantes Geschäft, andererseits bietet Platon aber den Pädagog*innen auch den Trost, dass sie die Umlenkung nicht selbst bewerkstelligen müssen, ihre Leistung also nicht darin besteht, „ihm das Sehen erst einzubilden, sondern [ihm zu vermitteln] als ob es dies schon habe und nur nicht recht gestellt sei und nicht sehe, wohin es soll, ihm dieses zu erleichtern" (Platon 1984c, 818d). Lernen ist hier als Wiedererinnern konzipiert; und die Lehrperson ist – wenn man so will – eine Erinnerungshelferin.

Körper

Dass dieses Reduktionsmodell auch umgekehrt funktioniert, insofern man den Körper gegenüber dem Geist privilegiert, kann man etwa in der spartanischen Erziehung beobachten. Das bedeutet, die körperlichen Fähigkeiten stark zu entwickeln und seelische und geistige Fähigkeiten mehr oder weniger auszublenden. Man konzentriert sich etwa nur auf Fragen der Körperlichkeit und vernachlässigt Aspekte des Vernünftigen. Vermutlich ist hier die sog. „NS-Pädagogik" mit ihrer Rassenideologie am weitesten gegangen: „*Der völkische Staat hat in dieser Erkenntnis seine gesamte Erziehungsarbeit in erster Linie nicht auf das Einpumpen bloßen Wissens einzustellen, sondern auf das Heranzüchten kerngesunder Körper. Erst in zweiter Linie kommt dann die Ausbildung der geistigen Fähigkeiten. Hier aber wieder an der Spitze die Entwicklung des Charakters, besonders die Förderung der Willens- und Entschlusskraft* [...]. Das Heer soll [...] den körperlich bereits tadellos vorgebildeten jungen Menschen nur mehr in den Soldaten verwandeln. [...] Analog der Erziehung des Knaben kann der völkische Staat auch die Erziehung des Mädchens von den gleichen Gesichtspunkten aus leiten. Auch dort ist das Hauptgewicht vor allem auf die körperliche Ausbildung zu legen, erst dann auf die Förderung der seelischen und zuletzt der geistigen Werte. Das *Ziel* der weiblichen Erziehung hat unverrückbar die kommende Mutter zu sein. [...] *Die gesamte Bildungs- und Erziehungsarbeit des völkischen Staates muss ihre Krönung darin finden, dass sie den Rassesinn und das Rassegefühl instinkt- und verstandesmäßig in Herz und Gehirn der ihr anvertrauten Jugend hineinbrennt. Es soll kein Knabe und kein Mädchen die Schule verlassen, ohne zur letzten Erkenntnis über die Notwendigkeit und das Wesen der Blutreinheit geführt worden zu sein*" (Hitler, zit. n. Reble 1971, S. 579f., S. 582; kursiv im Original).

„NS-Pädagogik"

Für Hitler und seine pädagogisch Getreuen ging es um die Züchtigung kerngesunder Körper – „flink wie die Windhunde, zäh wie Leder und hart wie Kruppstahl" (Hitler) – die im Ideal des Soldaten ihren Bezugspunkt fanden, der sich für sein Volk aufopfert; dagegen verfolgt Platons idealistische Bildung das Ideal des weisen Philosophen, der der Herrscher eines gerechten Staates sein soll.

Man kann Körper und Geist weniger stark als Polaritäten, sondern eher als sich ergänzende Aspekte einer pädagogischen Situation und Struktur betrachten. Der Mensch ist sowohl ein körperliches als auch geistiges Wesen – und insofern muss man beiden Aspekten pädagogisch etwa gleichermaßen gerecht werden. Insofern ist eine Pädagogik gut beraten, das Sowohl-als-Auch dieser komplementären Aspekte zu berücksichtigen. Ein Geist ohne Körper wäre pädagogisch ebenso wenig sinnvoll denkbar wie ein Körper ohne Geist.

ergänzende Aspekte

Diese Modelle sollen verdeutlichen, dass die Pädagogik über weite Strecken ihrer Geschichte durch ein anthropologisches Denken strukturiert ist, das ein Differenz- und Oppositionsdenken ist.

Pädagogisches Denken ist häufig Denken in Polaritäten, das gut beraten ist, wenn es versucht, pädagogische Voraussetzungen, Ziele, Praktiken und Bewertungen nicht nur von einer Seite der Korrelation der Polaritäten zu denken. Wir denken in diesen Differenzen und ihren Korrelationen und wissen zugleich, dass ihre Bedeutungen historisch kontingent und Ausdruck von Aushandlungsprozessen sind. Wir verstehen pädagogische Prozesse in diesen Korrelationen und orientieren unser Denken und Handeln an ihnen und nicht zuletzt legitimieren wir es auch durch sie.

Triadische Anthropologien

Im Abendland finden sich anthropologische Überlegungen aber auch häufig um eine Trias zentriert, die über Jahrhunderte hinweg verschiedene Ausprägungen erfahren hat. Ohne Anspruch auf Vollständigkeit seien hier einige bedeutsame Anthropologien benannt: Bei Platon ist die Rede vom Menschen als Integral von Vernunft (Lernbegierigem), Mut (Löwenartigem) und Begehren (Schlangenartigem), Thomas von Aquin begreift ihn durch Denken, Wollen und Fühlen, während für Jan Amos Comenius Vernunft (*eruditio*), Selbstbeherrschung und Zivilisierung (*mores*) sowie Ehrfurcht und Glaube (*religio*) den Menschen ausmachen. Bei Immanuel Kant wird die Anthropologie durch das Erkennen, die Moral und die Hoffnung konturiert, Johann Heinrich Pestalozzi fasst den Menschen durch Herz, Hand und Kopf und bei Sigmund Freud finden wir die Dreiheit von Es (Trieb), Ich (Handlung) und Über-Ich (Normen). Kurz: Der Mensch erscheint im Okzident (in zentralen Anthropologien) als *animal rationale, animal sociale* und *animal emotionale* – als vernünftiges, praktisches und emotionales Lebewesen.

vernünftiges, praktisches und emotionales Lebewesen

Eine pädagogische Anthropologie von Johann Heinrich Pestalozzi (1746-1827) lässt sich in seinem anthropologischen Hauptwerk *Meine Nachforschungen über den Gang der Natur in der Entwicklung des Menschengeschlechts* (1797/1993) wiederfinden. Ihr liegt eine Trias als Struktur zugrunde. Im Anschluss an Rousseaus Idee einer natürlichen Entwicklung zeichnet Pestalozzi in diesem Buch seine eigene Entwicklung und die des Menschengeschlechts nach, die dann als Modelle für Ontogenese und Phylogenese stehen sollen; dabei findet er heraus: „also bin ich mir selbst ein dreifach verschiedenes, ein tierisches, ein gesellschaftliches und ein sittliches Wesen" (Pestalozzi 1797/1993, S. 54). Was meinen diese Bestimmungen im Einzelnen?

tierischer Naturzustand

Wenn Pestalozzi vom „tierischen Naturzustand" spricht, dann hebt er vor allem auf die „Unverdorbenheit" und „Unschuld" sowie auf die „Behaglichkeit" ab, die „allgemein aus der leichten Befriedigung unserer Wünsche, die ohne Anstrengung, ohne Schmerz, ohne Abhängigkeit von irgend einer unsicheren Sache und irgend einem unsichern Willen Platz hat" (Pestalozzi 1797/1993, S. 55ff.). Dieser reine paradiesische Zustand eines vollkommenen Glücks ist im Grunde mit der Geburt schon vorbei: „Gibt es einen Zeitpunkt, in welchem der Kinderzustand des Menschen ganz rein ist? Das ist, in welchem das Kind ganz ohne Kenntnis des Übels, des Schmerzes, des Hungers, also ganz ohne Leiden, ohne Besorgnisse, ohne Mißtrauen und ohne Abhänglichkeits- und Unsicherheitsgefühle in der Welt lebte? Allerdings gibt es einen solchen Zustand, es ist der Augenblick, in welchem das Kind auf die Welt kommt. Aber so wie dieser Augenblick da ist, so ist er vorüber" (Pestalozzi 1797/1993, S. 57). Der Naturzustand des Menschen ist ein Zustand der Ahnung, nicht des Wissens, ein Zustand der Unschuld, der Instinktsicherheit, des Genusses und des Glücks; dieser Zustand ist aber auch derjenige, der das „Fundament des sittlichen Zustands" (Pestalozzi 1797/1993, S. 58) werden soll.

gesellschaftlicher Zustand

Der gesellschaftliche Zustand wird durch die Erfahrungen der „gekränkten tierischen Selbstsucht" (Pestalozzi 1797/1993, S. 60) notwendig, so dass der Mensch freiwillig in ihn übertritt; d.h., der „tierische" Mensch ist entweder schwach und er sucht im gesellschaftlichen Zustand Schutz oder er fühlt sich stark und versucht im gesellschaftlichen Zustand seine Macht nur noch zu vergrößern (vgl. Pestalozzi 1797/1993, S. 72). Der gesellschaftliche Zustand ist durch die Einschränkungen des natürlichen Zustandes gekennzeichnet, durch „Sachen, die im Grund eigentlich nicht da sind": „Repräsentation, Eigentum, Erwerb, Beruf, Obrigkeit, Gesetze sind alles künstliche Mittel, meine thierische Natur beim Mangel thierischer Freiheit dennoch zu befriedigen" (Pestalozzi 1797/1993, S. 62). Ist der Naturzustand das „Zeitalter" der Unschuld und des Wohlwollens, so verweist der gesellschaftliche Zustand auf den „Krieg aller gegen alle" (Pestalozzi 1797/1993, S. 64). Für diesen Zustand braucht es Regeln und Gesetze, Verordnungen und Erlasse, Pflichten und Normen, um das Zusammenleben der Menschen miteinander in geordnete Bahnen zu lenken. Der natürliche Mensch gerät aber mit dem gesellschaftlichen Bürger in Widerstreit: „das gesellschaftliche Recht befriedigt mich nicht, der gesellschaftliche Zustand vollendet mich nicht; ich vermag es so wenig, auf dem Punkt keiner bürgerlichen Ausbildung beruhiget stehen zu bleiben als auf demjenigen des bloßen tierischen Sinnengenusses, ich bin in jedem Fall durch seine Ausbildung verstümmelt, Mißtrauen, Schiefheit und Unruhe ist in meine Seele gekommen, die kein gesellschaftliches Recht je ganz auslöscht" (Pestalozzi 1797/1993, S. 76). In der Gesellschaft werden Bedürfnisse geweckt, die nicht befriedigt werden (etwa nach Selbstbestimmung und Glück) und es werden Neigungen entwickelt, die wieder erstickt werden (etwa nach Wohlwollen und Gerechtigkeit).

Da der gesellschaftliche Zustand keine zufriedenstellende Harmonie zwischen dem individuellen Egoismus und einem allgemeinen Wohlwollen ermöglicht und weil eine solche Harmonie „nur durch das Übergewicht des Wohlwollens" (Pestalozzi 1797/1993, S. 82) möglich ist, braucht es noch einen dritten Zustand, den sittlichen. „Ich besitze eine Kraft in mir selbst, alle Dinge dieser Welt mir selbst, unabhängig von meiner thierischen Begierlichkeit und von meinen gesellschaftlichen Verhältnissen, gänzlich nur im Gesichtspunkt, was sie zu meiner innern Veredelung beitragen, vorzustellen, und dieselbe nur in diesem Gesichtspunkte zu verlangen oder zu verwerfen. [...] Sie entspringt aus dem mir wesentlich einwohnenden Gefühl: ich vervollkommne mich selbst, wenn ich mir das, was ich soll, zum Gesetze mache, was ich will" (Pestalozzi 1797/1993, S. 84).

sittlicher Zustand

Der sittliche Zustand erscheint als der Zustand, in dem die „tierische Selbstsucht" und die sozialen Antagonismen von Egoismus und Altruismus wirklich überwunden werden können, weil der Mensch unabhängig von ihnen wird. Die nunmehr erlangte und nur individuell zu erlangende Unschuld – „tierisches Wohlwollen, sorgenlose Ruhe, Abscheu vor dem Blut, Glauben an das Lächeln der Menschen" (Pestalozzi 1797/1993, S. 88) – hat den Egoismus des Naturzustandes und den „Kampf aller gegen alle" zugunsten einer sittlichen Gelassenheit überwunden, die „durch die Ahndung und durch das Leiden des Unrechts weise und sanft" (Pestalozzi 1797/1993, S. 61) wird. Indem der Mensch nicht mehr „Werk der Natur" und „Werk der Welt" bleibt, sondern „Werk seiner selbst" wird, wird es möglich, das Übergewicht des Wohlwollens, des Gemeinsinns und der Opferbereitschaft über die Selbstsucht zur eigenen Natur und zum eigenen Willen zu machen.

Pädagogik und Politik

An dieser anthropologischen Trias müssen sich auch Pädagogik und Politik orientieren: „Erziehung und Gesetzgebung müssen diesem Gang der Natur folgen.

Sie müssen dem Menschen als tierischem Wesen durch die Erhaltung seines tierischen Wohlwollens das Bild seiner Unschuld in Kindesschwäche, und gleichsam träumend vor Augen halten.

Sie müssen ihm als gesellschaftlichem Wesen durch Treue und Glauben die gesellschaftliche Zuverlässigkeit entwickeln, durch die er sich den Mangel der Unschuld, von der ihn der gesellschaftliche Zustand so gewaltsam entfernt hat, in demselben erträglich zu machen bestrebt.

Die müssen ihn endlich durch Selbstverleugnung zu der Kraft emporheben, durch die er allein im Stand ist, das Wesen der Unschuld in sich selbst wieder herzustellen und sich selbst wieder zu dem friedlichen, gutmütigen und wohlwollenden Geschöpf zu machen, das er in der Unverdorbenheit seines tierischen Zustandes auch ist" (Pestalozzi 1797/1993, S. 101).

Diese Zeilen verdeutlichen, dass man die Trias der *Nachforschungen* nicht nur als phylogenetische oder ontogenetische Abfolge von Stufen, sondern auch als gleichzeitige Seinsformen des Menschen verstehen kann. Die angestrebte Unterwerfung des natürlichen und gesellschaftlichen Zustandes unter den sittlichen, ist nach Pestalozzi mit der Idee einer „Wohnstubenerziehung" verknüpft, in der die Erhaltung des Wohlwollens, die Entwicklung von Zuverlässigkeit und die sittliche Selbstverleugnung gewährleistet werden können. „Jede gute Menschenerziehung fordert, daß das Mutteraug in der Wohnstube täglich und stündlich jede Veränderung des Seelenzustandes ihres Kindes mit Sicherheit in seinem Auge, auf seinem Munde und seiner Stirne lese. Sie forderte wesentlich, daß die Kraft des Erziehers reine, und durch das Daseyn des ganzen Umfangs der häuslichen Verhältnisse allgemein belebte Vaterkraft sey" (Pestalozzi 1799/1992, S. 12).

Wohnstuben-erziehung

Der Ursprung der Sittlichkeit liegt in einer Wohnstubenerziehung, die auf die Befriedigung der natürlichen Bedürfnisse ebenso achtet, wie auf die Erfüllung praktischer Pflichten und auf die Selbstüberwindung. Und diese Wohnstubenerziehung und die mit ihr verbundene familiale Welt soll auch das Modell der öffentlichen Erziehung bilden, d.h. für Pestalozzi, von Schulen adaptiert und umgesetzt werden. „Schulunterricht ohne Umfassung des ganzen Geistes, den die Menschenerziehung bedarf, und ohne auf das Leben der häuslichen Erziehung gebaut, führt in meinen Augen nicht weiter, als zu einer künstlichen Verschrumpfungsmethode unsers Geschlechts" (Pestalozzi 1799/1992, S. 11).

öffentliche Erziehung

Nun finden wir in dem gerade zitierten *Stanzer Brief* von Pestalozzi noch eine andere anthropologische Trias, die mit der in den *Nachforschungen* formulierten Trias nicht identisch ist. Hier finden wir die anthropologische Trias – die uns schon bei Platon und Comenius begegnet war – in der Fassung von „Herz, Hand und Kopf", d.h. von emotionalen, praktischen und rationalen Kräften.

Herz, Hand und Kopf

Hierbei ist pädagogisch unbedingt auf die Reihenfolge zu achten. „Der Umfang der sittlichen Elementarbildung beruht überhaupt auf den drey Gesichtspunkten, der Erzielung einer sittlichen Gemüthsstimmung durch reine Gefühle; sittlicher Uebungen durch Selbstüberwindung und Anstrengung in dem, was recht und gut ist; und endlich der Bewirkung einer sittlichen Ansicht durch das Nachdenken und Vergleichen der Rechts- und Sittlichkeitsverhältnisse, in denen das Kind schon durch sein Daseyn und seine Umgebungen steht" (Pestalozzi 1799/1992, S. 23). Das erste Gesetz der Erziehung bezieht sich dementsprechend nicht auf den „Kopf" oder die „Hand", sondern auf das „Herz": „der *erste* Unterricht des Kindes sei nie die Sache des *Kopfes*, er sei nie die Sache *der Vernunft* – er sei ewig die Sache *der Sinne*, er sei ewig die Sache *des Herzens*, die Sache *der Mutter*" (Pestalozzi 1801/1982, S. 136).

Wie hängen die Trias von Natürlichkeit, Gesellschaftlichkeit und Selbstheit auf der einen und die Trias von Herz, Hand und Kopf auf der anderen Seite zusammen? Da es von Pestalozzi selbst keine Antwort auf diese Frage gibt, soll hier ein diesbezüglicher Versuch unternommen werden. Veranschaulicht man sich die beiden Trias in einer Matrix, dann wird deutlich, dass es bei Pestalozzi Schwerpunktsetzungen gibt: Während der Naturzustand vor allem mit der Emotionalität in Verbindung gebracht wird, ist der gesellschaftliche Zustand im Kern durch praktische Maßregelungen gekennzeichnet, während der sittliche Zustand wiederum sehr stark mit der „Vorstellung" (Pestalozzi 1993, S. 84) zusammenhängt, sich selbst vervollkommnen zu können.

	Herz	Hand	Kopf
Natur	X		
Gesellschaft		X	
Selbst			X

Wohlwollen

Ausgangs- und Endpunkt des pädagogischen Konzepts aber ist die Emotionalität in Form des unschuldigen, instinktiven Wohlwollens, das sich im praktischen Tun äußert und im reflexiven Bestätigen der emotionalen Basis und ihrer praktischen Umsetzung seinen Abschluss findet. Daher ist die Basis jeder Pädagogik die „allseitige Besorgung", das „Weitherzigmachen" und die „Weckung des Vertrauens".

Negative Anthropologie

Die hier in den Blick genommen monistischen, dualistischen oder triadischen Modelle haben im Grunde alle den Anspruch, das „Wesen“ des Menschen festzulegen, was dadurch gewährleistet wird, dass ein anthropologisches Moment als zentrales verstanden wird: der Mangel (Mythos), die Seele (Platon), die Göttlichkeit (Comenius), die Vernunft (Kant), der Körper (NS-Zeit) oder das Gefühl (Pestalozzi). Alle traditionellen (pädagogischen) Anthropologien arbeiten mit „Wesensbestimmungen“, d.h. mit Bestimmungen, die den Menschen auf ein „Wesen“ hin festlegen, wobei unter „Wesen“ die „Eigenheit“, die „Natur“, die „Substanz“, der „Sinn“, der „Kern“ oder auch das „Wirkliche“ *des* Menschen verstanden wird.

das „Wesen“ des Menschen

In einem für die Pädagogik über Jahrhunderte bis in die 1960er Jahre hinein bestimmenden und verbindlichen Sinn versucht Pädagogik sich an einem zentralen Moment des Menschseins zu orientieren, und dieses Moment war (und ist bis heute) i.d.R. die Vernunft (der Verstand, der Geist, das Gehirn). Wenn aber die (pädagogische) Anthropologie immer schon weiß, was der Mensch ist, so kann sie nie danach fragen, „wer“ der Mensch denn sei (Heidegger 1938/1980, S. 109). Damit verschwindet das Problem des Menschen und die anthropologische Frage wird zu einer „belanglosen Frage“ (Kamper 1973, S. 28f.). Wer mithin anthropologisch denken will, der muss die Frage nach dem Menschen offenhalten: Der darf nicht mehr traditionell danach fragen, *was* der Mensch ist, sondern *wie* man ihn verstehen *kann*; der muss von einer konstativen auf eine performative Anthropologie umstellen.

Wenn man auch historisch konstatieren kann, dass Anthropologie in der Moderne eine Selbstverständigungsstrategie des Menschen darstellt, die einen Gegenhalt angesichts der neuzeitlichen Entwicklungen der Historisierung, Säkularisierung, des Nihilismus, des Materialismus, der Globalisierung und der Technisierung bieten will, so ist der Versuch, die metaphysische Unbedingtheit und Sicherheit der Vormoderne durch eine moderne Anthropologie zu gewinnen, die eindeutige Normen und Orientierungen ermöglichen, zum Scheitern verurteilt. Schon 1933 hat etwa Joachim Ritter (1903-1974) darauf hingewiesen, dass der Weg der Anthropologie als metaphysische Wesensbestimmung illusorisch sei, weil sie sich in der Wendung zur Metaphysik von den Wissenschaften löste; während sie ihre Existenz seiner Meinung nach nur durch eine kritische Analyse von Methoden, Gegenständen, Voraussetzungen, Implikationen und Grundbegriffen der Wissenschaften legitimieren kann (vgl. Ritter 1933/1989). Das hat mehrere Konsequenzen:

Selbstverständigungsstrategie

kritische Analyse

Instanz von Frage und Antwort

1. Da der Mensch (pädagogische) Normativität und Orientierung nicht mehr aus einer Kosmologie, Theologie, Ontologie, einem Naturalismus oder einer Ethik heraus gewinnen kann, wird die intendierte Anthropologie per se erstens eine *reflexive*: Der Mensch wird selbst zur Instanz von Frage und Antwort, er kann die Frage nach dem Menschen nur an sich richten und sie dadurch auch beantworten. Nicht Gott, die Vernunft, die Natur oder die Gesellschaft, sondern der Mensch beantwortet die Frage nach ihm selbst. Seit der Aufklärung gerät der Mensch in den Fokus einer beobachtenden Vernunft (vgl. Moravia 1989), und zwar unter einer – *cum grano salis* – doppelten epistemischen Perspektive: als *Objekt* einer naturwissenschaftlichen, physischen Anthropologie wird vor allem der mit der Natur identifizierte Körper zum Gegenstand einer beobachtenden, experimentierenden, vermessenden und klassifizierenden Vernunft, und als *Subjekt* einer Selbsterkenntnis, die sich vor allem in den Medien von Leben, Arbeit und Sprache vollzieht, wird das Individuum zur entscheidenden Instanz der Beobachtung und Beurteilung. Die neuzeitliche Anthropologie wird somit durch eine „empirisch-transzendentale Doublette“ (Foucault 1974, S. 384ff.) etabliert, die einen Wissens- und Denkraum mit neuen Selbsterkenntnis- und Verhaltensmöglichkeiten eröffnet.

Wissenschaften

2. Zudem erscheint auch keine dieser Antworten – die wir etwa durch die *unterschiedlichen* Wissenschaften gewinnen – privilegiert; das anthropologische Wissen der Kunst ist ebenso bedeutsam wie das der Evolutionstheorie oder der Theologie. Es gibt keinen übergeordneten anthropologischen Standpunkt mehr, der in der Lage wäre, die unterschiedlichen anthropologischen Wissensformate so miteinander abzuwägen, dass eine begründete Entscheidung darüber getroffen werden könnte, welches anthropologische Wissen denn „wichtiger“ und „richtiger“ wäre.

Menschenbilder

3. Die unterschiedlichen disziplinären Zugänge zum Menschen entwerfen je unterschiedliche Menschenbilder oder fokussieren je unterschiedliche Aspekte des Menschen, die sich – so eine weitere Konsequenz – *nicht* mehr zu einem harmonischen Gesamtmenschenbild zusammenfügen lassen. Dieser Geschichtspunkt könnte allein schon aus den unterschiedlichen methodischen Zugängen plausibel gemacht werden; denn es macht einen Unterschied ums Ganze, ob ich „den“ Menschen mithilfe historischer Texte „entziffere“, ob ich ihn in ethnographischen Beobachtungen „beschreibbar“ mache, ob ich ihn mit Compu-

terbildern des Gehirns „analysiere“ oder ob ich ihn in einem Theaterstück „interpretiere“.

4. Wo immer der Versuch noch unternommen wird, ein sog. integriertes und allgemeingültiges Menschenbild zu entwickeln, wird auch dessen „Schlagseite“ deutlich: Es ist stärker naturwissenschaftlich oder kulturwissenschaftlich geprägt, es fokussiert eher Resilienz und legt weniger Wert auf Vulnerabilität, es fokussiert Autonomie statt Abhängigkeit, und es wird vieles nicht berücksichtigen, was der eine oder andere für das Menschsein für unabdingbar hält, d.h., es ist letztlich von einem *ideologischen* Menschenbild geprägt, das das historisch-kulturelle Selbstverständnis (einer Gruppe) von Menschen verabsolutiert. In diesem Sinne hat etwa das „wirtschaftlich aufsteigende Bürgertum seinen Anspruch begründet, die feudalen Kräfte auch als kulturelle Hegemonialmacht abzulösen, indem es sein Menschenideal, das der Natur gegenübergestellt isolierte Subjekt, als Exemplar eines immergleichen Menschenwesens verdinglichte“ (Rathmayer 1996, S. 52).

Ideologie

5. Zudem führt die Privilegierung eines Menschenbildes zu *Sonderanthropologien*, die (notwendigerweise) das Nicht-, Noch-nicht-, oder Nicht-mehr-Humane festlegen; hierbei geht es um „abweichende“ Menschenbilder, die schnell nicht den Kriterien des „ganzen“, des „natürlichen“ oder „vernünftigen“ Menschen“ entsprechen. Und das von ihnen Abweichende wird dann als „krank“, „ungenügend“, „gefährlich“, „unerziehbar“ etc. klassifiziert (vgl. Seichter 2020). Gerade im Kontext der Debatten um Behinderung lassen sich Radikalisierungen des „normalen Menschenbildes“ durch ein anthropologisches Idealbild ausmachen, das mit den Kriterien von „Leistung, Erfolg, Karriere, Wettbewerb, Rationalität und Machtstreben“ (Theunissen 1990, S. 546), von Leidensfreiheit, Gesundheit, Aktivität und Vervollkommnung operiert.

Sonder-anthropologien

6. In diesem Zusammenhang könnte man von einem anthropologischen „Recht auf Differenz“ sprechen, dass die Menschen *ob* ihrer Verschiedenheit und unabhängig von ihren geistigen und körperlichen Fähigkeiten und Eigenschaften zu achten sind. Dieses Recht kritisiert diejenigen, die etwa Behinderung als medizinisch diagnostizierten Defekt verstehen: Denn diese Theoretiker*innen verfolgen – so paradox dies auf den ersten Blick erscheint – keine Pädagogik der Differenzierung, sondern eine Pädagogik der Identität. Man kann aber Menschen – auch und gerade pädagogisch – nicht gerecht werden, wenn man sie lediglich an den eigenen Maßstäben misst (vgl. Zirfas 2003).

Recht auf Differenz

Zersplitterung und Fragmentierung

7. Denn mit der Zersplitterung und Fragmentierung der modernen Menschenbilder ist auch der pädagogische Anspruch *obsolet* geworden, aus der Anthropologie eindeutige Hinweise auf pädagogische Einstellungen und Handlungen und ihre Legitimierungen gewinnen zu können. Es wäre absurd zu behaupten, dass wir aus anthropologischen Erkenntnissen, eine Erziehung für *alle* Menschen entwickeln können: „Jeder Mensch soll *nur eine* Erziehung haben und alle *die richtige*, aber das setzt eine Einheit der Natur voraus, die sich empirisch kaum wird nachweisen lassen“ (Oelkers 1994, S. 197f.).

homo absconditus

In der neueren Pädagogischen Anthropologie erscheint „der“ Mensch daher als *homo absconditus* (vgl. Zirfas 2009). Neuere Bemühungen lassen sich mithin einer negativen Anthropologie zuordnen, die sich einer anthropologischen Wesensdefinition enthält. Der Mensch wird in dieser Perspektive zu einer nicht lösbaren Frage, zu einer negativen und heuristischen Kategorie, die die Reflexion über anthropologische Grundphänomene historisch, interkulturell, transdisziplinär und selbstreflexiv möglich machen soll. Gerade die paradoxale Fassung der modernen Pädagogischen Anthropologie macht die Betonung des fragmentarischen Charakters und der Negativität von Menschenbildern möglich, d.h. die Unabgeschlossenheit, das Nichtwissen, das Nichtwissenkönnen und das Rätselhafte des Humanen. Nur wenn der Mensch offen, ja unerkennbar bleibt, können seine Bildungs- und Bestimmungsmöglichkeiten untersucht werden.

Wesensanthropologie

Insofern kritisieren neuere Ansätze insbesondere die traditionellen Modelle einer Wesensanthropologie, die den Menschen in einer ganz spezifischen Sicht gefasst hat. So wurde der Mensch mit seiner Natürlichkeit, seiner Sozialität, seiner Vernunft oder auch seiner Göttlichkeit identifiziert. In der neueren Geschichte des anthropologischen Denkens ist darauf verwiesen worden, dass das „Wesen“ des Menschen in seiner „Unwesentlichkeit“ besteht. Unter „Unwesentlichkeit“ werden Freiheit, Bildsamkeit, Plastizität, Fraglichkeit und Selbstbestimmungsfähigkeit subsumiert. Eine Pädagogische Anthropologie des *homo absconditus* enthält sich jeder Wesensbestimmung des Menschen. Sie ist daher eine reiche, vielfältige Anthropologie. Ein Ergebnis anthropologischer Forschung zeigt sich immer wieder: Der Versuch, die Universalien des Menschen zu bestimmen, führt zur Erkenntnis, dass die einzige Bestimmtheit des Menschen seine Unbestimmtheit ist. Zwar kann man deutlich machen, dass es viele Universalien gibt – z.B. alle Menschen werden geboren, sind sterblich, nehmen Nahrung zu sich, lernen etwas etc. –, doch „unterhalb“ dieser bloß

Unwesentlichkeit

faktischen Feststellungen (die im Einzelnen weniger „faktisch" und weniger trivial sind, als man glaubt) zeigen sich zahlreiche bestehende oder mögliche Bestimmungen dieser Universalien.

Diese Form Pädagogischer Anthropologie stellt sich nicht mehr die Frage nach *dem* Menschen, sondern die Frage nach den je spezifischen, historisch-apriorischen Dimensionen, die für die Erziehungs- und Bildungsprozesse des Menschen als konstitutiv betrachtet werden. Nunmehr geht man davon aus, dass man ohne die Aspekte der menschlichen Entwicklungen und Grenzen, der Zeit- und Räumlichkeit, der Körper- und Leiblichkeit, der Kulturalität und Sozialität sowie der Subjektivität und Individualität den Menschen in der Pädagogik nicht angemessen verstehen kann. Diese Kategorien dienen der Pädagogik nunmehr als Deutungs-, Orientierungs-, Praxis- und Legitimierungshorizonte.

historisch-apriorische Dimensionen

Was bedeutet nun die Rede vom *homo absconditus*? Zunächst: Nicht damit gemeint sind die heute als widerlegt geltenden anthropologischen und erkenntnistheoretischen Theorien etwa von Aristoteles, Comenius, Locke und Condillac, die davon ausgingen, dass der Mensch wie Wachs sei, in das man seine pädagogischen Eindrücke hinterlassen könne, oder dass er wie ein weißes Blatt Papier sei, das es in ordentlichen pädagogischen Lettern zu beschriften gelte: Der Mensch wird mittels Eindrücken und Beschriftungen aller Art nicht nur perfektioniert, sondern eigentlich erst zum Menschen. Und Bildung wird hier zum kulturellen Gedächtnis, das den Menschen diejenigen Lerninhalte und Lerndispositionen bzw. die nichtgenetischen Tätigkeitsdispositionen (Sünkel 2011, S. 46-53) vermittelt, die sie nicht von Natur aus mitbringen.

Unter dem *homo absconditus* lässt sich der verborgene, der mysteriöse, der versteckte Mensch verstehen, der Mensch, der sich aus dem Sichtbaren zurückzieht, der nicht im Blick erscheint. Das Adjektiv *absconditus* wird in vielen Fällen auf den Bereich des Visuellen bezogen, auf dasjenige, was sich dem Blick dauerhaft und prinzipiell entzieht. Unter der versteckten Sichtbarkeit des Menschen lassen sich eine Reihe von anthropologisch hoch bedeutsamen Themen verhandeln, wie etwa das Unbewusste, die Scham, die Diskredierbarkeit, die Vulnerabilität, die Imaginationen oder auch Fragen der sozialen Ungleichheit und des Rassismus. Diese versteckte Sichtbarkeit kann potentiell sichtbar gemacht werden – indem man etwa mit psychoanalytischen Zugängen die Handlungen der Menschen auf ihre latenten, unbewussten Bedürfnisse und Wünsche zurückführt, indem man mit kunstwissenschaftlichen Mitteln pädagogische Szenerien auf ihre Imaginationsgeschichten hinterfragt oder indem man mit soziologischen Analy-

versteckter Mensch

sen herkunftsbedingte Ungleichheiten aufdeckt. Auch die oben thematisierte Bildsamkeit lässt sich in diesen Kontext einordnen; die versteckten Möglichkeiten des Menschen werden erst in Erziehungs- und Bildungsprozessen aktiviert und somit sichtbar. Die Unbestimmtheiten der Bildsamkeit werden in Bestimmtheiten der Bildung und die Bestimmtheiten der Bildung sollen wieder in die Unbestimmtheiten der Bildsamkeit überführt werden.

Unerkennbarkeit

Das führt uns zum zweiten Punkt, der absoluten Unerkennbarkeit. Die Rede von der (absoluten) Unergründlichkeit des Menschen hat ihre Wurzeln historisch in der Religion und aktuell in der Wissenschaft und der Ethik. Historisch spielt sie auf den *deus absconditus* an, den Gott, der verborgen und unerkennbar ist und aktuell auf einen wissenschaftlichen Diskurs, der von einem nicht abschließenden und umfassenden Wissen des Menschen ausgeht sowie einem ethischen Diskurs, der den Anderen nicht auf eine spezifische Weise identifizieren und damit auf eine bestimmte Normalität festlegen möchte. Man könnte auch sagen, dass der Mensch ein *homo absconditus* ist, weil sein Wesen in einer unabschließbaren Bildungsdynamik besteht. Das Wesen des Menschen besteht darin, sein Wesen immer anders bestimmen zu können. Sein Wesen besteht in der Unwesentlichkeit bzw. in dem Sachverhalt, die Frage nach sich selbst immer wieder neu stellen zu können. Insofern sein Wesen die Fraglichkeit ist, bleibt er wesentlich nicht sichtbar und nicht verstehbar: ein Rätsel (vgl. Wulf 2006, S. 144).

Selbstverborgenheit

Weltoffenheit

Es ist Helmuth Plessner, dem wir in der Anthropologie die Rede vom *homo absconditus* verdanken. Er definiert 1969 die Abscondität, d.h. die Selbstverborgenheit des Menschen als Kehrseite seiner „Weltoffenheit“ (Plessner 1976b, S. 143). Einerseits ist der Mensch für ihn „schrankenlos“, unendlich flexibel, wandelbar und in diesem Sinne „weltoffen“, weil er sich immer anders zu sich und zur Welt verhalten kann; Weltoffenheit meint in diesem Sinne „Abständigkeit“, „Reflexivität“ oder „Exzentrizität“, d.h. die Möglichkeit eines anderen Selbst- und Weltverständnisses und eines anderen Selbst- und Weltverhältnisses. Andererseits kennt der Menschen auch die „Grenzen seiner Schrankenlosigkeit“ und weiß sich damit als „unergründlich“, weil er die „Brüchigkeit alles menschlichen Beginnens“ ebenso wenig vollständig erklären kann, wie die „Abgründigkeit“ seines Wollens: „Die Verborgenheit des Menschen für sich selbst wie für seine Mitmenschen – *homo absonditus* – ist die Nachtseite seiner Weltoffenheit. Er kann sich nie *ganz* in seinen Taten erkennen – nur seinen Schatten, der ihm vorausläuft und hinter ihm zurückbleibt, einen Abdruck, einen Fingerzeig auf sich selbst. Deshalb hat er Geschichte. Er macht sie und sie macht ihn. Sein Tun, zu dem er gezwungen ist, weil es ihm erst seine Lebensweise ermöglicht, verrät und verschleiert sich in einem“ (Plessner 1976b, S. 144).

Der Mensch, der nach Plessner ins Leben „gezwungen wurde“, muss sich die Bedingungen seines Lebens erst selbst schaffen; er schafft sich mit seiner Vergangenheit sozusagen einen „Boden“, auf dem er steht, den er aber nicht vollständig verstehen kann, und zwar nicht nur, weil er nicht vollständig alle Fakten der Vergangenheit erfassen kann, sondern auch weil sich die Interpretationen der Vergangenheit (aufgrund der anthropologischen Weltoffenheit) stets ändern (können) und weil die „Deutung der Ereignisse [...] nicht nur von irgendeiner Ausgangskonstellation ab[hängen], sondern ebensosehr von ihren Wirkungen – offen zu unabsehbarer Zukunft“ (Plessner 1976b, S. 144).

Letztlich führt Plessner die anthropologische Weltoffenheit und damit auch die Frage nach der Absconditât zurück auf die Differenz zwischen dem *Körper* als dinglichem Phänomen einer begreifenden Außenwahrnehmung und dem *Leib* als Phänomen einer spürenden Innenerfahrung: Den Körper hat man, leiblich ist man. Und in diesem Kontext merkt er an: „‚Ich bin, aber ich habe mich nicht‘, charakterisiert die menschliche Situation in ihrem leibhaften Dasein. Sprechen, Handeln, variables Gestalten schließen die Beherrschung des eigenen Körpers ein, die erlernt werden mußte und ständige Kontrolle verlangt. Dieser Abstand in mir und zu mir gibt mir erst die Möglichkeit, ihn zu überwinden. Er bedeutet gerade keine Zerklüftung und Zerspaltung meines im Grunde ungeteilten Selbst, sondern geradezu die Voraussetzung, selbstständig zu sein“ (Plessner 1976a, S. 56).

Körper
Leib

Weil der Mensch leiblich ist, d.h. seine Körperlichkeit wahrnimmt, fühlt, erfährt und reflektiert oder anders gesagt: weil er sein Erleben noch einmal erlebt und weil dieser Bruch zwischen sich (als Leib) und sich (als Körper) nicht geschlossen werden kann, braucht es „Lückenbüßer“ wie die Geschichte, die Mitmenschen oder die Institutionen, die ihm sagen, wer er ist und was er sein kann. Dass sich also jeder „nur im Umweg über andere und anders als Jemand hat“ (Plessner 1976a, S. 61), bedingt, dass das Andere bzw. die Anderen konstitutive Bestandteile des Selbst werden – Bestandteile, die der Mensch nicht vollständig aufklären und erklären kann. Das macht ihn zu einem *homo absonditus*.

das Andere

Und noch ein Gesichtspunkt wird aus dem Gesagten deutlich: Die Selbstständigkeit basiert auf der Absconditât, weil die Lücke zwischen sich und sich selbst nicht geschlossen werden kann. Nur wenn ich nicht weiß, was ich schon bin, kann ich selbstständig werden. Die Selbstständigkeit setzt einen letztlich unüberbrückbaren Abstand im Selbst voraus, den ich immer unterschiedlich und partiell schließen kann. Anders formuliert: Die Möglichkeit, sich bestimmen zu können, setzt ein gewisses Maß an Unbestimmtheit voraus. Der Mensch darf nicht auf ein spezifisches Bild seiner selbst festgelegt werden. „Wer sich selbst zu bestimmen vermag, muss Spielräume haben, dies zu tun, und darf also nicht restlos bestimmt sein. [...] Unbestimmtheit ist nicht einfach die Abwesenheit von Bestimmungen, sondern bedeutet Spielräume innerhalb von Bestimmungen" (Bertram 2018, S. 33).

Unbestimmtheit

Maxime

Wenn es in den vergangenen Jahrzehnten eine bedeutsame Maxime in der pädagogisch-anthropologischen Forschung gab, dann lautete diese wohl: Du solltest Dir – als Pädagoge und Pädagogin – kein Bild vom (dir anvertrauten) Menschen machen! Mit dieser Maxime, sich kein Bild des Zöglings zu machen, situiert sich die Pädagogik in einem langen religiösen Denken, das sich ein Bildnis Gottes verbat und damit eine große Tradition jüdisch-christlichen Ikonoklasmus in Gang setzte (vgl. Meyer-Drawe 2007). So erbt der neuzeitliche Mensch die Einsicht der Mystik, die Gott „âne bilde" (ohne Bild) und den Prozess der Bildung als Entbildung verstand, in einer negativen Anthropologie des *homo absconditus* und einer negativen Bildungstheorie, für die Fraglichkeit, Unsicherheit, Unbestimmtheit und Abständigkeit notwendige Bestandteile bleiben (vgl. Zirfas 1999). Mit Kamper (1973, S. 26) formuliert: „Ein ‚Begriff' vom Menschen, der die Unmöglichkeit eines Begriffs vom Menschen begrifflich nachweist, steht noch aus." Das meint einen Begriff, der den Menschen nicht verdinglicht, ihn nicht auf den „Punkt bringt" und nicht abschließend klärt, sondern einen Begriff der selbstkritisch die anthropologischen Bestimmungen hinterfragt und *das Rätsel des Humanen* (Wulf 2013) offenhält.

Pluralisierung, Historisierung, Relativierung

Im Grunde finden wir die Erkenntnis Plessners heute als Ergebnis verschiedener anthropologischer Forschungen wieder. Denn aktuell ist „das" Menschenbild durch Pluralisierung, Historisierung und Relativierung gekennzeichnet. Es gibt nicht ein Menschenbild, sondern viele – der Biologie, der Hirnforschung, der Philosophie, der Soziologie oder auch der Waldorfpädagogik, der PISA-Studien und des Transhumanismus – und es erscheint unklarer denn je, was oder wer „der" Mensch eigentlich ist, denn auch die Biologie hat ebenso kein einheitliches Menschenbild wie auch der Trans- und Posthumanismus. So gesehen erscheint der *homo absconditus* auch als ein Effekt der Anthropologien, die durch ihre Pluralisierungen, Historisierungen und Strukturierungen den Menschen buchstäblich aufgelöst haben. „Wir akzeptieren also die Bezeichnung Ästhet, weil wir meinen, daß das letzte Ziel der Wissenschaften vom Menschen nicht das ist, den Menschen zu konstituieren, sondern das, ihn aufzulösen" (Lévi-Strauss 1986, S. 284). Der Mensch bleibt eine Frage ohne zureichende Antwort; Anthropologie wird somit zu einem Projekt nach dem Tode „des" Menschen (vgl. Kamper/Wulf 1994). In diesem Sinne kann Schelers Diktum vom anthropologischen Wissen des Nichtwissens, das als Leitmotiv das Buch begleitet, auch als Startpunkt einer negativen Anthropologie gelesen werden: „Wir sind in der ungefähr zehntausendjährigen Geschichte das erste Zeitalter, in dem sich der Mensch völlig und restlos ‚problematisch' geworden ist; in dem er nicht weiß, was er ist, zugleich aber auch weiß, daß er es nicht weiß" (Scheler 1927, S. 162).

Auch Martin Heidegger (1889-1976) hat auf die konstitutionelle Fragwürdigkeit des Menschen hingewiesen, wirft er der Anthropologie doch vor, dass sie schon immer wusste, „was der Mensch ist" und daher nie fragen konnte, „wer er sei" (Heidegger 1938/1980, S. 109). In diesem Sinne meint die Rede vom *homo absconditus* die Auflösung und Verborgenheit der Substanz oder des Wesens des Menschen. „Als ein in der Welt ausgesetztes Wesen ist der Mensch sich verborgen – *homo absconditus*. Dieser ursprünglich dem unergründlichen Wesen Gottes zugesprochene Begriff trifft die Natur des Menschen. Sie läßt sich nur als eine von ihrer biologischen Basis jeweils begrenzte und ermöglichte Lebensweise fassen, die den Menschen weiterer festlegender Bestimmung entzieht" (Plessner 1976b, S. 149). Dieser grundsätzliche epistemisch-fragwürdige Charakter des Menschen hat sich bis heute erhalten (vgl. Zirfas 2004).

Auf der anderen Seite braucht Pädagogik aber ein Menschenbild für ihr pädagogisches Denken und ihr praktisches Handeln. Hier kommt dann eine Pädagogik als kryptische Entzifferungsdisziplin ins Spiel. Denn auch eine zu offene Anthropologie erscheint durchaus problematisch. So hält Theodor W. Adorno fest: „Dass sich nicht sagen lässt, was der Mensch sei, ist keine besonders erhabene Anthropologie sondern ein Veto gegen jegliche" (Adorno 1982, S. 130). Adorno verweist darauf, dass eine solche historische Anthropologie der Offenheit keine Möglichkeiten enthalte, die an den Menschen begangenen „Verstümmelungen" und „Entmenschlichungen" kritisierbar zu machen, da sie sich lediglich in „Abstraktionen" verliere (Adorno 1982, S. 130). In diesem Sinne können Menschen sich zum Wahren, Guten und Schönen (Platon) „bestimmen", aber auch zum Falschen, Bösen und Hässlichen; sie

kryptische Entzifferungsdisziplin

können sich für Mitleid, aber auch für Grausamkeit entscheiden, sie können Kriege führen und Frieden suchen, sie können „feige und faul sein“ (Kant), aber auch mutig und strebsam.

Und auch Max Horkheimer hatte schon bemerkt, dass die Anthropologie immer in der Gefahr schwebe, zu viel oder zu wenig über den Menschen zu sagen und insofern dazu neige, „eine Wesensbestimmung des Menschen aufzusuchen, welche die Nacht der Urgeschichte und das Ende der Menschheit überwölbt, und sich der eminent anthropologischen Frage zu entheben, wie eine Wirklichkeit, die als unmenschlich erscheint, weil alle menschlichen Fähigkeiten, die wir lieben, in ihr verkommen und ersticken, zu überwinden sei“ (Horkheimer 1935/1988, S. 259).

Zwischen

Vor diesem Hintergrund muss sich die Pädagogische Anthropologie in einem „Zwischen“ situieren: Ist sie als Anthropologie zu konkret, so legt sie den Menschen auf ein bestimmtes Bild fest, und schließt damit häufig bestimmte Menschengruppen aus; ist sie zu offen, so erscheint alles menschenmöglich – und Grausamkeiten aller Art lassen sich mit dem Hinweis auf die humane Offenheit und Plastizität legitimieren.

Nun ist Adorno selbst bei seiner negativen Bestimmung der Anthropologie nicht stehen geblieben, sondern hat im Sinne einer dialektischen Betrachtungsweise, die aus der Kritik zugleich an diese anschließende Möglichkeiten skizziert, wie folgt formuliert: „Wir mögen nicht wissen, was der Mensch und was die rechte Gestaltung der menschlichen Dinge sei, aber was er nicht sein soll und welche Gestaltung der menschlichen Dinge falsch ist, das wissen wir, und einzig in diesem bestimmten und konkreten Wissen ist uns das Andere, Positive, offen“ (Adorno 1979, S. 456).

negative Anthropologie und Ethik

Ein Versuch in die Richtung, die den *homo absconditus* mit einer negativen Anthropologie und Ethik zusammendenkt, hat Andreas Steffens unternommen. Er schreibt: „Nur seine Unbegründbarkeit schützt das Menschliche gegen die Eindeutigkeit von Reglementierungen, wie sie aus erlangter Eindeutigkeit seiner Bestimmung folgen müßten. Nur wenn niemandem vorgeschrieben wird, was es für ihn heißt Mensch zu sein, kann ein jeder damit rechnen, in seiner Menschlichkeit nicht elementar verletzt zu werden. Seine Unbestimmtheit ist die einzige mögliche Garantie einer Unversehrtheit“ (Steffens 1999, S. 51).

Voraussetzungen

Hier gelten allerdings mehrere Voraussetzungen: Zum einen muss das Menschsein des Anderen anerkannt werden; der Andere darf nicht als Tier, Pflanze oder Ding betrachtet werden. Zweitens muss eine wechselseitige Achtung der Menschlichkeit gegeben sein, d.h., dass Menschen sich nicht wechselseitig instrumentalisieren wollen. Drittens erscheint es zwar sinnvoll zu sagen, dass Menschlichkeit nicht von Bedingungen abhängig gemacht werden soll, denn Menschen laufen dann Gefahr, dass einige diese erfüllen – andere aber auch nicht. Dennoch wird auch hier ein anthropologisches Kriterium veranschlagt, nämlich die Vulnerabilität, aus der sich dann viertens das *neminem laede*, das Verletzungsverbot ergibt. „*Neminem laede; imo omnes, quantum potes, juva* [verletze niemanden; vielmehr hilf allen, soweit du kannst]. Dies ist eigentlich der Satz, welchen zu begründen alle Sittenlehrer sich abmühen, das gemeinsame Resultat ihrer so verschiedenartigen Deduktionen [...]" (Schopenhauer 1840/1970, S. 177). Nach allem, was wir heute wissen, ist Vulnerabilität ein bedeutsamer anthropologischer Topos, der nicht nur historisch und kulturell unterschiedlich verstanden, sondern auch pädagogisch unterschiedlich anschlussfähig gemacht worden ist (vgl. Burghardt et al. 2017; Stöhr et al. 2019).

Bildsamkeit Selbstbestimmung

Ich denke allerdings, dass die Pädagogik mit ihren Begriffen der Bildsamkeit und der Selbstbestimmung Kriterien hat, die weder zu weit sind – und somit alles Menschliche legitimieren – und auch nicht zu eng sind – und Menschen von vorneherein auf spezifische Facetten ihres Daseins festzulegen. Wenn hier die Pädagogik als *Kryptowissenschaft* ins Spiel kommt, dann als eine solche, die zwar von der prinzipiellen Unleserlichkeit des menschlichen Wesens ausgeht – aber deshalb gerade nach den Spuren von Bildsamkeit und Selbstbestimmung suchen kann.

Komplexitäten und Unbestimmtheiten

Denn wenn Pädagog*innen einerseits davon ausgehen, dass es kein Wesen des Menschen gibt, und wenn sie zugleich wissen, dass sie, wenn sie über den Menschen nachdenken, Körper und Geist, Zeit und Raum, Identität und Soziales etc. gleichermaßen mitbedenken müssen, so können die damit verbundenen Komplexitäten und Unbestimmtheiten durchaus als pädagogischer Gewinn verstanden werden – nicht nur für die Zöglinge, sondern auch und gerade für Pädagog*innen selbst. Denn: „Solange die ‚Bilder in unseren Köpfen' unfertig, unscharf und nur eine unsichere Grundlage für unser Handeln bieten, solange lernen wir. Sind die Bilder fertig, in allen Zügen ausgemalt, in allen Einzelheiten festgelegt, kommt nichts Neues mehr hinzu. Auf Grund starrer Bilder werden auch die Aktionen des Menschen musterhaft starr" (Lassahn 1983, S. 180f.). Die Pädagogische Anthropologie hat in diesem Sinne die Aufgabe, „die Unmöglichkeit eines geschlossenen Bildes vom Menschen" zu skizzieren" und der Unerschöpflichkeit seiner Perspektiven und der vollen „Bildlosigkeit in bezug auf den Menschen" (Bollnow 1965/1975, S. 51f., S. 36f.) gerecht zu werden.

Wenn Pädagog*innen aber gleichzeitig davon ausgehen, dass Menschen bildsame und selbstbestimmungsfähige Wesen sind, und wenn sie sich als diejenigen verstehen, die Bildsamkeit und Selbstbestimmungsfähigkeit möglich machen sollen, so werden sie „Spuren suchen“, in denen Menschen sich als selbstbestimmungsfähige Wesen selbst bilden können. In diesem Sinne ist die Pädagogische Anthropologie nicht zu offen, aber auch nicht zu eng. Sie hat eine klare Profilierung zur Unmenschlichkeit an den Punkten, an denen Menschen Bildsamkeit abgesprochen und Selbstbestimmung verweigert wird; und sie hat ihre Offenheit in einem paradoxen bildungstheoretischen Rahmen des bestimmt Unbestimmten, der potentielle, und nicht immer prognostizierbare, Entwicklungen ermöglichen soll, diese aber nicht garantieren kann.

Spuren suchen

Wenn der moderne Mensch sich dadurch auszeichnet, dass er sich seine Bestimmung selbst zu geben hat, dann liegt die Bestimmung des Menschen, so der Tenor des pädagogischen Denkens der Neuzeit, in der Selbstbestimmung. Zentrales Bestimmungsmoment der Selbstbestimmung ist die Erfahrung von Selbsttätigkeit – in der Entwicklung einer Vorstellung des guten Lebens oder auch dem Vermögen, diese Vorstellung in der Realität soweit als möglich zu verwirklichen. Selbstbestimmung ist somit nicht nur eine rationale, sondern auch eine körperliche, soziale, kulturelle und moralische Fähigkeit. In einem pädagogischen Verständnis ist Selbstbestimmung nicht nur anthropologisch vorgegeben bzw. nicht vorgegeben, sondern auch *aufgegeben*.

Erfahrung von Selbsttätigkeit

Zusammenfassung

Versucht man nun über die vorgestellten anthropologischen Modelle hinweg Motive zu identifizieren, so kann man wohl folgende Ideen festhalten:

1. Aus einer anthropologischen Perspektive, und darauf ist im letzten Jahrhundert in den geistes-, wie natur- und sozialwissenschaftlichen Kontexten Pädagogischer Anthropologie immer wieder hingewiesen worden, ist der Mensch ein *homo educandus*, ein erziehungsbedürftiges Lebewesen. Neben der Erziehungsbedürftigkeit hat die Pädagogische Anthropologie noch ein anderes Moment betont, nämlich die Erziehungsfähigkeit des Menschen (*homo educabilis*). Auf diese beiden konstitutiven Momente ist die Pädagogische Anthropologie gegründet: Nur *wenn* der Mensch erziehungsbedürftig ist, *soll* er

auch erzogen werden, und nur dann, wenn er erziehungsfähig ist, *kann* er auch erzogen werden.

Man kann die pädagogischen Bestimmungen der Anthropologie um folgende Aspekte erweitern und folgenden pädagogischen Grundriss der Anthropologie vorschlagen (vgl. Wulf/Zirfas 2014b, S. 14ff.):

- Der Mensch ist ein erzieherisches Wesen, insofern er einerseits erzogen wird (d.h. ein erziehungsfähiges und erziehungsbedürftiges Wesen ist) und anderseits ein Wesen, das selbst erzieht.
- Der Mensch ist ein lernendes (lernfähiges und -bedürftiges) Wesen.
- Der Mensch ist ein sich bildendes (bildungsfähiges und -bedürftiges) Wesen.
- Der Mensch ist ein lehrendes, unterrichtendes Wesen.
- Der Mensch ist schließlich ein sich sozialisierendes und kultivierendes Wesen.
- Wer für *immer, über alle Kulturen und Zeiten hinweg,* über Menschen spricht, muss folgende pädagogische Kategorien unterstellen: Menschen lernen und bilden sich, werden erzogen bzw. erziehen sich selbst, lehren Andere und entwickeln sich schließlich im Umgang mit Kultur und Sozialem. Während die Begriffe „Lernen" und „Bildung" stärker auf die Eigenaktivität und Aneignung der einzelnen Individuen abheben, betonen Erziehung und Lehren stärker die an die Educanden gerichteten Anforderungen und Vermittlungsleistungen; der Sozialisationsbegriff wiederum umfasst – zumal in Doppelung seiner transitiven und reflexiven Form – diese beiden Perspektiven in ihren sozialen und kulturellen Dimensionen. Gleichwohl gelten für alle diese pädagogischen Bestimmungen, dass sie für die Pädagogische Anthropologie, ja für die Pädagogik insgesamt konstitutiv sind.

2. Ein relativ häufiges Motiv ist desweitern die Identifizierung eines deskriptiven mit einem normativen pädagogischen Menschenbild. So wird die Beschreibung einer spezifischen Form des Menschen als sein pädagogisches Idealbild ausgegeben, wenn etwa Platon die Existenz des Philosophen oder Locke das Leben eines Gentlemans normativ vorschreibt. Dieser Kurzschluss von Sein und Sollen und die mit ihm einhergehende Ideologisierung der Menschenbilder sind seit den 1960er Jahren in den Erziehungswissenschaften zu Recht stark kritisiert worden. Denn in der Geschichte der Pädagogik war man oftmals von einem einzigen idealistischen Menschenbild ausge-

gangen, das folgende Kriterien hatte: männlich, weiß, europäisch, vernünftig, bürgerlich, gesund, gebildet; dieses Menschenbild wurde dann als universeller pädagogischer Maßstab verwendet. Eine wichtige Aufgabe der Pädagogischen Anthropologie heute besteht darin, auf die (gewaltförmigen) Implikationen solcher Sonderanthropologien aufmerksam zu machen und diese im Bewusstsein ihrer Historizität und Perspektivität einzuordnen.

3. Als ein weiteres durchgängiges Motiv der pädagogischen Menschenbilder ist das pädagogische Ternar: 1. Natur/Wesen/Sein, 2. Lernen/Askese/Arbeit/Bildung und 3. Inhalte/Gegenstände/Ziele festzuhalten. Das meint, dass man in *pedagogicis* immer wieder einen engen Zusammenhang findet zwischen eines, wie auch immer verstandenen menschlichen Wesens (als göttliches, als natürliches, genetisches etc.), den jeweiligen selbstbezogenen Lern- und Bildungspraktiken der Zöglinge und schließlich den je unterschiedlichen Lern- und Bildungsinhalten. I.d.R. erweitert sich dieses Ternar zu einem Quartett, insofern noch Erziehung und Unterricht zu diesem hinzukommen. Erst in der Neuzeit erhält der Selbstbildungsgedanke gegenüber dem Erziehungs- und Unterrichtsgeschehen einen systematisch bedeutsameren Wert. Der Mensch erscheint mehr und mehr als Werk seiner selbst und nicht als Resultat von Erziehung.
4. Sodann lässt sich bis in das 20. Jahrhundert hinein eine Dominanz des Intellektuellen, des Geistes, des Verstandes und der Vernunft in den Menschenbildern ausmachen. Erst in jüngerer Zeit werden die pädagogischen Menschenbilder stärker in Bezug auf den Körper, die Mimesis, das Performative, das Ritual, die Geburt und den Tod, die Gefühle und die Imagination diskutiert.
5. Festzuhalten ist auch, dass die Pädagogische Anthropologie sich über die Jahrhunderte hinweg als ein immer offener werdendes Feld des Wissens entwickelt hat, dessen Ränder unscharf konturiert sind und das Überschneidungen mit vielfältigen Wissensformen (Philosophie, Geschichte, Ethnologie, Biologie, Psychologie, Theologie, Ästhetik usw.) enthält. Sie bildet heute keinen fest umrissenen, systematischen Wissenskanon mehr, sondern eine wissenschaftliche Einstellung oder Haltung, die die Frage nach dem Humanen stellt, eben weil dieses rätselhaft und nicht vollständig erkennbar ist. Sie definiert sich über die Perspektiven und die Problematisierungen, die sich in ihrem Wissen abzeichnen.

6. Diese Überlegungen wiederum verweisen darauf, dass Menschen ihr Leben anthropologisch leben, d.h. auf die Bedingungen der menschlichen Möglichkeiten und Unmöglichkeiten reflektieren. Und zu diesen Bedingungen gehören unweigerlich auch die Phänomene der Erziehung, der Bildung und des Unterrichts. Und: Wie kaum in einer anderen wissenschaftlichen Betrachtungsweise sind in der Anthropologie die Forschenden mit sich selbst konfrontiert, gehen sie und ihre Gegenwart in die pädagogisch-anthropologische Forschung mit ein. Wer Aussagen über das Humane macht, macht auch Aussagen über sich selbst – und *vice versa*. Neuzeitliche Anthropologie ist im Kern selbstreflexive, anthropologische Anthropologie.
7. Das heißt, an wen auch immer die Frage nach dem Menschen gerichtet wird, an die Neurowissenschaften oder die Evolutionstheorie, an die Kunst oder die Justiz, an die Psychoanalyse und die Pädagogik – letztlich erwarten wir keine Antworten vom Gehirn, von der Evolution, einem Bild oder Gesetz, vom Unbewussten oder der Erziehung, sondern von uns selbst. Menschen stellen die Frage nach sich selbst, um entscheiden zu können, was für sie menschlich, d.h. wichtig und bedeutsam, ist. Sie stellen diese Frage, um zu untersuchen, wo die Möglichkeiten und Grenzen des Humanen liegen und um auszuloten, wie sie sich verändern und entwickeln wollen.
8. Die anthropologische Anthropologie stellt im Sinne Kants Fragen nach dem Wissen, der Moral und der Hoffnung. Das bedeutet anzuerkennen, dass jede Form des Selbstverständnisses zugleich eine praktische Seite und eine perspektivische Seite hat. Indem Menschen bestimmen, was für sie z.B. der Körper, die Gemeinschaft, die Identität und die Zeit bedeuten und was ihnen wichtig dabei ist, legen sie zugleich fest, wie sie mit dem Körper, der Gemeinschaft, der Identität und der Zeit umgehen. Und sie formulieren darüber hinaus einen normativen Anspruch, wie mit dem Körper, der Gemeinschaft, der Identität und der Zeit umgegangen werden sollte. Anthropologische Selbstbestimmung ist zugleich faktische wie normative Selbstgestaltung. Und weil in dieser Selbstbestimmung zugleich Faktizität wie Normativität aufgerufen sind, werden mit der Anthropologie auch die Fragen nach der Hoffnung und der Zukunft, der Entwicklung, dem Glück und dem Fortschritt thematisch.
9. Pädagogische Anthropologie lässt sich vor dem Hintergrund ihrer neuzeitlichen Entwicklung als Disziplin verstehen, die die Frage nach dem Menschen zugleich eröffnet wie offenhält, um Bildsamkeit und Selbstbestimmung zu ermöglichen. Sie eröff-

net Bildsamkeit und Selbstbestimmung, weil sich diese nicht von Natur aus ergeben, sondern sich nur im Kontext von pädagogischen Konstellationen entwickeln können. Dass der Mensch nur Mensch werden kann durch Erziehung, wie Kant in einer paradoxen Formulierung festgehalten hat, meint genau dies: Dass sich Entwicklungsmöglichkeiten und Selbstbestimmungsfähigkeiten nicht einfach so ergeben, sondern in der von Pädagog*innen unterstützten Auseinandersetzung mit Anderen und Anderem erst gewonnen werden müssen. Selbstbestimmung gewinnt man in der Auseinandersetzung mit anderen Bestimmungen, auch und gerade mit Fremdbestimmungen einerseits und in der Entwicklung von Spielräumen der Bestimmungsmöglichkeiten andererseits; Entwicklungsmöglichkeiten gewinnt man wiederum in der Auseinandersetzung mit Faktischem und Vorgegebenem einerseits und in (imaginären) Experimenten und Explorationen andererseits.

10. Pädagogische Anthropologie ist in diesem Sinne eine *kritische* Anthropologie, die immer dort, wo Möglichkeiten der Entwicklung und der Selbstbestimmung unterbunden werden – sei es im Bezug auf kognitive wie auf körperliche, auf soziale wie auf kulturelle, auf räumliche wie zeitliche Zusammenhänge – neue Möglichkeiten der Bildsamkeit und Selbstbestimmung einfordert: Wo die Verhältnisse zu erstarren drohen, eröffnet sie neue Denk- und Praxisräume, die es Menschen ermöglichen zu verwirklichen, was ihnen wichtig ist; und wo Verhältnisse zu flexibel und unübersichtlich werden, eröffnet sie neue Bestimmtheiten und Orientierungen, die wiederum neue Veränderungs- und Entwicklungsmöglichkeiten bieten. Pädagogische Anthropologie ist in diesem Sinne vor allem eine selbstkritische Disziplin der Pädagogik im Sinne der Bildsamkeit und der Selbstbestimmung.

Fragen

1. Welche Vorteile und welche Nachteile hat es, das Wesen des Menschen zu definieren?
2. Inwiefern brauchen wir das anthropologische Denken in Dualismen und inwiefern ist es pädagogisch problematisch?
3. Warum sind triadische Anthropologien im Abendland so verbreitet?
4. Können wir mit einer negativen Anthropologie noch erziehen?

Weiterführende Literatur

Bertram, George W. (2018): Was ist der Mensch? Warum wir nach uns fragen. Stuttgart: Reclam. – Der Autor gibt in seinem sehr kleinen philosophischen Buch keine Antwort auf die Frage nach dem Wesen des Menschen, sondern eine auf die Frage nach ihm. Verhandelt werden der Mensch als Mängel- und Vernunftwesen, die Bedeutung und Geschichtlichkeit der Vernunft und die durch die Vernunft bedingte Kritik und Offenheit des Humanen. Anthropologie als Frage nach dem Menschen erscheint als Erinnerung an den Sachverhalt, dass Menschen vor die Aufgabe gestellt werden, Freiheit zu realisieren.

Kamper, Dietmar (1973): Geschichte und menschliche Natur. Die Tragweite gegenwärtiger Anthropologiekritik. München: Carl Hanser. – Dietmar Kamper versucht in seiner Schrift, mit Hilfe der Kritischen Theorie die Selbstreflexion der Humanwissenschaften als ein pädagogisches Problem der menschlichen Erkenntnis zu rekonstruieren. Dazu gibt es vier Kapitel: Im ersten wird die historische Notwendigkeit einer Selbstreflexion der Humanwissenschaften herausgearbeitet; im zweiten werden Umrisse einer gesellschaftskritischen Erkenntnistheorie und Grundkategorien einer kritischen Anthropologie benannt; im dritten geht es um den Menschen als „offene Frage" und das letzte versucht in einer wissenschaftstheoretischen Perspektive, eine (pädagogische) Erkenntnis-Anthropologie in emanzipatorischer Hinsicht zu entwerfen.

Marotzki, Winfried/Masschelein, Jan/Schäfer, Alfred (Hrsg.) (1998): Anthropologische Markierungen. Herausforderungen pädagogischen Denkens. Weinheim: DSV. – Der Band enthält 14 Studien mit drei inhaltlichen Schwerpunkten: Nach den historischen Rekonstruktionen von Menschenbildern bei J.-J. Roussau, S. Kierkegaard, A. Gehlen, H. Plessner u.a. folgen Relativierungen und Problematisierungen im Rekurs auf die Historische Anthropologie, auf die Pluralisierung anthropologischer Zugriffsweisen und Subjektivierungsformen sowie auf M. Foucault und E. Lévinas. Im letzten Teil werden naturwissenschaftlich-technische Irritationen mit Blick auf die Naturgeschichte und Neurobiologie sowie auf Technologien und Medialitäten des Menschen ausbuchstabiert.

Mietzner, Ulrike/Tenorth, Heinz-Elmar/Welter, Nicole (Hrsg.) (2007): Zeitschrift für Pädagogik, 52. Beiheft: Pädagogische Anthropologie – Mechanismus einer Praxis. Weinheim/Basel: Beltz. – In einer historischen Perspektive werden Fragen der Bildsamkeit an holländische Familienporträts, an I. Kant und J. G. Herder gestellt. Fragen der Didaktik und Methodik werden mit Blick auf das Bell-Lancester-System, die *motion studies* und Vorsorgeuntersuchungen erörtert. Reform- und sonderpädagogische Ansätze kommen mit der Frauenbewegung, O. Kokoschka und schwerster Behinderung zum Tragen. Naturwissenschaftliche Denkmuster werden in den Debatten über ADHS, die Gehirnforschung und die Biowissenschaften aufgegriffen.

Rathmayer, Bernhard (2011): Selbstzwang und Selbstverwirklichung. Bausteine zu einer historischen Anthropologie der abendländischen Menschen. Bielefeld: transcript. – Das Buch rekonstruiert die aktuelle psychosoziale Verfassung der Menschen im Abendland aus der historischen Entwicklung heraus. Der soziale Zwang zum Selbstzwang wandelt sich über die Jahrhunderte zu einem Zwang zur Selbstverwirklichung, was sich sowohl am Umgang mit dem Essen und der Sexualität, der Kindheit und der Gewalt, der Zivilisierung und der Scham oder aktuell den Medien und dem Konsum zeigen lässt.

Sonnemann, Ulrich (2011): Negative Anthropologie [1969]. In: Ders.: Schriften in 10 Bänden. Band 3: Negative Anthropologie. Spontaneität und Verfügung. Sabotage des Schicksals. Hrsg. von Paul Fiebig. Springe: zu Klampen. – Ulrich Sonnemann verdeutlicht, dass alle positiven Anthropologien als Produkte gesellschaftlicher Verhältnisse und Prozesse zu verstehen sind. In der Auseinandersetzung mit K. Marx und der „Kanalisierung der Zukunft" sowie mit S. Freud und der „entdämmten Vergangenheit" werden die anonymen Zwänge der Moderne und die Vermessung der Menschen sichtbar. Anthropologie wird zur Kritik an sozialen Verhältnissen und zur konkreten Utopie, die ihre Positivität aus der Negation der Verleugnung des Menschlichen gewinnt.

Standop, Jutta/Röhrig, Ernst Daniel/Winkels, Rainer (Hrsg.) (2017): Menschenbilder in Schule und Unterricht. Weinheim/Basel: Beltz Juventa. – Ausgehend von der These, dass Menschenbilder in der Schule omnipräsent sind, diskutiert dieser Sammelband Zusammenhänge und Wirkungen von Menschenbildannahmen. In interdisziplinären Bezügen werden mediale, theologische, rechtstheoretische, evolutionstheoretische und pädagogische Perspektiven erörtert. In dezidiert schulpädagogischen Perspektiven werden bildungspolitische und schulorganisatorische Maßnahmen, Haltungen und Einstellungen von Lehrpersonen sowie die Unterrichtsgestaltung und -entwicklung thematisch.

Vossenkuhl, Wilhelm/Borasio, Gian Domenico/Grothe, Benedikt/Graf, Friedrich Wilhelm/Hilpert, Konrad/Nassehi, Armin/Sellmaier, Stephan/Schroth, Ulrich (Hrsg.) (2009): Ecce Homo! Menschenbild – Menschenbilder. Stuttgart. Kohlhammer. – Das Buch bietet eine interdisziplinäre Perspektive auf das Selbstverständnis des Menschen. Es versammelt gendertheoretische, soziologische, philosophisch-ethische, politik- und kunstwissenschaftliche, medizinische und psychologische, naturwissenschaftliche und juristische sowie theologische Beiträge, häufig mit Blick auf aktuelle Fragestellungen und Entwicklungen in Gesellschaft, Wissenschaft und Technik.

Wulf, Christoph (2013): Das Rätsel des Humanen. Eine Einführung in die Historische Anthropologie. München: Wilhelm Fink. – Der Rätselhaftigkeit des Menschen geht Christoph Wulf nicht nur historisch, sondern auch interkulturell und interdisziplinär nach. Er analysiert die kulturelle Natur des Menschen (den Körper, den Tod, die Mimesis und das Lächeln), die Seele im europäischen und indischen Denken, Vorstellungen und Praktiken der Liebe, der Sexualität und der Gastfreundschaft und schließlich menschliches Leben in Raum und Zeit (die Zeitlichkeit von Selbst- und Weltbilder, neue Raumerfahrungen, Lebenszeit und Altern).

Wulf, Christoph/Zirfas, Jörg (Hrsg.) (1994): Theorien und Konzepte der pädagogischen Anthropologie. Donauwörth: Auer. – Der Band liefert anhand von 15 Quellentexten einen Überblick und eine kritische Reflexion der wichtigsten Positionen der pädagogischen Anthropologie von 1950 bis 1990, d.h. über phänomenologische, philosophische, integrative und reflexive-historische Ansätze. Die Entwicklung verweist auf die in der Pädagogischen Anthropologie aktuell vertretene Position, die Geschichtlichkeit von Perspektiven, Inhalten und Methoden kritisch zu reflektieren.

Zitierte Literatur

Adam, Barbara (2005): Das Diktat der Uhr. Frankfurt/Main: Suhrkamp.

Adler, Alfred (1983): Zur Erziehung der Eltern [1912]. In: Adler, Alfred/Furtmüller, Carl (Hrsg.): Heilen und Bilden. Ein Buch der Erziehungskunst für Ärzte und Pädagogen. Frankfurt/Main: Fischer, S. 219-232.

Adorno, Theodor W. (1979): Individuum und Organisation. In: Ders.: Soziologische Schriften I. Hrsg. von Rolf Tiedemann. Frankfurt/Main: Suhrkamp, S. 440-456.

Adorno, Theodor W. (1982): Negative Dialektik. Jargon der Eigentlichkeit. 3. Aufl. Frankfurt/Main: Suhrkamp.

Adorno, Theodor W. (1986): Minima Moralia. Reflexionen aus dem beschädigten Leben. Frankfurt/Main: Suhrkamp.

Althans, Birgit/Zirfas, Jörg (2005): Die unbewusste Karte des Gemüts – Immanuel Kants Anthropologie der Passivität. In: Buchholz, Michael B./Gödde, Günter (Hrsg.): Macht und Dynamik des Unbewussten. Auseinandersetzungen in Philosophie, Medizin und Psychoanalyse. Band 1. Gießen: Psychosozial Verlag, S. 70-94.

Althans, Birgit/Zirfas, Jörg (2006): Das Unbewusste in der Erziehung. Zur Pädagogik Sigmund Freuds. In: Buchholz, Michael B./Gödde, Günter (Hrsg.): Das Unbewusste in der Praxis. Erfahrungen verschiedener Professionen. Band 3. Gießen: Psychosozial Verlag, S. 129-157.

Altmeyer, Martin/Thomä, Helmut (2006): Die vernetzte Seele. Die intersubjektive Wende in der Psychoanalyse. Stuttgart: Klett-Cotta.

Andresen, Sabine (2012): Was unsere Kinder glücklich macht: Lebenswelten von Kindern verstehen. Freiburg: Kreuz Verlag.

Antweiler, Christoph (2009): Was ist den Menschen gemeinsam? Über Kultur und Kulturen. Darmstadt: WBG.

Arendt, Hannah (1996): Macht und Gewalt. München: Piper.

Aristoteles (1984): Nikomachische Ethik. Hrsg. von Olaf Gigon. 5. Aufl. München: dtv.

Auerbach, Erich (1982): Mimesis. Dargestellte Wirklichkeit in der abendländischen Literatur. 7. Aufl. Bern/München: A. Francke.

Austin, John Langshaw (1972): Zur Theorie der Sprechakte. Stuttgart: Reclam

Bächli, Andreas/Graeser, Andreas (2000): Grundbegriffe der antiken Philosophie. Ein Lexikon. Stuttgart: Reclam.

Basedow, Johann Bernhard (1971): Hausordnung und Studienplan des Dessauer Philanthropins. In: Reble, Albert: Geschichte der Pädagogik. Dokumentationsband I. Stuttgart: Klett-Cotta, S. 198-199.

Beck-Gernsheim, Elisabeth (1990): Alles aus Liebe zum Kind. In: Beck, Ulrich/Dies.: Das ganz normale Chaos der Liebe. Frankfurt/Main: Suhrkamp, S. 135-183.

Benjamin, Walter (1984): Über den Begriff der Geschichte. In: Ders.: Allegorien kultureller Erfahrung. Leipzig: Reclam, S. 156-169.

Benner, Dietrich (1991): Allgemeine Pädagogik. 2. Aufl. Weinheim/München: Juventa.

Benner, Dietrich/Brüggen, Friedhelm (2004): Bildsamkeit/Bildung. In: Benner, Dietrich/Oelkers, Jürgen (Hrsg.): Historisches Wörterbuch der Pädagogik. Weinheim/Basel: Beltz, S. 174-215.

Benthien, Claudia/Wulf, Christoph (Hrsg.) (2001): Körperteile. Eine kulturelle Anatomie. Reinbek bei Hamburg: Rowohlt.

Bertram, Georg W. (2018): Was ist der Mensch? Warum wir nach uns fragen. Stuttgart: Reclam.

Bilstein, Johannes/Zirfas, Jörg (Hrsg.) (2017): Das Geben und das Nehmen. Pädagogisch-anthropologische Zugänge zur Sozialökonomie. Weinheim/München: Beltz Juventa.

Blumenberg, Hans (1966): Die Legitimität der Neuzeit. Frankfurt/Main: Suhrkamp.

Blumenberg, Hans (1986): Lebenszeit und Weltzeit. 3. Aufl. Frankfurt/Main: Suhrkamp.

Blumenberg, Hans (2006): Beschreibung des Menschen. Frankfurt/Main: Suhrkamp.

Bohlken, Eike/Thies, Christian (Hrsg.) (2009): Handbuch Anthropologie: Der Mensch zwischen Natur, Kultur und Technik. Stuttgart: J. B. Metzler.

Böhme, Gernot (1985): Anthropologie in pragmatischer Hinsicht. Frankfurt/Main: Suhrkamp.

Böhme, Hartmut/Böhme, Gernot (1985): Die andere Vernunft. Zur Entwicklung der Rationalitätsstrukturen am Beispiel Kants. Frankfurt/Main: Suhrkamp.

Bollnow, Otto-Friedrich (1975): Die anthropologische Betrachtungsweise in der Pädagogik [1965]. 3. Aufl. Essen: Neue Deutsche Schule Verlagsgesellschaft.

Bollnow, Otto Friedrich (1994): Mensch und Raum. 7. Aufl. Stuttgart: Kohlhammer.

Bourdieu, Pierre (1993): Sozialer Sinn. Kritik der theoretischen Vernunft. Frankfurt/Main: Suhrkamp.

Bourdieu, Pierre (2001): Wie die Kultur zum Bauern kommt. Über Bildung, Schule und Politik. Hamburg: VSA.

Breithaupt, Fritz (2017): Die dunklen Seiten der Empathie. Berlin: Suhrkamp.

Brockhaus (2009): Philosophie. Mannheim: Brockhaus.

Brumlik, Micha (2002): Bildung und Glück. Versuch einer Theorie der Tugenden. Berlin/Wien: Philo.

Bucay, Jorge/Bucay, Demian (2018): Eltern und Kinder. Vom Gelingen einer lebenslangen Beziehung. Frankfurt/Main: Fischer.

Bucher, Anton (2001): Was Kinder glücklich macht. Historische, psychologische und empirische Annäherungen an das Kinderglück. Weinheim/München: Juventa.

Burgen, Arnold/Laughlin, Peter/Mittelstraß, Jürgen (Eds.) (1997): The Idea of Progress. Berlin: de Gruyter.

Burghardt, Daniel/Dederich, Markus/Dziabel, Nadine/Höhne, Thomas/Lohwasser, Diana/Stöhr, Robert (2017): Vulnerabilität. Pädagogische Herausforderungen. Stuttgart: Kohlhammer.

Burghardt, Daniel/Zirfas, Jörg (2015): Ästhetische Anthropologie. Ein erziehungswissenschaftlicher Problemaufriss. In: Zeitschrift für Erziehungswissenschaft 1/2015, S. 27-49.

Burghardt, Daniel/Zirfas, Jörg (2019): Pädagogischer Takt. Eine erziehungswissenschaftliche Problemformel. Weinheim/München: Beltz Juventa.

Butler, Judith (1991): Das Unbehagen der Geschlechter. Frankfurt/Main: Suhrkamp.

Butler, Judith (1997a): Körper von Gewicht. Die diskursiven Grenzen des Geschlechts. Frankfurt/Main: Suhrkamp.

Butler, Judith (1997b): Performative Acts and Gender Constitution: An Essay in Phenomenology and Feminist Theory. In: Conboy, Katie (Hrsg.): Writing on Body: Female Embodiment and Feminist Theory. New York: CUP, S. 401-417.

Butler, Judith (1998): Haß spricht. Zur Politik des Performativen. Berlin: Berlin Verlag.

Campe, Johann Heinrich (Hrsg.) (1785-1793): Allgemeine Revision des gesamten Schul- und Erziehungswesens von einer Gesellschaft praktischer Erzieher. 16. Bände. Hamburg: Carl Ernst Bohn und Wien/Braunschweig: Rudolph Gräffer.

Chomsky, Noam (1980): Sprache und Geist. 2. Aufl. Frankfurt/Main: Suhrkamp.

Comenius, Jan Amos (1991): Pampaedia – Allerziehung [1677]. In deutscher Übersetzung hrsg. von Klaus Schaller. Sankt Augustin: Academia.

Comenius, Jan Amos (1993): Große Didaktik. Die vollständige Kunst, alle Menschen alles zu lehren. Übersetzt und hrsg. von Andreas Flitner. 8. Aufl. Stuttgart: J. B. Metzler.

Dederich, Markus/Zirfas, Jörg (2020): Nichtwissen, Unsicherheit und professionelles Handeln. In: Thompson, Christiane/Fuchs, Thorsten/Meseth, Wolfgang/Zirfas, Jörg (Hrsg.): Erziehungswirklichkeiten in Zeiten von Angst und Unsicherheit. Weinheim/München: Beltz Juventa, S. 63-81.

de Haan, Gerhard (2014): Zukunft. In: Wulf, Christoph/Zirfas, Jörg (Hrsg.): Handbuch Pädagogische Anthropologie. Wiesbaden: Springer VS, S. 375-384.

Derrida, Jacques (1983): Grammatologie. Frankfurt/Main: Suhrkamp.

Dewey, John (1993): Demokratie und Erziehung. Eine Einleitung in die philosophische Pädagogik. Weinheim/Basel: Beltz.

Diederich, Jürgen (1982): Bemessene Zeit als Bedingung pädagogischen Handelns. In: Luhmann, Niklas/Schorr, Klaus Eberhard (Hrsg.): Zwischen Technologie und Selbstreferenz. Fragen an die Pädagogik. Frankfurt/Main: Suhrkamp, S. 51-86.

Dimbath, Michaela (2007): Zum Glück in der Schule. Glückskonzepte von Grundschulkindern. Hamburg: Diplomica.
Dodds, Eric R. (1977): Der Fortschrittsgedanke in der Antike. Zürich/München: Artemis.
Dörner, Klaus (1988): Tödliches Mitleid. Zur Frage der Unerträglichkeit des Lebens oder: die soziale Frage: Entstehung, Medizinierung, NS-Endlösung heute, morgen. Gütersloh: Paranus.
Dornes, Martin (1998): Der kompetente Säugling. Die präverbale Entwicklung des Menschen. 8. Aufl. Frankfurt/Main: Fischer.
Dornes, Martin (2012): Die Modernisierung der modernen Seele. Kind – Familie – Gesellschaft. Frankfurt/Main: Fischer.
Ehrenberg, Alain (1998): Das erschöpfte Selbst. Depression und Gesellschaft in der Gegenwart. Frankfurt/Main: Suhrkamp.
Ehrenspeck, Yvonne/Rustemeyer, Dirk (1996): Bestimmt unbestimmt. In: Combe, Arno/Helsper, Werner (Hrsg.): Pädagogische Professionalität. Untersuchungen zum Typus pädagogischen Handelns. Frankfurt/Main: Suhrkamp, S. 368-390.
Elias, Norbert (1997): Über die Zeit. Frankfurt/Main: Suhrkamp.
Ferenczi, Sándor (1982): Psychoanalyse und Pädagogik [1908]. In: Ders.: Schriften zur Psychoanalyse. Band 1. Hrsg. von Martin Balint. Frankfurt/Main: Fischer, S. 1-11.
Ferenczi, Sándor (1983): Die Elastizität der psychoanalytischen Technik [1927/28]. In: Ders.: Bausteine zur Psychoanalyse. Band 3. Berlin: Ullstein, S. 380-398.
Ferenczi, Sándor (1982): Die Anpassung der Familie an das Kind [1928]. In: Ders.: Schriften zur Psychoanalyse. Band 2. Hrsg. von Martin Balint. Frankfurt/Main: Fischer, S. 212-226.
Fichte, Johann Gottlieb (1971): Grundlage des Naturrechts nach den Principien der Wissenschaftslehre [1796]. In: Ders.: Fichtes Werke. Band 3. Hrsg. von Immanuel Herrmann Fichte. Berlin: de Gruyter, S. 1-385.
Fischer-Lichte, Erika (2004): Ästhetik des Performativen. Frankfurt/Main: Suhrkamp.
Fischer-Lichte, Erika/Kolesch, Doris (Hrsg.) (1998): Paragrana. Internationale Zeitschrift für Historische Anthropologie. Band 7, Heft 1: Kulturen des Performativen. Berlin: Akademie Verlag.
Fischer-Lichte, Erika/Wulf, Christoph (Hrsg.) (2001): Paragrana. Internationale Zeitschrift für Historische Anthropologie. Band 10, Heft 1: Theorien des Performativen. Berlin: Akademie Verlag.
Fischer-Lichte, Erika/Wulf, Christoph (Hrsg.) (2004): Paragrana. Internationale Zeitschrift für Historische Anthropologie. Band 13, Heft 1: Praktiken des Performativen. Berlin: Akademie Verlag.
Foucault, Michel (1974): Die Ordnung der Dinge. Frankfurt/Main: Suhrkamp.
Foucault, Michel (1973): Wahnsinn und Gesellschaft. Frankfurt/Main: Suhrkamp.
Foucault, Michel (1977): Überwachen und Strafen. Die Geburt des Gefängnisses. Frankfurt/Main: Suhrkamp.
Freud, Sigmund (2001): Über den Traum [1901]. In: Ders.: Gesammelte Werke. Band 2/3: Die Traumdeutung/Über den Traum. Hrsg. von Anna Freud, Edward Bibring, Willi Hoffer, Ernst Kris, Otto Isakower. 2. Aufl. Frankfurt/Main: Fischer, S. 643-700.
Freud, Sigmund (2001): Die „kulturelle" Sexualmoral und die moderne Nervosität [1908]. In: Ders.: Gesammelte Werke. Band 7: Werke aus den Jahren 1906-1909. Hrsg. von Anna Freud, Edward Bibring, Willi Hoffer, Ernst Kris, Otto Isakower. 2. Aufl. Frankfurt/Main: Fischer, S. 143-167.
Freud, Sigmund (2001): Formulierungen über die zwei Prinzipien des psychischen Geschehens [1911]. In: Ders.: Gesammelte Werke. Band 8: Werke aus den Jahren 1909-1913. Hrsg. von Anna Freud, Edward Bibring, Willi Hoffer, Ernst Kris, Otto Isakower. 2. Aufl. Frankfurt/Main: Fischer, S. 230-238.
Freud, Sigmund (2001): Zeitgemäßes über Krieg und Tod [1915]. In: Ders.: Gesammelte Werke. Band 10: Werke aus den Jahren 1913-1917. Hrsg. von Anna Freud, Edward Bibring, Willi Hoffer, Ernst Kris, Otto Isakower. 2. Aufl. Frankfurt/Main: Fischer, S. 324-355.
Freud, Sigmund (2001): Eine Schwierigkeit der Psychaonalyse [1917]. In: Ders.: Gesammelte Werke. Band 12: Werke aus den Jahren 1917-1920. Hrsg. von Anna Freud, Edward Bibring, Willi Hoffer, Ernst Kris, Otto Isakower. 2. Aufl. Frankfurt/Main: Fischer, S. 3-12.

Freud, Sigmund (2001): Geleitwort zu „Verwahrloste Jugend“ von August Aichhorn [1925]. In: Ders.: Gesammelte Werke. Band 14: Werke aus den Jahren 1925-1931. Hrsg. von Anna Freud, Edward Bibring, Willi Hoffer, Ernst Kris, Otto Isakower. 2. Aufl. Frankfurt/Main: Fischer, S. 565-567.
Freud, Sigmund (2001): Das Unbehagen in der Kultur [1930]. In: Ders.: Gesammelte Werke. Band 14: Werke aus den Jahren 1925-1931. Hrsg. von Anna Freud, Edward Bibring, Willi Hoffer, Ernst Kris, Otto Isakower. 2. Aufl. Frankfurt/Main: Fischer, S. 419-506.
Freud, Sigmund (2001): Neue Folge der Vorlesungen zur Einführung in die Psychoanalyse [1933]. In: Ders.: Gesammelte Werke. Band 15. Hrsg. von Anna Freud, Edward Bibring, Willi Hoffer, Ernst Kris, Otto Isakower. 2. Aufl. Frankfurt/Main: Fischer.
Freud, Sigmund (2001): Die endliche und die unendliche Analyse [1937]. In: Ders.: Gesammelte Werke. Band 16: Werke aus den Jahren 1932-1939. Hrsg. von Anna Freud, Edward Bibring, Willi Hoffer, Ernst Kris, Otto Isakower. 2. Aufl. Frankfurt/Main: Fischer, S. 59-99.
Freud, Sigmund (1980): Briefe an Oskar Pfister [1963]. In: Ders./Pfister, Oskar: Briefe 1909-1939. Hrsg. von Ernst L. Freud und Heinrich Meng. 2. Aufl. Frankfurt/Main: Fischer.
Fritz-Schubert, Ernst (2008): Schulfach Glück. Wie ein neues Fach die Schule verändert. Freiburg im Breisgau: Herder.
Fuhr, Thomas (2002): Das Glück des Kindes. In: Zeitschrift für Pädagogik 4/2002, S. 514-533.
Gebauer, Gunter/Krais, Beate (2002): Habitus. Bielefeld: transcript.
Gebauer, Gunter/Lenzen, Dieter/Mattenklott, Gert/Wulf, Christoph/Wünsche, Konrad (1989): Historische Anthropologie. Zum Problem der Humanwissenschaften heute oder Versuche einer Neubegründung. Reinbek bei Hamburg: Rowohlt.
Gebauer, Gunter/Wulf, Christoph (1992): Mimesis. Kultur – Kunst – Gesellschaft. Reinbek bei Hamburg: Rowohlt.
Gebauer, Gunter/Wulf, Christoph (1998): Spiel – Ritual – Geste. Mimetisches Handeln in der sozialen Welt. Reinbek bei Hamburg: Rowohlt.
Gebauer, Gunter/Wulf, Christoph (2003): Mimetische Weltzugänge. Soziales Handeln – Rituale und Spiele – ästhetische Produktionen. Stuttgart: Kohlhammer.
Giesecke, Hermann (1991): Einführung in die Pädagogik. 2. Aufl. Weinheim/München: Juventa.
Gödde, Günter/Buchholz, Michael B. (2011): Unbewusstes. Gießen: Psychosozial Verlag.
Gödde, Günter/Loukidelis, Nikolaos/Zirfas, Jörg (Hrsg.) (2016): Nietzsche und die Lebenskunst. Ein philosophisch-psychologisches Kompendium. Stuttgart: J. B. Metzler.
Gödde, Günter/Zirfas (2014): Biographische Erfahrung, theoretische Erkenntnis und künstlerische Gestaltung. Eine Einführung in die Konzeptionen der Lebenskunst. In: Dies. (Hrsg.): Lebenskunst im 20. Jahrhundert. Stimmen von Philosophen, Künstlern und Therapeuten. München: Wilhelm Fink, S. 9-27.
Gödde, Günter/Zirfas, Jörg (2016): Therapeutik und Lebenskunst. Eine psychologisch-philosophische Grundlegung. Gießen: Psychosozial Verlag.
Goethe, Johann Wolfgang von (1893): Goethes Werke. Hrsg. im Auftrage der Großherzogin Sophie von Sachsen. Abteilung II. Band 11. Weimar: Böhlau.
Göhlich, Michael (2007): Kindliche Mimesis und performative Muster. Zum Performativen als Ebene der Praxis pädagogischer Institutionen. In: Wulf, Christoph/Zirfas, Jörg (Hrsg.): Die Pädagogik des Performativen. Theorien, Methoden, Perspektiven. Weinheim/Basel: Beltz, S. 137-148.
Göhlich, Michael/Zirfas, Jörg (Hrsg.) (2009): Der Mensch als Maß der Erziehung. Festschrift für Christoph Wulf. Weinheim/Basel: Beltz.
Grzesik, Jürgen (2002): Operative Lerntheorie. Neurobiologie und Psychologie der Entwicklung des Menschen durch Selbstveränderung. Bad Heilbrunn: Klinkhardt.
Hartung, Gerald (2008): Philosophische Anthropologie. Stuttgart: Reclam.
Hausmann, Gottfried (1959): Didaktik als Dramaturgie des Unterrichts. Heidelberg: Quelle & Meyer.
Hegel, Georg Wilhelm Friedrich (1981): Phänomenologie des Geistes [1806]. 5. Aufl. Frankfurt/Main: Suhrkamp.
Heidegger, Martin (1980): Die Zeit des Weltbildes [1938]. In: Ders.: Holzwege. 6. Aufl. Frankfurt/Main: Vittorio Klostermann, S. 73-110.
Henrich, Dieter (1999): Bewusstes Leben. Stuttgart: Reclam.

Herbart, Johann Friedrich (1982): Die ersten Vorlesungen über Pädagogik [1802]. In: Ders.: Pädagogische Schriften. Band 1. 2. Aufl. Hrsg. von Walter Asmus. Stuttgart: Klett-Cotta, S. 121-131.

Herbart, Johann Friedrich (1982): Umriss pädagogischer Vorlesungen [1835/41]. In: Ders.: Pädagogisch-didaktische Schriften. Hrsg. von Walter Asmus. 2. Aufl. Stuttgart: Klett-Cotta, S. 155-300.

Herrmann, Ulrich (1991): Die Pädagogik der Philanthropen. In: Scheuerl, Hans (Hrsg.): Klassiker der Pädagogik. Band 1. 2. Aufl. München: C.H. Beck, S. 135-158.

Horkheimer, Max (1988): Bemerkungen zur philosophischen Anthropologie [1935]. In: Ders.: Gesammelte Schriften. Band 3: Schriften 1931-1936. Hrsg. von Alfred Schmidt. Frankfurt/Main: Fischer, S. 249-276.

Horkheimer, Max (1967): Zur Kritik der instrumentellen Vernunft. Frankfurt/Main: Fischer.

Horkheimer, Max/Adorno, Theodor W. (1988): Dialektik der Aufklärung. Philosophische Fragmente. Frankfurt/Main: Fischer.

Kamper, Dietmar (1973): Geschichte und menschliche Natur. Die Tragweite gegenwärtiger Anthropologiekritik. München: Carl Hanser.

Kamper, Dietmar (1997): Körper. In: Wulf, Christoph (Hrsg.): Vom Menschen. Handbuch Historische Anthropologie. Weinheim/Basel: Beltz, S. 407-416.

Kamper, Dietmar/Wulf, Christoph (Hrsg.) (1982): Die Wiederkehr des Körpers. Frankfurt/Main: Suhrkamp.

Kamper, Dietmar/Wulf, Christoph (Hrsg.) (1984): Das Schwinden der Sinne. Frankfurt/Main: Suhrkamp.

Kamper, Dietmar/Wulf, Christoph (Hrsg.) (1989): Transfigurationen des Körpers. Spuren der Gewalt. Berlin: Dietrich Reimer.

Kamper, Dietmar/Wulf, Christoph (Hrsg.) (1994): Anthropologie nach dem Tode des Menschen. Vervollkommnung und Unverbesserlichkeit. Frankfurt/Main: Suhrkamp.

Kant, Immanuel (1982): Kritik der reinen Vernunft [1781]. Werkausgabe. Band 3/4. 4. Aufl. Hrsg. von Wilhelm Weischedel. Frankfurt/Main: Suhrkamp.

Kant, Immanuel (1982): Idee zu einer allgemeinen Geschichte in weltbürgerlicher Absicht [1784]. In: Ders.: Werkausgabe. Band 9: Schriften zur Naturphilosophie. Hrsg. von Wilhelm Weischedel. Frankfurt/Main: Suhrkamp, S. 31-50.

Kant, Immanuel (1982): Grundlegung zur Metaphysik der Sitten [1785]. In: Ders.: Werkausgabe. Band 7: Kritik der praktischen Vernunft, Grundlegung zur Metaphysik der Sitten. Hrsg. von Wilhelm Weischedel. Frankfurt/Main: Suhrkamp, S. 7-102.

Kant, Immanuel (1982): Kritik der praktischen Vernunft [1788]. In: Ders.: Werkausgabe. Band 7: Kritik der praktischen Vernunft, Grundlegung zur Metaphysik der Sitten. Hrsg. von Wilhelm Weischedel. Frankfurt/Main: Suhrkamp, S. 103-302.

Kant, Immanuel (1982): Kritik der Urteilskraft [1790]. Werkausgabe. Band 10. Hrsg. von Wilhelm Weischedel. Frankfurt/Main: Suhrkamp.

Kant, Immanuel (1982): Über den Gemeinspruch: Das mag in der Theorie richtig sein, taugt aber nicht für die Praxis [1793]. In: Ders.: Werkausgabe. Band 11: Schriften zur Anthropologie. Hrsg. von Wilhelm Weischedel. Frankfurt/Main: Suhrkamp, S. 125-172.

Kant, Immanuel (1982): Die Metaphysik der Sitten [1797]. Werkausgabe. Band 8. Hrsg. von Wilhelm Weischedel. Frankfurt/Main: Suhrkamp.

Kant, Immanuel (1982): Anthropologie in pragmatischer Hinsicht [1798]. In: Ders.: Werkausgabe. Band 12: Schriften zur Anthropologie. Hrsg. von Wilhelm Weischedel. Frankfurt/Main: Suhrkamp, S. 395-690.

Kant, Immanuel (1982): Logik [1800]. In: Ders.: Werkausgabe. Band 6: Schriften zur Metaphysik und Logik. Hrsg. von Wilhelm Weischedel. Frankfurt/Main: Suhrkamp, S. 417-582.

Kant, Immanuel (1982): Über Pädagogik [1803]. In: Ders.: Werkausgabe. Band 12: Schriften zur Anthropologie. Hrsg. von Wilhelm Weischedel. Frankfurt/Main: Suhrkamp, S. 691-761.

Kant, Immanuel (1923): Kants Handschriftlicher Nachlass. Hrsg. von der Königlich Preußischen Akademie der Wissenschaften. Band 15: Zweiter Band. Erste Hälfte. Berlin/Leipzig: de Gruyter.

Klepacki, Leopold/Zirfas, Jörg (2013): Theatrale Didaktik. Ein pädagogischer Grundriss des schulischen Theaterunterrichts. Weinheim/München: Juventa.

Konersmann, Ralf (2015): Die Unruhe der Welt. Frankfurt/Main: Fischer.

Körner, Jürgen (2008): Menschliches Glück. In: Wulf, Christoph/Zirfas, Jörg (Hrsg.): Paragrana. Internationale Zeitschrift für Historische Anthropologie. Band 17, Heft 2: Das menschliche Leben. Berlin: Akademie Verlag, S. 59-66.

Kosselleck, Reinhart (1975): Fortschritt. In: Brunner, Otto/Konze, Werner/Ders. (Hrsg.): Geschichtliche Grundbegriffe. Stuttgart: Klett-Cotta, S. 351-423.

Kraus, Anja/Budde, Jürgen/Hietzge, Maud/Wulf, Christoph (Hrsg.) (2017): Handbuch Schweigendes Wissen. Erziehung, Bildung, Sozialisation und Lernen. Weinheim/Basel: Beltz.

Kron, Friedrich W. (2000): Grundwissen Didaktik. 3. Aufl. München/Basel: Reinhardt.

Lacan, Jacques (1980): Das Ich in der Theorie Freuds und in der Technik der Psychoanalyse. Das Seminar, Buch II (1954-1955). Olten: Walter Verlag.

Lassahn, Rudolf (1983): Pädagogische Anthropologie. Eine historische Einführung. Heidelberg: Quelle & Meyer.

Lebrecht, Franz (1934): Der Fortschrittsgedanke bis Condorcet. Berlin: Berthold Levy.

Levine, Robert (1998): Eine Landkarte der Zeit. Wie Kulturen mit Zeit umgehen. München: Piper.

Lévi-Strauss, Claude (1986): Das wilde Denken. 6. Aufl. Frankfurt/Main: Suhrkamp.

Liebau, Eckart (2004): Braucht die Pädagogik ein Menschenbild? In: Bizer, Christoph/Degen, Roland/Englert, Rudolf/Kohler-Spiegel, Helga/Mette, Norbert/Rickers, Folkert/Schweitzer, Friedrich (Hrsg.): Menschen Bilder im Umbruch – Didaktische Impulse. Jahrbuch der Religionspädagogik. Neukirchen-Vluyn: Vandenhoeck & Ruprecht, S. 123-135.

Liebau, Eckart/Miller-Kipp, Gisela/Wulf, Christoph (1999): Transformationen der Zeit. Erziehungswissenschaftliche Forschungen zur Chronotopologie. Weinheim: DSV.

Liebau, Eckart/Zirfas, Jörg (2006): Erklären und Verstehen. Zum methodologischen Streit zwischen Bio- und Kulturwissenschaften. In: Scheunpflug, Annette/Wulf, Christoph (Hrsg.): Zeitschrift für Erziehungswissenschaft. Beiheft 5/2006: Biowissenschaft und Erziehungswissenschaft. Wiesbaden: VS Verlag, S. 231-244.

Liebau, Eckart/Zirfas, Jörg (Hrsg.) (2008): Ungerechtigkeit der Bildung – Bildung der Ungerechtigkeit. Opladen: Barbara Budrich.

Liebau, Eckart/Zirfas, Jörg (Hrsg.) (2013): Lust, Rausch und Ekstase. Grenzgänge der Ästhetischen Bildung. Bielefeld: transcript.

Lindner, Diana (2016): Institutionalisierung von Optimierung. Organisationen als intermediärer Ort der Fortschrittsgestaltung. In: Psychosozial 1/2016, S. 25-38.

Loch, Werner (1963): Die anthropologische Dimension der Pädagogik. Essen: Neue Deutsche Schule Verlagsgesellschaft.

Lohwasser, Diana (2016): Das Dasein als ästhetisches Phänomen. Ästhetische Bildung als kritisch-reflexive Lebenspraxis bei Friedrich Nietzsche. In: Zirfas, Jörg/Dies./Burghardt, Daniel/Klepacki, Leopold/Höhne, Thomas: Geschichte der Ästhetischen Bildung. Band 3, Teilband 2: Klassik und Romantik. Paderborn: Ferdinand Schöningh, S. 257-275.

Lohwasser, Diana/Zirfas, Jörg (Hrsg.) (2014): Der Körper des Künstlers. Ereignisse und Prozesse der Ästhetischen Bildung. München: kopaed.

Lorenzer, Alfred (1984): Intimität und soziales Leid. Archäologie der Psychoanalyse. Frankfurt/Main: Fischer.

Lübbe, Hermann (1975): Fortschritt als Orientierungsproblem. Aufklärung in der Gegenwart. Freiburg: Rombach.

Lübbe, Hermann (1983): Zeit-Verhältnisse. Zur Kulturphilosophie des Fortschritts. Graz: Styria.

Luhmann, Niklas (1990): Anfang und Ende. Probleme einer Unterscheidung. In: Ders./Schorr, Klaus-Eberhard (Hrsg.): Zwischen Anfang und Ende. Fragen an die Pädagogik Frankfurt/Main: Suhrkamp, S. 11-23.

Margalit, Avishai (1997): Politik der Würde. Über Achtung und Verachtung. Berlin: Berlin Verlag.

Marotzki, Winfried/Masschelein, Jan/Schäfer, Alfred (Hrsg.) (1998): Anthropologische Markierungen. Herausforderungen pädagogischen Denkens. Weinheim: DSV.

Mayer, Ralf/Thompson, Christiane/Wimmer, Michael (Hrsg.) (2013): Inszenierung und Optimierung des Selbst. Zur Analyse gegenwärtiger Selbsttechnologien. Wiesbaden: Springer VS.

Mead, George Herbert (1973): Geist, Identität und Gesellschaft aus der Sicht des Sozialbehaviorismus. Frankfurt/Main: Suhrkamp.

Meinberg, Eckhard (1988): Das Menschenbild der modernen Erziehungswissenschaft. Darmstadt: WBG.

Menke, Christoph (2003): Zweierlei Übungen. Zum Verhältnis von sozialer Disziplinierung und ästhetischer Existenz. In: Honneth, Axel/Saar, Martin (Hrsg.): Michel Foucault. Zwischenbilanz einer Rezeption. Frankfurt/Main: Suhrkamp, S. 283-299.

Mersch, Dieter (2005): Das Bild als Argument. Visualisierungsstrategien in der Naturwissenschaft. In: Wulf, Christoph/Zirfas, Jörg (Hrsg.): Ikonologie des Performativen. München: Wilhelm Fink, S. 322-344.

Mertens, Gerhard (2008): Balancen. Pädagogik und das Streben nach dem Glück. 2. Aufl. Paderborn: Ferdinand Schöningh.

Meyer-Drawe, Käte (2007): „Du sollst dir kein Bildnis noch Gleichnis machen ..." – Bildung und Versagung. In: Koller, Hans-Christoph/Marotzki, Winfried/Sanders, Olaf (Hrsg.): Bildungsprozesse und Fremdheitserfahrung. Bielefeld: transcript, S. 83-94.

Michaels, Axel/Wulf, Christoph (Hrsg.) (2009): Paragrana. Internationale Zeitschrift für Historische Anthropologie. Band 18, Heft 1: The Body in India: Ritual, Transgression, Performativity. Berlin: de Gruyter.

Millot, Catherine (1982): Freud, Anti-Pädagoge. Berlin/Wien: Medusa.

Mollenhauer, Klaus (1980): Einige erziehungswissenschaftliche Probleme im Zusammenhang der Erforschung von „Alltagswelten Jugendlicher". In: Lenzen, Dieter (Hrsg.): Pädagogik und Alltag. Stuttgart: Klett-Cotta: S. 97-112.

Mollenhauer, Klaus (1986): Zur Entstehung des modernen Konzepts von Bildungszeit. In: Ders.: Umwege. Über Bildung, Kunst und Interaktion. Weinheim/München: Juventa, S. 68-91.

Mollenhauer, Klaus (1994): Vergessene Zusammenhänge. Über Kultur und Erziehung. 4. Aufl. Weinheim/München: Juventa.

Moravia, Sergio (1989): Beobachtende Vernunft. Philosophie und Anthropologie in der Aufklärung. Frankfurt/Main: Fischer.

Müller, Thomas (2007): Lernende Gehirne. Anthropologische und pädagogische Implikationen neurobiologischer Forschungspraxis. In: Mietzner, Ulrike/Tenorth, Heinz-Elmar/Welter, Nicole (Hrsg.): Zeitschrift für Pädagogik. 52. Beiheft: Pädagogische Anthropologie – Mechanismus einer Praxis. Weinheim/Basel: Beltz, S. 202-219.

Münch, Joachim/Wyrobnik, Irit (2010): Pädagogik des Glücks. Wann, wo und wie wir das Glück lernen. Baltmannsweiler: Schneider Hohengehren.

Neill, Alexander S. (1944): The art of living. In: Wengraf, Paul (Hrsg.): Apropos. A Series of Art Books. No. 2. London: Lund Humphries & Co., S. 1-7.

Neill, Alexander S. (1982): Neill, Neill, Birnenstiel! Erinnerungen des großen Erziehers. Reinbek bei Hamburg: Rowohlt.

Neill, Alexander S. (1992): Das Prinzip Summerhill: Fragen und Antworten. Argumente, Erfahrungen, Ratschläge. Reinbek bei Hamburg: Rowohlt.

Neill, Alexander S. (1993): Theorie und Praxis der antiautoritären Erziehung. Das Beispiel Summerhill. Reinbek bei Hamburg: Rowohlt.

Neimann, Susan (2014): Warum erwachsen werden? Eine philosophische Ermutigung. Berlin: Hanser.

Neumann, Norbert (1993): Lerngeschichte der Uhrzeit. Pädagogische Interpretationen zu Quellen von 1500 bis 1930. Weinheim: DSV.

Nietzsche, Friedrich (1999): Nachgelassene Fragmente (1869-1874). Kritische Studienausgabe 7. Hrsg. von Giorgio Colli und Mazzino Montinari. München: dtv/de Gruyter.

Nietzsche, Friedrich (1999): Nachgelassene Fragmente (1875-1879). Kritische Studienausgabe 8. Hrsg. von Giorgio Colli und Mazzino Montinari. München: dtv/de Gruyter.

Nietzsche, Friedrich (1999): Nachgelassene Fragmente (1880-1882). Kritische Studienausgabe 9. Hrsg. von Giorgio Colli und Mazzino Montinari. München: dtv/de Gruyter.

Nietzsche, Friedrich (1999): Die fröhliche Wissenschaft [1882]. In: Ders.: Kritische Studienausgabe 3: Morgenröte/Idyllen aus Messina/Die fröhliche Wissenschaft. Hrsg. von Giorgio Colli und Mazzino Montinari. München: dtv/de Gruyter, S. 343-651.

Nietzsche, Friedrich (1999): Nachgelassene Fragmente (1882-1884). Kritische Studienausgabe 10. Hrsg. von Giorgio Colli und Mazzino Montinari. München: dtv/de Gruyter.

Nietzsche, Friedrich (1999): Also sprach Zarathustra [1883-1885]. Kritische Studienausgabe 4. Hrsg. von Giorgio Colli und Mazzino Montinari. München: dtv/de Gruyter.

Nietzsche, Friedrich (1999): Jenseits von Gut und Böse [1886]. In: Ders.: Kritische Studienausgabe 5: Jenseits von Gut und Böse/Zur Genealogie der Moral. Hrsg. von Giorgio Colli und Mazzino Montinari. München: dtv/de Gruyter, S. 9-243.

Nietzsche, Friedrich (1999): Zur Genealogie der Moral [1887]. In: Ders.: Kritische Studienausgabe 5: Jenseits von Gut und Böse/Zur Genealogie der Moral. Hrsg. von Giorgio Colli und Mazzino Montinari. München: dtv/de Gruyter, S. 245-412.

Nietzsche, Friedrich (1999): Nachgelassene Fragmente (1887-1889). Kritische Studienausgabe 13. Hrsg. von Giorgio Colli und Mazzino Montinari. München: dtv/de Gruyter.

Nietzsche, Friedrich (1999): Ecce Homo [1888/89]. In: Ders.: Kritische Studienausgabe 6: Der Fall Wagner/Götzen Dämmerung/Der Antichrist, Ecce homo/Dionysos-Dithyramben, Nietzsche contra Wagner. Hrsg. von Giorgio Colli und Mazzino Montinari. München: dtv/de Gruyter, S. 255-374.

Nietzsche, Friedrich (1999): Götzen-Dämmerung [1889]. In: Ders.: Kritische Studienausgabe 6: Der Fall Wagner/Götzen Dämmerung/Der Antichrist, Ecce homo/Dionysos-Dithyramben, Nietzsche contra Wagner. Hrsg. von Giorgio Colli und Mazzino Montinari. München: dtv/de Gruyter, S. 55-161.

Nietzsche, Friedrich (1999): Nietzsche contra Wagner [1894]. In: Ders.: Kritische Studienausgabe 6: Der Fall Wagner/Götzen Dämmerung/Der Antichrist, Ecce homo/Dionysos-Dithyramben, Nietzsche contra Wagner. Hrsg. von Giorgio Colli und Mazzino Montinari. München: dtv/de Gruyter, S. 413-445.

Oelkers, Jürgen (1983): Rousseau und die Entwicklung des Unwahrscheinlichen im pädagogischen Denken. In: Zeitschrift für Pädagogik 5/1983, S. 801-816.

Oelkers, Jürgen (1990): Vollendung. Theologische Spuren im pädagogischen Denken. In: Luhmann, Niklas/Schorr, Klaus-Eberhard (Hrsg.): Zwischen Anfang und Ende. Fragen an die Pädagogik. Frankfurt/Main: Suhrkamp, S. 24-72.

Oelkers, Jürgen (1993): Erziehungsstaat und pädagogischer Raum. In: Zeitschrift für Pädagogik 4/1993, S. 631-648.

Oelkers, Jürgen (1994): Neue Seiten der „Pädagogischen Anthropologie“: Einleitung in den Schwerpunkt. In: Zeitschrift für Pädagogik 2/1994, S. 195-199.

Oelkers, Jürgen (1997): Erziehung als Vollendung. Kritische Überlegungen zu einem pädagogischen Ideal. In: Lüth, Christoph/Wulf, Christoph (Hrsg.): Vervollkommnung durch Arbeit und Bildung? Anthropologische und historische Perspektiven zum Verhältnis von Individuum, Gesellschaft und Staat. Weinheim: DSV, S. 13-51.

Oelkers, Jürgen (2002): Kindheit – Glück – Kommerz. In: Zeitschrift für Pädagogik 4/2002, S. 553-570.

Passmore, John (1975): Der vollkommene Mensch. Eine Idee im Wandel von drei Jahrtausenden. Stuttgart: Reclam.

Pestalozzi, Johann Heinrich (1993): Meine Nachforschungen über den Gang der Natur in der Entwicklung des Menschengeschlechts [1797]. Hrsg. von Arnold Stenzel. Bad Heilbrunn: Klinkhardt.

Pestalozzi, Johann Heinrich (1992): Pestalozzi über seine Anstalt in Stans [1799]. Mit einer Interpretation von Wolfgang Klafki. 6. Aufl. Weinheim/Basel: Beltz.

Pestalozzi, Johann Heinrich (1982): Wie Gertrud ihre Kinder lehrt [1801]. 4. Aufl. Hrsg. von Albert Reble. Bad Heilbrunn: Klinkhardt.

Peukert, Helmut (1995): Zur Dialektik des Liberalismus. In: Koch, Lutz/Marotzki, Winfried/Peukert, Helmut (Hrsg.): Erziehung und Demokratie. Weinheim: DSV, S. 89-93.

Pico della Mirandola, Giovanni (1992): Über die Würde des Menschen [1496]. 3. Aufl. Zürich: Manesse.

Platon (1984a): Gorgias. In: Ders.: Sämtliche Werke. Band 1. Übersetzt von Friedrich Schleiermacher. Hrsg. von Walter Otto/Grasse, Ernesto/Plamböck, Gert. Reinbek bei Hamburg: Rowohlt, S. 197-283.
Platon (1984b): Phaidon. In: Ders.: Sämtliche Werke. Band 3. Übersetzt von Friedrich Schleiermacher. Hrsg. von Walter Otto/Grasse, Ernesto/Plamböck, Gert. Reinbek bei Hamburg: Rowohlt, S. 7-66.
Platon (1984c): Politeia. In: Ders.: Sämtliche Werke. Band 3. Übersetzt von Friedrich Schleiermacher. Hrsg. von Walter Otto Walter Otto/Grasse, Ernesto/Plamböck, Gert. Reinbek bei Hamburg: Rowohlt, S. 67-310.
Platon (1984d): Protagoras. In: Ders.: Sämtliche Werke. Band 1. Übersetzt von Friedrich Schleiermacher. Hrsg. von Walter Otto Walter Otto/Grasse, Ernesto/Plamböck, Gert. Reinbek bei Hamburg: Rowohlt, S. 49-96.
Plessner, Helmuth (1976a): Die Frage nach der Conditio humana. In: Ders.: Die Frage nach der Conditio humana. Frankfurt/Main: Suhrkamp, S. 7-81.
Plessner, Helmuth (1976b): Homo absconditus. In: Ders.: Die Frage nach der Conditio humana. Frankfurt/Main: Suhrkamp, S. 138-150.
Plessner, Helmuth (1985): Abwandlungen des Ideologiebegriffs. In: Ders.: Gesammelte Schriften. Band 10. Hrsg. von Günter Dux et al. Frankfurt/Main: Suhrkamp, S. 41-70.
Pongratz, Ludwig A. (2010): Sackgassen der Bildung. Pädagogik anders denken. Paderborn: Ferdinand Schöningh.
Ran, Bing (Hrsg.) (2013a): Global Perspectives on Technological Innovation. Charlotte: Information Age Publishing.
Ran, Bing (Hrsg.) (2013b): The Dark Side of Technological Innovation. Charlotte: Information Age Publishing.
Rathmayer, Bernhard (1996): „Anthropologie: historisch-kritische". In: Hierdeis, Helmwart/Hug, Theo (Hrsg.): Taschenbuch der Pädagogik. Baltmannsweiler: Schneider Hohengehren, S. 50-68.
Rauer, Constantin (2007): Wahn und Wahrheit. Kants Auseinandersetzung mit dem Irrationalen. Berlin: Akademie Verlag.
Reble, Albert (1971): Geschichte der Pädagogik. Dokumentationsband II. Stuttgart: Klett-Cotta.
Reich, Robert B. (1992): The Work of Nations: Preparing Ourselves for 21st Century Capitalism. New York: Vintage.
Ricken, Norbert (2004): „Menschen". Zur Struktur anthropologischer Reflexionen als einer unverzichtbaren kulturwissenschaftlichen Dimension. In: Jaeger, Friedrich/Liebsch, Burkhard/Rüsen, Jörn/Straub, Jürgen (Hrsg.): Sinn – Kultur – Wissenschaft. Eine interdisziplinäre Bestandsaufnahme. Band 1. Stuttgart: Klett-Cotta, S. 152-172.
Rieger-Ladich, Markus (2002): Mündigkeit als Pathosformel. Beobachtungen zur pädagogischen Semantik. Konstanz: UVK.
Riemen, Jochen (1991): Die Suche nach dem Glück als Bildungsaufgabe. Zur Rehabilitierung einer verschwundenen pädagogischen Kategorie. Essen: Die blaue Eule.
Rinkl, Christina (2017): Noch traurig – schon depressiv? In: Kölner Stadtanzeiger, 3./4. Juni 2017, S. 19.
Rittelmeyer, Christian (2013): Vom Nutzen und Nachteil der Gehirnforschung für die Pädagogik. In: Bilstein, Johannes/Brumlik, Micha (Hrsg.): Die Bildung des Körpers. Weinheim/Basel: Beltz Juventa, S. 233-246.
Ritter, Joachim (1989): Über den Sinn und die Grenze der Lehre vom Menschen [1933]. In: Ders.: Subjektivität. Sechs Aufsätze. Frankfurt/Main, S. 36-61.
Rosa, Hartmut (2009): Kritik der Zeitverhältnisse. In: Jaeggi, Rahel/Wesche, Timo (Hrsg.): Was ist Kritik? Frankfurt/Main: Suhrkamp, S. 23-54.
Rosa, Hartmut (2016): Resonanz. Eine Soziologie der Weltbeziehung. Berlin: Suhrkamp.
Roth, Gebhard (1997): Das Gehirn und seine Wirklichkeit. Kognitive Neurobiologie und ihre philosophischen Konsequenzen. Frankfurt/Main: Suhrkamp.
Roth, Gebhard (2001): Fühlen, Denken, Handeln. Wie das Gehirn unser Verhalten steuert. Frankfurt/Main: Suhrkamp.
Roth, Heinrich (1966): Pädagogische Anthropologie. Band 1: Bildsamkeit und Bestimmung. Hannover: Hermann Schroedel.

Roth, Heinrich (1971): Pädagogische Anthropologie. Band 2: Entwicklung und Erziehung. Hannover: Hermann Schroedel.
Rousseau, Jean-Jacques (1984): Diskurs über die Ungleichheit. Discours sur l'inegalité [1755]. Hrsg. von Heinrich Meier. Paderborn: Ferdinand Schöningh.
Rousseau, Jean-Jacques (1988): Julie oder die neue Héloise. Briefe zweiter Liebenden aus einer kleinen Stadt am Fuße der Alpen [1761]. München: dtv.
Rousseau, Jean-Jacques (1990): Émile oder Über die Erziehung [1762]. Stuttgart: Reclam.
Rousseau, Jean-Jacques (1992): Korrespondenzen. Eine Auswahl. Übersetzt von Gudrun Hohl, hrsg. von Winfried Schröder. Leipzig: Reclam.
Rudolf, Gerd (2015): Wie Menschen sind. Eine Anthropologie aus psychotherapeutischer Sicht. Stuttgart: Schattauer.
Ruhloff, Jörg (1975): „Wie kultiviere ich Freiheit bei dem Zwange?" In: Vierteljahresschrift für wissenschaftliche Pädagogik 1/1975, S. 161-178.
Rumpf, Horst (1981): Die übergangene Sinnlichkeit. Weinheim/München: Juventa.
Safranski, Rüdiger (2001): Jenseits des Glücks. Lebenskunst im Anschluss an Nietzsche. In: der blaue reiter. Journal für Philosophie 2/2001, S. 30-35.
Schächter, Markus (Hrsg.) (2009): Wunschlos glücklich? Konzepte und Rahmenbedingungen einer glücklichen Kindheit. Baden-Baden: Nomos Verlagsgesellschaft.
Schäfer, Alfred (1992): Rousseau: Pädagogik und Kritik. Weinheim: DSV.
Schäfer, Alfred (2004): Theodor W. Adorno. Ein pädagogisches Porträt. Weinheim: Beltz.
Scheler, Max (1927): Die Sonderstellung des Menschen im Kosmos. In: Keyserling, Hermann Graf (Hrsg.): Der Leuchter. Weltanschauung und Lebensgestaltung. Darmstadt: Otto Reichl, S. 161-254.
Scheuerl, Hans (1982): Pädagogische Anthropologie. Eine historische Einführung. Stuttgart: Kohlhammer.
Schleiermacher, Friedrich Daniel Ernst (1957): Pädagogische Schriften. Hrsg. von Erich Weniger und Theodor Schulze. Düsseldorf/München: Küpper Verlag.
Schleiermacher, Friedrich Daniel Ernst (1983): Ausgewählte pädagogische Schriften. Hrsg. von Ernst Lichtenstein. 3. Aufl. Paderborn: Ferdinand Schöningh.
Schmid, Wilhelm (1999): Philosophie der Lebenskunst. Eine Grundlegung. Frankfurt/Main: Suhrkamp.
Schmideberg, Melitta (1931): Die durch die Strafe ausgelösten psychischen Vorgänge. In: Cremerius, Johannes (Hrsg.): Psychoanalyse und Erziehungspraxis. Frankfurt/Main: Fischer, S. 103–112.
Schopenhauer, Arthur (1977): Preisschrift über die Grundlage der Moral [1840]. In: Ders.: Kleinere Schriften II. Züricher Ausgabe. Band 6. Hrsg. von Arthur Hübscher. Zürich: Diogenes, S. 143-315.
Seel, Martin (2001): Inszenieren als Erscheinenlassen. In: Früchtl, Joseph/Zimmermann, Jörg (Hrsg.): Ästhetik der Inszenierung. Frankfurt/Main: Suhrkamp, S. 48-62.
Seichter, Sabine (2019): Insel. In: Burghardt, Daniel/Zirfas, Jörg (Hrsg.): Pädagogische Heterotopien. Von A bis Z. Weinheim/München: Beltz Juventa, S. 120-127.
Seichter, Sabine (2020): Das „normale" Kind. Einblicke in die Geschichte der schwarzen Pädagogik. Weinheim/Basel: Beltz.
Singer, Wolf (2000): Was kann ein Mensch wann lernen? In: Killius, Nelson/Kluge, Jürgen/Reich, Linda (Hrsg.): Die Zukunft der Bildung. Frankfurt/Main: Suhrkamp, S. 78-99.
Singer, Wolf (2002): Der Beobachter im Gehirn. Essays zur Hirnforschung. Frankfurt/Main: Suhrkamp.
Singer, Wolf (2003): Unser Menschenbild im Spannungsverhältnis von Selbsterfahrung und neurobiologischer Fremdbeschreibung. Ulm: Universitätsverlag.
Sloterdijk, Peter (2004): Sphären. Plurale Sphärologie. Band 3: Schäume. Frankfurt/Main: Suhrkamp.
Snell, Bruno (1993): Die Entdeckung des Geistes. Studien zur Entstehung des europäischen Denkens bei den Griechen. 7. Aufl. Göttingen: Vandenhoek & Ruprecht.
Spaemann, Robert (1983): Unter welchen Umständen kann man noch von Fortschritt sprechen? In: Ders.: Philosophische Essays. Stuttgart: Reclam, S. 130-150.
Spitzer, Manfred (2000): Geist im Netz. Modelle für Lernen, Denken und Handeln. Heidelberg/Berlin: Spektrum.
Spitzer, Manfred (2002): Lernen. Gehirnforschung und die Schule des Lebens. Heidelberg/Berlin: Spektrum.

Spreen, Dierk (2015): Upgradekultur. Der Körper in der Enhancement-Gesellschaft. Bielefeld: transcript.

Steffens, Andreas (1999): Philosophie des 20. Jahrhunderts oder Die Wiederkehr des Menschen. Leipzig: Reclam.

Stegmaier, Werner (2008): Philosophie der Orientierung. Berlin/New York: de Gruyter.

Sting, Stephan (1991): Der Mythos des Fortschreitens. Zur Geschichte der Subjektbildung. Berlin: Dietrich Reimer.

Stöhr, Robert/Noack Napoles, Juliane/Lohwasser, Diana/Burghardt, Daniel/Dederich, Markus/Dziabel, Nadine/Krebs, Moritz/Zirfas, Jörg (2019): Schlüsselwerke der Vulnerabilitätsforschung. Wiesbaden: Springer VS.

Strasser, Johano (2015): Das Drama des Fortschritts. Bonn: Dietz.

Sünkel, Wolfgang (2011): Erziehungsbegriff und Erziehungsverhältnis. Weinheim/München: Juventa.

Taschner, Frank (2003): Glück als Ziel der Erziehung. Würzburg: Königshausen & Neumann.

Tatarkiewicz, Władysław (1984): Über das Glück. Stuttgart: Klett Cotta.

Taylor, Charles (1985): Self-interpreting Animals. In: Ders.: Human Agency and Language. Philosophical Papers. Vol. 1. Cambridge/MA: CUP, S. 45-76.

Theunissen, Georg (1990): Behindertenfeindlichkeit und Menschenbild. In: Zeitschrift für Heilpädagogik 4/1990, S. 546-552.

Thomä, Dieter (2003): Vom Glück in der Moderne. Frankfurt/Main: Suhrkamp.

Todorov, Tzvetan (1996): Abenteuer des Zusammenlebens. Versuch einer allgemeinen Anthropologie. Berlin: Wagenbach.

Tomasello, Michael (2002): Die kulturelle Entwicklung des menschlichen Denkens. Zur Evolution der Kognition. Frankfurt/Main: Suhrkamp.

Van der Pot, Johan Hendrik Jacob (1985): Die Bewertung des technischen Fortschritts: eine systematische Übersicht der Theorien. Band 1. Assen/Maastricht: Van Gorcum.

Weber, Max (1984): Die protestantische Ethik I. Eine Aufsatzsammlung [1929]. Hrsg. v. Johannes Winckelmann. 7. Aufl. Gütersloh: GTB Siebenstern.

Weber, Max (1995): Schriften zur Soziologie. Hrsg. von Michael Sukale. Stuttgart: Reclam.

Weiß, Gabriele (2018): Bildung. In: Gödde, Günter/Zirfas, Jörg (Hrsg.): Kritische Lebenskunst. Analysen – Orientierungen – Strategien. Stuttgart: J.B. Metzler, S. 124-133.

Wimmer, Michael (2006): Dekonstruktion und Erziehung. Studien zum Paradoxieproblem in der Pädagogik. Bielefeld: transcript.

Wimmer, Michael (2014): Pädagogik als Wissenschaft des Unmöglichen. Bildungsphilosophische Interventionen. Paderborn: Ferdinand Schöningh.

Wirth, Uwe (Hrsg.) (2002): Performanz. Zwischen Sprachphilosophie und Kulturwissenschaften. Frankfurt/Main: Suhrkamp.

Wulf, Christoph (1989): Mimesis. In: Gebauer, Gunter/Lenzen, Dieter/Mattenklott, Gert/Ders./Wünsche, Konrad (Hrsg.): Historische Anthropologie. Zum Problem der Humanwissenschaften heute oder Versuche einer Neubegründung. Reinbek bei Hamburg: Rowohlt, S. 83-125.

Wulf, Christoph (1993): Was nie geschrieben wurde, lesen. Benjamins „Berliner Kindheit um Neunzehnhundert“. In: Herrlitz, Hans-Georg/Rittelmeyer, Christian (Hrsg.): Exakte Phantasie. Pädagogische Erkundigungen bildender Wirkungen in Kunst und Kultur. Weinheim/München: Juventa, S.191-200.

Wulf, Christoph (Hrsg.) (1996): Anthropologisches Denken in der Pädagogik 1750-1850. Weinheim: DSV.

Wulf, Christoph (Hrsg.) (1997): Vom Menschen. Handbuch Historische Anthropologie. Weinheim/Basel: Beltz.

Wulf, Christoph (1998): Mimesis in Gesten und Ritualen. In: Fischer-Lichte, Erika/Kolesch, Doris (Hrsg.): Paragrana. Internationale Zeitschrift für Historische Anthropologie. Band 7, Heft 1: Kulturen des Performativen. Berlin: Akademie Verlag, S. 241-263.

Wulf, Christoph (1999a): Der Andere: Perspektiven zur interkulturellen Bildung. In: Dubie, Pascal/Wulf, Christoph (Hrsg.): Vom Verstehen des Nichtverstehens. Ethnosoziologie interkultureller Beziehungen. Frankfurt/Main: Campus, S. 61-75.

Wulf, Christoph (1999b): Der Andere. In: Hess, Remi/Ders. (Hrsg.): Grenzgänge. Über den Umgang mit dem Eigenen und dem Fremden. Frankfurt/Main: Campus, S. 13-37.

Wulf, Christoph (2001): Einführung in die Anthropologie der Erziehung. Weinheim/Basel: Beltz.

Wulf, Christoph (2005): Die Genese des Sozialen. Mimesis, Performativität, Ritual. Bielefeld: transcript.

Wulf, Christoph (2006): Anthropologie kultureller Vielfalt. Interkulturelle Bildung in Zeiten der Globalisierung. Bielefeld: transcript.

Wulf, Christoph (2009): Anthropologie. Geschichte, Kultur, Philosophie. Köln: Anaconda.

Wulf, Christoph (2013): Das Rätsel des Humanen. Eine Einführung in die historische Anthropologie. München: Wilhelm Fink.

Wulf, Christoph (2014a): Mimesis. In: Ders./Zirfas, Jörg (Hrsg.) (2014): Handbuch Pädagogische Anthropologie. Wiesbaden: Springer VS, S. 247-257.

Wulf, Christoph (2014b): Bilder des Menschen. Imaginäre und performative Grundlagen der Kultur. Bielefeld: transcript.

Wulf, Christoph (2020): Bildung als Wissen vom Menschen im Anthropozän. Weinheim: Beltz Juventa.

Wulf, Christoph/Althans, Birgit/Audehm, Kathrin/Bausch, Constanze/Göhlich, Michael/Sting, Stephan/Tervooren, Anja/Wagner-Willi, Monika/Zirfas, Jörg (2001): Das Soziale als Ritual. Zur performativen Bildung von Gemeinschaften. Opladen: Leske & Budrich.

Wulf, Christoph/Althans, Birgit/Blaschke, Gerald/Ferrin, Nino/Göhlich, Michael/Mattig, Ruprecht/Nentwig-Gesemann, Iris/Schinkel, Sebastian/Tervooren, Anja/Wagner-Willi, Monika/Zirfas, Jörg (2007): Lernkulturen im Umbruch. Rituelle Praktiken in Schule, Medien, Familie und Jugend. Wiesbaden: VS Verlag.

Wulf, Christoph/Göhlich, Michael/Zirfas, Jörg (Hrsg.) (2001): Grundlagen des Performativen. Eine Einführung in die Zusammenhänge von Sprache, Macht und Handeln. Weinheim/München: Beltz.

Wulf, Christoph/Suzuki, Shoko/Zirfas, Jörg/Kellermann, Ingrid/Inoue, Yoshitaka/Ono, Fumio/Nanae Takenaka (2011): Das Glück der Familie. Ethnographische Studien in Deutschland und Japan. Wiesbaden: VS Verlag.

Wulf, Christoph/Zirfas, Jörg (Hrsg.) (1994): Theorien und Konzepte der pädagogischen Anthropologie. Donauwörth: Auer.

Wulf, Christoph/Zirfas, Jörg (Hrsg.) (2004): Die Kultur des Rituals. Inszenierungen, Praktiken, Symbole. München: Wilhelm Fink.

Wulf, Christoph/Zirfas, Jörg (Hrsg.) (2007): Die Pädagogik des Performativen. Theorien, Methoden, Perspektiven. Weinheim/Basel: Beltz.

Wulf, Christoph/Zirfas, Jörg (Hrsg.) (2014a): Handbuch Pädagogische Anthropologie. Wiesbaden: Springer VS.

Wulf, Christoph/Zirfas, Jörg (2014b): Homo educandus. Eine Einleitung in die Pädagogische Anthropologie. In: Dies. (Hrsg.): Handbuch Pädagogische Anthropologie. Wiesbaden: Springer VS, S. 9-26.

Wulf, Christoph/Zirfas, Jörg (2014c): Paradigmen und Perspektiven Pädagogischer Anthropologie. In: Dies. (Hrsg.): Handbuch Pädagogische Anthropologie. Wiesbaden: Springer VS, S. 699-717.

Wulf, Christoph/Zirfas, Jörg (2020): Paragrana. Internationale Zeitschrift für Historische Anthropologie. Band 29, Heft 1: Den Menschen neu denken. Berlin: de Gruyter.

Wünsche, Konrad (1989): Die Bemühungen um einen anthropomorphen Menschen. In: Gebauer, Gunter/Kamper, Dietmar/Lenzen, Dieter/Mattenklott, Gerd/Wulf, Christoph/Wünsche, Konrad: Historische Anthropologie. Versuche einer Neubegründung. Reinbek bei Hamburg: Rowohlt, S. 171-216.

Wyrobnik, Irit (Hrsg.) (2012): Wie man ein Kind stärken kann. Ein Handbuch für Kita und Familie. Göttingen: Vandenhoeck & Ruprecht.

Zirfas, Jörg (1993): Präsenz und Ewigkeit. Eine Anthropologie des Glücks. Berlin: Dietrich Reimer.

Zirfas, Jörg (1996): Der Mensch schlechthin? Zur impliziten pädagogischen Anthropologie Jean-Jacques Rousseaus. In: Wulf, Christoph (Hrsg.): Anthropologisches Denken in der Pädagogik 1750-1850. Weinheim: DSV, S. 15-48.

Zirfas, Jörg (1999): Bildung als Entbildung. In: Schäfer, Alfred/Wulf, Christoph (Hrsg.): Bild, Bilder, Bildung. Weinheim: DSV, S. 159-193.

Zirfas, Jörg (2002a): Anthropologie als Spurensuche. Eine programmatische Skizze mit Blick auf die Allgemeine Pädagogik. In: Wigger, Lothar (Hrsg.): Zeitschrift für Erziehungswissenschaft. Beiheft 1/2002: Forschungsfelder der Allgemeinen Erziehungswissenschaft. Opladen: Leske & Budrich, S. 63-72.

Zirfas, Jörg (2002b): Der Fortschritt des Humanen. Geschichtsphilosophische und pädagogische Überlegungen zu Immanuel Kants Anthropologie in pragmatischer Hinsicht abgefaßt. In: Paragrana. Internationale Zeitschrift für Historische Anthropologie. Band 11, Heft 2: Kants Anthropologie. Berlin: Akademie Verlag, S. 116-139.

Zirfas, Jörg (2003): Das Recht auf Unvollkommenheit. Pädagogische Überlegungen zur Frage der Behinderung. In: Beillerot, Jacques/Wulf, Christoph (Hrsg.): Erziehungswissenschaftliche Zeitdiagnosen: Deutschland und Frankreich. Münster/New York: Waxmann, S. 209-223.

Zirfas, Jörg (2004): Pädagogik und Anthropologie. Eine Einführung. Stuttgart/Berlin/Köln: Kohlhammer.

Zirfas, Jörg (2005): Weltliche, soziale und schulische Theatralität. In: Liebau, Eckart/Klepacki, Leopold/Link, Dieter/Schröer, Andreas/Ders. (Hrsg.): Grundrisse des Schultheaters. Weinheim/München: Juventa, S. 257-275.

Zirfas, Jörg (2007a): Kontingentes Maß und maßlose Kontingenz. Lebenskunst im Zeitalter der Ungewissheit. In: Schuhmacher-Chilla, Doris/Wirxel, Julia (Hrsg.): Maß oder Maßlosigkeit. Ästhetische Präsenz in der Gegenwart. Oberhausen: Athena, S. 149-169.

Zirfas, Jörg (2007b): Immanuel Kant. Zum pädagogischen Orientierungswissen einer pragmatischen Anthropologie. In: Mietzner, Ulrike/Tenorth, Heinz-Elmar/Welter, Nicole (Hrsg.): Zeitschrift für Pädagogik. 52. Beiheft: Pädagogische Anthropologie – Mechanismus einer Praxis. Weinheim/Basel: Beltz, S. 33-44.

Zirfas, Jörg (2008a): Gelingen & scheitern. In: Bubmann, Peter/Sill, Bernhard (Hrsg.): Christliche Lebenskunst. Regensburg: Pustet, S. 231-238.

Zirfas, Jörg (2008b): Sterben lernen. Historische Anmerkungen zum philosophischen und pädagogischen Umgang mit der Endlichkeit. In: Mitgutsch, Konstantin/Sattler, Elisabeth/Westphal, Kristin/Breinbauer, Ines M. (Hrsg.): Lernen. Pädagogische Beiträge zum Vollzug des Lernens. Stuttgart: Klett-Cotta, S. 309-323.

Zirfas, Jörg (2009): Homo absconditus? Pädagogisch-anthropologische Notizen. In: Göhlich, Michael/Ders. (Hrsg.): Der Mensch als Maß der Erziehung. Festschrift für Christoph Wulf. Weinheim/Basel: Beltz, S. 199-214.

Zirfas, Jörg (2011a): Bildung. In: Kade, Jochen/Helsper, Werner/Lüders, Christian/Egloff, Birte/Radtke, Frank-Olaf/Thole, Werner (Hrsg.): Pädagogisches Wissen. Erziehungswissenschaft in Grundbegriffen. Stuttgart: Kohlhammer, S. 13-19.

Zirfas, Jörg (2011b): Die Selbsterschaffung eines schönen Engels. Zum Modell der ästhetischen Dynamik bei Giovanni Pico della Mirandola. In: Klepacki, Leopold/Ders. (Hrsg.): Geschichte der Ästhetischen Bildung. Band 2: Frühe Neuzeit. Paderborn: Ferdinand Schöningh, S. 75-87.

Zirfas, Jörg (2012a): Anthropologie als Projekt der Psychologie. Immanuel Kants Anthropologie in pragmatischer Hinsicht abgefasst. In: Buchholz, Michael B./Gödde, Günter (Hrsg.): Der Besen, mit dem die Hexe fliegt. Wissenschaft und Therapeutik des Unbewussten. Band 2: Konversation und Resonanz in der Psychotherapie. Gießen: Psychosozial Verlag, S. 221-247.

Zirfas, Jörg (2012b): Warum Glück nicht glücklich macht. Thesen zu einer Anthropologie des Glücks. In: Psychologie und Gesellschaftskritik 1/2012, S. 63-83.

Zirfas, Jörg (2014a): Die Ästhetik der Mimesis. Über kulturelle Wechselspiele und Zirkulationsformen. Internationale Zeitschrift für Historische Anthropologie. Band 23, Heft 2: Mimesis und Kulturelle Metamorphosen. Berlin: de Gruyter, S. 85-98.

Zirfas, Jörg (2014b): Gegenwart. In: Wulf, Christoph/Zirfas, Jörg (Hrsg.): Handbuch Pädagogische Anthropologie. Wiesbaden: Springer VS, S. 363-373.

Zirfas, Jörg (2014c): Die Lebenskunst des Peter Pan. Alexander S. Neills biographisch-pädagogische Erfahrungen und Botschaften. In: Gödde, Günter/Ders. (Hrsg.): Lebenskunst im 20. Jahrhundert. Stimmen von Philosophen, Künstlern und Therapeuten. München: Wilhelm Fink, S. 323-338.

Zirfas, Jörg (2015): Ohne Gewähr oder: Die unsichere Zukunft. In: Paragrana. Internationale Zeitschrift für Historische Anthropologie. Band 24, Heft 1: Unsicherheit. Berlin: de Gruyter, S. 26-38.

Zirfas, Jörg (2020): Pädagogische Schädelbasislektionen. Die Technisierung des Gehirns und ihre erziehungswissenschaftlichen Konsequenzen. In: Bilstein, Johannes/Winzen, Matthias/Ders. (Hrsg.): Pädagogische Anthropologie der Technik. Praktiken, Gegenstände und Lebensformen. Wiesbaden: Springer VS, S. 193-213.

Zirfas, Jörg/Jörissen, Benjamin (2007): Phänomenologien der Identität. Sozial- und kultur- und humanwissenschaftliche Analysen. Wiesbaden: VS Verlag.

Zulliger, Hans (1957): Psychoanalyse und Pädagogik. In: Cremerius, Johannes (Hrsg.): Psychoanalyse und Erziehungspraxis. Frankfurt/Main: Fischer, S. 112-123.

Antworten zum Weiterdenken

Mit den nun folgenden Antworten sind Spielräume und Markierungen des Denkens gemeint – sozusagen Anhaltspunkte, die für die Fragen am Ende der Kapitel von Belang sind. Insofern stellen sie keine einfachen Beantwortungen der Fragen, sondern Reflexionshorizonte dar. Sie fordern bewusst dazu auf, das erinnerte Wissen mit innovativen kritischen Überlegungen in Verbindung zu bringen oder schlicht dazu, eigenen Fragen nachzugehen und selbst pädagogisch zu forschen. Denn die Pädagogische Anthropologie hat es immer auch mit den Menschen zu tun, die sie betreiben.

Kapitel 1: Deutungswissen oder: Was kann ich wissen?

a. Die vielleicht größte Paradoxie scheint darin zu bestehen, dass einerseits das Gehirn als das wichtigste Körperorgan identifiziert wird, andererseits aber der Körper (und das körperliche Lernen) dabei kaum in den Blick kommt. Fragen der Sinnlichkeit, der körperlichen Wahrnehmungen, der Bewegungen, der mimetischen Beziehungen, der ästhetischen Bewertungen, der Atmosphären etc. tauchen in den neurowissenschaftlichen Modellen – wenn überhaupt – dann nur indirekt auf. Insofern muss festgehalten werden, dass erst die gesamtleibliche Aktivität Lernen ausmacht, das daher nicht einfach mit einem Gehirnvorgang gleichgesetzt werden kann. Zudem wird der Gegenstand des Lernens in den neurowissenschaftlichen Untersuchungen nicht thematisch.
b. Das für die richtige pädagogische Zeitökonomie notwendige allgemeingültige Zeitmodell entsteht als lineare Zeit im Rahmen der klassischen Mechanik. Mit ihrer Definition der absoluten, wahren und mathematischen Zeit der *Philosophiae Naturalis Principia Mathematica* (1687) von Isaac Newton (1643-1727) denkt sie Zeit völlig gleichförmig und ohne Beziehung auf den Menschen und seine Situation. Mit einem Schlag gibt es ebenso nur eine einzige Zeit für alle Menschen, wie es auch nur eine einzige Zeit für alle Handlungen eines Menschen gibt. Indem Zeit auf das rein quantitative Maß einer Summierung von Zeiteinheiten gebracht wird, wird die Zeit total: Die lineare Zeit wird gleichsam zur säkularisierten Variante einer theologisch ewigen Zeit als Maß aller Maßstäbe mit gleichwohl höchst irdischen Folgen. Denn Zeitvergeudung oder Pünktlichkeit können nur von einem Menschen verlangt werden, der in der Lage ist, Zeitpunkte zu identifizieren und die Umstände seines Handelns zu kontrollieren. Dadurch zeigt er nicht nur Souveränität im Umgang mit der Zeit – an der er sich gleichwohl messen lassen muss –, sondern vor allem Souveränität als Mensch: Mit ihm kann man rechnen. Zu beachten ist auch, dass die universitär allzeit präsenten ECTS-Punkte nichts anderes bedeuten als Zeiteinheiten.

c. Mit der Psychoanalyse Freuds rücken das Triebleben des (kleinen) Kindes, die Symbolwelt seines Spielens und Handels, seine emotionale Beziehung zu den Eltern, aber auch die pathologischen Ergebnisse der Erziehung in den Blick. „Wir haben verstanden, die Schwierigkeit der Kindheit liegt darin, daß das Kind in einer kurzen Spanne Zeit sich die Resultate einer Kulturentwicklung aneignen soll, die sich über Jahrzehntausende erstreckt, Triebbeherrschung und soziale Anpassung, wenigstens die ersten Stücke von beiden. Nur einen Teil dieser Veränderung kann es durch eigene Entwicklung leisten, vieles muß ihm durch die Erziehung aufgedrängt werden. Wir wundern uns nicht, wenn das Kind diese Aufgabe oft nur unvollkommen bewältigt. Viele Kinder machen in diesen frühen Zeiten Zustände durch, die man den Neurosen gleichstellen darf, gewiß alle, die späterhin manifest erkranken. Bei manchen Kindern wartet die neurotische Erkrankung nicht die Zeit der Reife ab, sie bricht schon in der Kinderzeit durch und macht Eltern und Ärzten zu schaffen" (Freud 1933/2001, S. 157ff.). Während eine lieblose und gewaltsame Erziehung mit großer Wahrscheinlichkeit (d.h. nicht automatisch) zu psychischen Problemen des Kindes und/oder des Erwachsenen führt, führt eine liebevolle und unterstützende Erziehung mit großer Wahrscheinlichkeit (wiederum nicht automatisch) zu gesunden und selbstbewussten Menschen.
d. Das, was eine Lehrperson im Unterricht inhaltlich vermitteln muss, ist ein gesellschaftlich legitimiertes, intersubjektiv anerkanntes Wissen; darauf kann sie sich stützen. Hinsichtlich der Frage *wie* sie dieses Wissen vermittelt und *wie* sie konkret die unterrichtliche Tätigkeit vollzieht, wird sie allerdings immer wieder auf ihre eigene subjektive Körperlichkeit zurückgeworfen. In einer performativen Perspektive ist dies ein nicht zu unterschätzender Faktor des Gelingens von Unterricht. Denn nicht nur die Welt, auch die Schule und der Unterricht sind performative Bühnen, auf denen man seinen Körper ins Spiel bringt. Auch bei den Lernenden geht es um das Wahrgenommenwerden durch andere Personen (Mitschüler*innen und Lehrer*innen) mittels inhaltlich angemessener und sozial wirksamer subjektiver Aufführungen. Und von der Performanz eines Lernenden werden i.d.R. direkte Rückschlüsse auf seine Kompetenzen gezogen. Dadurch, dass sowohl die Vermittlungs- als auch die Aneignungstätigkeit in gleichem Maße subjektgebunden wie gesellschaftlich-kulturell begründet sind, ist es möglich, beide Handlungsmodi als sozial-leiblich zu definieren.

Kapitel 2: Handlungswissen oder: Was soll ich tun?

a. Das Buch *Émile* lässt sich nicht eindeutig der Pädagogik zuordnen, wie Rousseau in einem Brief an Philipp Cramer vom 13.10.1764 vermerkt, denn man könnte ihn auch als einen Roman über eine optimistische Anthropologie verstehen: „Ich kann nicht glauben, dass Sie das Buch gleichen Namens für eine reine Abhandlung über die Erziehung halten. Es ist ein recht philosophisches Buch über jenes Prinzip, [...] nämlich dass *der Mensch von Natur aus gut* sei" (Rousseau 1992,

S. 286). Wer sich an dieser natürlichen Logik orientiert, in der sich der Zögling selbstständig entwickeln soll, darf im Grunde nicht erziehen, sondern nur Selbsterziehung ermöglichen. In diesem Sinne kann man das Experiment des Émile auch beschreiben als pädagogische Inauguration einer stufenförmigen, nicht beschleunigbaren und irreversiblen Entwicklung eines Menschen. Die Erziehung soll der natürlichen Entwicklung des Zöglings folgen und das heißt auch, ihm die Zeit geben, die seine Entwicklung eben braucht.

b. Aus dem Blickwinkel der Autonomie als Freiheit erscheint Erziehung, von Kant kausalistisch als Einwirkung, als Heteronomie gedacht, nicht hinnehmbar, in welcher Form auch immer. Im Lichte des Kategorischen Imperativs erscheint Erziehung zwar bedenklich, gebraucht sie den Menschen doch oft genug als Mittel zum Zweck, z.B. beim Loben und Strafen, aber nicht bedenklicher als jegliches nicht-pädagogische Handeln, das sich ebenso jederzeit am Maßstab des Selbstzweckes Mensch zu messen hat. Gerade der Selbstzweckcharakter – des Erziehers wie des Zöglings – verbietet dann auch eine substantielle Bestimmung derjenigen pädagogischen Normen, die in je konkreter Art und Weise zu befolgen wären, und verweist auf eine unhintergehbare Freiheit, die im je konkreten praktischen Fall den Selbstzweckcharakter reflektierend beurteilen kann. Die Bestimmung des Menschen liegt darin, frei zu sein, sich selbst Gesetze geben zu können. Und die Erziehung hat die paradoxale Aufgabe, Menschen in dieser Hinsicht zu unterstützen.

c. Mit Friedrich Nietzsche bekommt der Perspektivismus als Vielheit der Sichtweisen eine bildende Grundierung: Er dient nicht dem gebrochenen Gestus eines nur bedingten und eingeschränkten Zugangs zur Sache und auch nicht dem abgeklärten Gestus einer Relativierung und Abwägung von Gesichtspunkten, sondern einem vitalistischen Gestus der Belebung von Zugängen zu sich und zur Welt. Die „Perspektiven-Optik des Lebens" (Nietzsche 1886, S. 26) macht deutlich, dass die unterschiedlichen Zugänge zur Welt Präferenzen und Wertungen darstellen, die mächtige Interpretationen bedeuten. Im „Vergewaltigen, Zurechtschieben, Abkürzen, Weglassen, Ausstopfen, Ausdichten, Umfälschen" (Nietzsche 1887, S. 400) der Dinge zeigen sich letztlich leibliche und sinnliche Einstellungen und Praktiken, die durch ihre unterschiedlichen Perspektiven neue und andere affektive und intellektuelle Rhythmen und Intensitäten ermöglichen. Man könnte sagen, dass Nietzsche den Rausch der Perspektiven feiert.

d. Mimetische Prozesse lassen sich als eine „verandernde" Form der Entäußerung, des temporären Sich-Überlassens an ein Anderes verstehen, aus dem Menschen um wertvolle Wahrnehmungen, Erfahrungen und Ausdrucksformen bereichert zurückkehren. Diese – auch imaginär-mimetische – Erfahrung zeigt dem Einzelnen einerseits, dass Sachverhalte auch anders sein können, und zeigt ihm andererseits auch, was es heißt, man selbst oder ein Selbst zu sein, und es zeigt ihm drittens, wie die Beziehungen von sich zu diesen Sachverhalten verstanden und ausgestaltet werden können. Mimetische Erfahrungen ergänzen den Bestand des theoretischen wie praktischen Wissens und verändern diesen damit nachhaltig: Indem sie eine Anähnlichung an andere symbolische oder performative Weltentwürfe darstellen, stellen sie alternative Selbst- bzw. Welterfahrungs- und Selbst- und Weltdarstellungsoptionen zumindest imaginär, häufig auch praktisch bereit. Diese Veränderung kann schließlich in einer neuen Erfahrung, in einer neuen Einstellung oder auch in einem Sich-Offenhalten für Neues münden.

Kapitel 3: Orientierungswissen oder: Was darf ich hoffen?

a. Als negatives Beispiel dient hier eine Bemerkung des ehemaligen bayerischen Kultusministers und Mitbegründers der CSU Alois Hundhammer (1900-1974), der als Reaktion auf das Vorhaben der Amerikaner nach dem Zweiten Weltkrieg, in ihrer Besatzungszone das Gesamtschulsystem einzuführen – statt des dreigliedrigen Schulwesens, das sie als undemokratisch ablehnten – Folgendes ausführte: „Zwei Tatsachen dürfen freilich in dem berechtigten Ringen um die soziale Gerechtigkeit der Schulverfassung nicht übersehen oder geleugnet werden: einmal die Tatsache, daß die Begabung für höhere Bildungsziele von der Natur nun einmal nur einem zahlenmäßig begrenzten Personenkreis vorbehalten ist; und sodann die weitere Tatsache, daß diese Begabungen sich zwar auf alle Stände und Klassen der Bevölkerung verteilen, nicht aber so, daß sie prozentual völlig gleichmäßig unter den einzelnen Sozialschichten verteilt sind. Diese biologisch gegebene Ungleichheit kann durch keine zivilisatorischen Maßnahmen beseitigt werden, auch nicht durch die Änderung unseres sogenannten zweispurigen Schulsystems zugunsten eines Einheitsschulsystems" (Hundhammer, zit. n. Giesecke 1991, S. 20). Hundhammers Äußerung stellt keine pädagogische Antwort dar.
b. Eines der großartigsten und optimistischsten pädagogischen Fortschrittsmodelle überhaupt dürfte das am Ende der Frühen Neuzeit und zu Beginn der Moderne entstandene Konzept von Jan Amos Comenius sein, das darauf zielte, *allen Menschen alles allumfassend* (*omnes, omnia, omnino*) zu vermitteln. Comenius' *Didactica Magna* (1657) brachte diesen wohl nachhaltig wirksamsten Vervollkommnungstraum der Neuzeit auf den folgenden Punkt:
   „GROSSE DIDAKTIK / *Die vollständige Kunst, / alle Menschen alles zu lehren /*
   oder
   Sichere und vorzügliche Art und Weise, in allen Gemeinden, Städten und Dörfern eines jeden christlichen Landes Schulen zu errichten, in denen die gesamte Jugend beiderlei Geschlechts ohne jede Ausnahme
   rasch, angenehm und gründlich
   in den Wissenschaften gebildet, zu guten Sitten geführt, mit Frömmigkeit erfüllt und auf diese Weise in den Jugendjahren zu allem, was für dieses und das künftige Leben nötig ist, angeleitet werden kann;
   worin von allem, wozu wir raten,

die *Grundlage* in der Natur der Sache selbst gezeigt,
die *Wahrheit* durch Vergleichsbeispiele aus den mechanischen Künsten dargetan,
die *Reihenfolge* nach Jahren, Monaten, Tagen und Stunden festgelegt und schließlich,
der *Weg* gewiesen wird, auf dem sich alles leicht und mit Sicherheit erreichen lässt" (Comenius 1993, IX).

c. Die moderne Einführung der sog. Schlüsselqualifikationen und Schlüsselkompetenzen zielt auf einen neuen Selbstbestimmungstypus: Wir sind dann selbstständig, wenn wir das Nicht-Wissen der Zukunft eingeübt haben. Wir wissen, dass wir nicht wissen können, wie die Zukunft beschaffen ist, und versuchen daher Fähigkeiten zu entwickeln, von denen wir unterstellen, dass sie mit dieser unwissbaren Zukunft umgehen können. Unterstellt wird auch in den neueren Schlüsselqualifikationskonzepten, dass die zu erwerbenden Kompetenzen quasi lebenslang und ubiquitär anwendbar sind, mithin, dass sie die Schüler*innen auf eine offene Zukunft vorbereiten. Denn die Schlüsselkompetenzen heißen ja nicht nur so, weil sie in alle „Lebensschlösser passen", sondern auch so, weil sie *immer* passen sollen. Schlüsselqualifikationen sind Wetten auf die unsichere Zukunft. Das gilt etwa für die im Sinne einer neuen Didaktik des Nichtwissens entwickelten zukunftsbezogenen Kompetenzen, die Robert Reich schon 1992 für ein Leben unter Bedingungen einer unsicheren Zukunft für sinnvoll hielt, nämlich Systemdenken, Abstraktionsvermögen, eine experimentelle Grundhaltung, Kooperationsfähigkeit, kreative Anwendung von Fachwissen, die Fähigkeit unvorhergesehene Probleme zu lösen und Neues lernen zu können (Reich 1992).
d. Ob es nun in der Antike um die Vorbereitung auf ein adliges Leben ging, in welchem sich sportliche und kriegerische Leistungen mit eleganter Muße abwechselten, ob es sich im Mittelalter um Gewissensbildung, die Vermittlung eines strengen Kanons religiöser Werte und asketischer Lebensformen handelte oder ob man sich in der Moderne auf stufenförmige Entwicklungsmöglichkeiten, die kreative Entfaltung von natürlichen Potentialen oder die individuelle Aneignung der Welt durch ein sich selbst bildendes Subjekt konzentrierte – immer ging es in Fragen von Erziehung, Bildung und Lernen um die Vermittlung von Fähigkeiten und Wissensbeständen, die den Kindern und Schüler*innen helfen sollen, in ihrem Leben glücklich zu werden.

Kapitel 4: Systematisches Wissen oder: Was ist der Mensch?

a. Weder die Geschichte, noch die Natur- oder Kulturwissenschaften, noch die Philosophie oder die Pädagogik zeigen uns ein wesenhaftes Wesen des Menschen: *homo absconditus* oder *individuum est ineffabile* sind die dementsprechenden Definitionen. Der Mensch ist dasjenige Wesen, das undefinierbar ist, dem keine Definition und kein Bild genügt, und das, weil es undefinierbar ist, definiert und beschrieben werden kann und muss. Um es paradox zu formulieren: Das Wesen des Menschen ist seine *Unwesentlichkeit*. Dabei ist unter „Wesen" die Eigenheit, die Natur, die Substanz, der Sinn, der Kern oder auch das Wirkliche verstanden worden. Und unter „Unwesentlichkeit" wurden Freiheit, Bildsamkeit, Plastizität und Selbstbestimmungsfähigkeit subsumiert. Und der Mensch ist somit dasjenige Wesen – auch das eine Definition –, das um seine Unwesentlichkeit und Undefinierbarkeit weiß. „Der Mensch weiß nicht, was er ist, er weiß nicht, was er denkt, er weiß auch nicht, was er weiß. Wie sollte da verwunderlich sein, dass er auch so oft nicht weiß, was er tut? Und weshalb sollte er wissen, was er kann" (Blumenberg 2006, S. 882)?

b. Die Anthropologie des Abendlandes ist durch eine Reihe von Dualismen gekennzeichnet. Der Mensch ist: Kultur/Natur, Geist/Körper, Vernunft/Trieb, Bewusstes/Unbewusstes, Freiheit/Zwang, Mann/Frau, Erwachsener/Kind, perfekt/defekt, erzogen/wild, bildungsnah/bildungsfern etc. Zusammenfassend verweisen diese Oppositionen und die sich daraus ergebenden Modelle auf die Unmöglichkeit eines abgeschlossenen Menschenbildes. Pädagogische Anschlussmöglichkeiten ergeben sich z.B. im Bezug auf die Differenz des *animal rationale*: 1. Die Erziehung kann eine Seite privilegieren und ein hierarchisches, und damit auch tendenziell gewaltförmiges Verhältnis etwa zwischen Vernünftigkeit (Geist) und Tierheit (Triebhaftigkeit) etablieren. 2. Der Mensch ist zwar ein Tier, hat aber humane Anlagen, die durch die entsprechende Erziehung entfaltet werden können. Ziel ist die Humanisierung des Animalischen. 3. Der Mensch ist sowohl Mensch als auch Tier – und insofern muss man beiden Aspekten pädagogisch gerecht werden. Konsequenterweise würde das letzte Modell auch die pädagogische Unterstützung des Human-Animalischen bedeuten.

c. Wir finden die Dreizahl in vielfältigen Zusammenhängen, die über die Wissenschaft hinaus in allgemeine Weltanschauungen hinein reichen (vgl. Einleitung): Das gesamte Leben oder eine bestimmte Entwicklung lässt sich mit Anfang, Mitte und Ende kennzeichnen, ein Ganzes setzt sich aus These, Antithese und Synthese zusammen, den Raum nehmen wir dreidimensional wahr und die Zeit zerlegen wir in Vergangenheit, Gegenwart und Zukunft. Nicht zuletzt wurde durch das christliche Mittelalter die Trinität von Vater, Sohn und Heiliger Geist sehr bedeutsam. Die Zahl „Drei" bezeichnet eine „umfassende Synthese" (Endres/Schimmel). In der Pädagogik ist bis heute die (platonische) Dreiheit der Erziehung zum Wahren (Erkenntnis, Rationalität), Guten (Moral, Tugend) und Schönen (Kunst, Ästhetik) bedeutsam. Vgl. den einschlägigen Artikel 132, 2 der bayerischen Verfassung zur Bildung und Schule, wo die „Aufgeschlossenheit für alles Wahre, Gute und Schöne" explizit genannt wird.

d. Diese Frage soll an zwei Beispielen erläutert werden: 1. Wenn ich – etwa mit Jeremy Bentham (1758-1832) – davon überzeugt bin, dass der Mensch im Kern ein ökonomisches Wesen oder ein Gewinnverfolger ist und wenn ich zudem davon überzeugt bin, dass dieser Kern am besten durch eine utilitaristische Einstellung zum Ausdruck gebracht wird, in der es darum geht, den ökonomischen (oder auch eudämonistischen) Nutzen zu maximieren, dann liegt eine Erziehung nahe, die auf das Einüben von (rationalistischen) Kosten-Nutzen-Abwägungen und Risikoabschätzungen abzielt. 2. Wenn ich aber – mit Emmanuel Lévinas (1906-1995) – davon ausgehe, dass ich kein pädagogisches Gegenüber (vollständig) kennen oder, noch stärker, eigentlich verstehen kann und soll und wenn ich zudem davon überzeugt bin, dass ich auf diesen Menschen und seine Fragen pädagogische Antworten finden muss bzw. sollte, dann liegt die Pädagogik einer sehr umfassenden Verantwortung nahe, die – eben weil sie den Anderen nicht kennt bzw. kennen kann und soll – sehr weitgehende und sehr differenzierte Erziehungs- und Bildungsmaßnahmen ergreifen muss.

Glossar

Bestimmung: Der Mensch, so der *basso continuo* seit der Renaissance, zeichnet sich dadurch aus, dass er sich seine Bestimmung selbst zu geben habe; die Bestimmung des Menschen liegt, so die thesenhafte Zusammenfassung, in der Selbstbestimmung. Weder die Geschichte, noch die Sozial- und Naturwissenschaften, noch die Philosophie oder die Pädagogik zeigen uns ein wesenhaftes Wesen des Menschen, das von allen Menschen anerkannt wird. Der Mensch ist dasjenige Wesen, dass undefinierbar ist, dem keine Definition und kein Bild genügt, und das, weil es undefinierbar ist, definiert und beschrieben werden kann und muss. Und doch ist der Mensch dadurch auch das bestimmbare Wesen, dessen moderne Aufgabe darin besteht, die Bestimmungen seiner selbst sich nicht vorschreiben zu lassen.

Bildsamkeit: Vergegenwärtigt man sich die traditionellen anthropologischen erzieherischen Argumentationsmuster, so erscheint Erziehung deshalb notwendig, weil der Mensch als erziehungsbedürftig (Notwendigkeit) und als erziehungsfähig (Möglichkeit) betrachtet wird: Er ist *animal educabilis* und *animal educans*. Erziehung und Bildung werden notwendig, weil die Diskrepanz zwischen genetischer Ausstattung und gesellschaftlichen Erfordernissen Menschen gefährdet und weil der Hiatus zwischen individueller Unbestimmtheit und kulturellen Errungenschaften die Kultur in Frage stellt. Und sie werden möglich, weil der Mensch bildsam, d.h. veränderbar, ist. Bildungshistorisch ist hier an Johann Gottlieb Fichte (1762-1814) zu erinnern, der die Natur des Menschen mit einer unendlichen Bestimmbarkeit durch sich selbst in Verbindung brachte. In seinem Buch über die *Grundlage des Naturrechts* von 1796 schreibt er, dass sich beim Menschen eine „Bestimmbarkeit ins Unendliche“ finden lässt: „Jedes Thier ist, was es ist: der Mensch allein ist ursprünglich gar nichts. [...] Bildsamkeit als solche, ist der Charakter der Menschheit“ (Fichte 1796/1971, S. 79f.).

Generation: Etymologisch betrachtet geht das lat. *generatio* auf das *genos* zurück, das in der griechischen Gesellschaftsordnung ein – i.d.R. aristokratisches – Geschlecht oder einen adligen Familienverband bezeichnet. Fasst man die Ergebnisse der Sozialwissenschaften zusammen, so stellt Generation einen Bezug zur Herkunft (biologisch, sozial, kulturell) her; er definiert einen Bezug zu anderen (gleichaltrigen oder nicht-gleichaltrigen) Generationen; und er wird schließlich in Bezug auf eine kollektiv geteilte Erfahrung verwendet (Kriegsgeneration, 68er-Generation, Generation Z). Pädagogisch zielt der Generationenbegriff vor allem darauf ab, dass alle Kulturen aufgrund von Natalität und Mortalität gezwungen sind, Traditionen (curricular) zu bewahren und gleichzeitig Entwicklungen zuzulassen. Dabei spielt die Beziehung zwischen Erwachsenen und Kindern eine zentrale Rolle und damit Fragen der reziproken intergenerationellen Einstellungen, der Tradierung von Erziehungsinhalten und der Konzeptionierung von Erziehungszielen. Hierbei kann die jüngere Generation der älteren durchaus strukturell „voraus" sein – siehe Medien, Technik und Geschmack.

Glück: Für die Moderne gilt, dass die Subjekte mehr oder weniger selbst ihre Bewertungen des Glücks vornehmen und darüber entscheiden, wann und inwiefern sie sich glücklich fühlen wollen und können. Glück als mehr oder weniger dauerhaftes Glücklichsein ist in der Moderne daran geknüpft, dass Menschen ihre zentralen Lebensziele erreicht haben, dass ihre wichtigsten Wünsche in Erfüllung gegangen sind, und dass sich die Erwartungen auf positive Ereignisse verwirklichen ließen. In all diesen Fällen spielen soziokulturelle, aber vor allem auch subjektiv-biographische Bewertungsprozesse eine entscheidende Rolle. Denn jedes Individuum bewertet sowohl sein aktuelles Glücksempfinden als auch sein umfassenderes Glücklichsein immer auch im Kontext seiner Lebens- und Lerngeschichte, so dass sich etwa das Glücksgefühl eines Augenblicks individuell nur sehr schwer vorhersagen lässt. Glück ist vor dem Hintergrund einer subjektiven Bewertung in der Moderne plural geworden. Dass jeder seines Glückes Schmied ist, bedeutet demnach nicht nur, dass er für sein Glück persönlich Verantwortung trägt, sondern auch, dass er eine von anderen Menschen nicht geteilte Glücksvorstellung für sinnvoll halten kann.

Körper: Hierzu schreibt Dietmar Kamper: Der Körper „kann um keinen Preis als natürlich oder ursprünglich angenommen werden. Vielmehr muss er als lebendig-wirksames ‚Resultat' der Evolution, der Vorgeschichte und der Geschichte in Rechnung gestellt werden. Das gäbe den historischen Human- und Sozialwissenschaften, insbesondere der historischen Anthropologie, einen Vorrang vor den Naturwissenschaften und vor den Varianten der naturwissenschaftlichen Anthropologie" (Kamper 1997, S. 407). Im Sinne einer historischen Anthropologie lassen sich z.B. für die letzten zweitausend Jahre im Abendland unterscheiden: der abzuhärtende kriegerische oder sportliche Körper, der diätetisch zu umsorgende gesunde Körper, der religiös zu reinigende vergängliche Körper, der zu zivilisierende und zu disziplinierende bürgerliche Körper, der zu objektivierende und zu manipulierende wissenschaftliche Körper, der wegen seiner Mängel zu kompensierende behinderte Körper, der performativ-darzustellende und sinnlich zu entfaltende ästhetische (bildhafte) Körper sowie der zu sozialisierende kollektive und symbolische Körper.

Kultur: Der Begriff stammt von lat. *cultura* (Ackerbau, Pflege, Bildung) ab und bezeichnet ganz allgemein die Gesamtheit von Lebensformen und mentalen Grundlagen einer Gruppe. In den Blick kommen dabei technische und materielle Grundlagen, die hohe (ästhetische) Kultur, aber auch (institutionalisierte) Denk-, Sprach- und Interaktionsmuster. Der neuere Kulturbegriff, der die Kombination, Vermischung und Assimilation von regionalen, nationalen und globalen Kulturmustern mitbedenkt, reagiert auf Prozesse der Internationalisierung und Globalisierung. Erziehung, Bildung, Sozialisation, Spiel etc. sind auch Prozesse der Enkulturation, d.h. bewusster oder unbewusster Lernprozesse, in deren Folge sich eine Person im Laufe ihres Lebens die Wahrnehmungs-, Denk- und Handlungsmuster sowie die Maßstäbe der ihn umgebenen Kultur in ihren symbolischen Formen und performativen Praxen aneignet. Hierbei spielen vor allem aufmerksame Beobachtung, Lernen am Modell, mimetisches Lernen und unbewusste Internalisierungsvorgänge eine wichtige Rolle. Der von Cicero (106-43 v. Chr.) verwendete Begriff *cultura animi*, die Pflege des Geistes, verweist auf eine Kultivierung bzw. Bildung des Menschen.

Liminalität: Der Mensch ist ein Grenzwesen, das durch Grenzen definiert wird, und das sich nur innerhalb von Grenzen verstehen kann. Der Mensch, so schreibt Jacques Derrida (1930-2004), „kann *sich* Mensch nur *nennen*, indem er Grenzen zieht, die sein Anderes: die Reinheit der Natur, der Animalität, der Ursprünglichkeit, der Kindheit, des Wahnsinns, der Göttlichkeit aus dem Spiel [...] ausschließen. [...] Die Geschichte des *sich* Mensch *nennenden* Menschen ist die Verknüpfung aller dieser Grenzen untereinander" (Derrida 1983, S. 420). Der Mensch zieht Grenzen *im* Humanen – etwa zwischen weiblich und männlich, zwischen Kind und Erwachsener, zwischen gesund und krank – und er zieht Grenzen *des* Humanen – indem er Differenzen zu Gott, dem Tier oder der Maschine markiert. Die gezogenen oder auch aufgelösten Grenzen sind pädagogisch enorm bedeutsam, wie die Disziplinierung des „Animalischen" im Menschen oder die „Computerisierung" des Humanen zeigen.

Menschenbild: Das ist eine Vorstellung davon, was der Mensch ist, wie er geworden ist, was er sein kann und sein soll. Pädagogische Menschenbilder haben mehrere Funktionen, nämlich Deutungs-, Orientierungs-, Praxis- und Legitimierungsfunktionen. Sie ermöglichen ein Verstehen des Menschen, sie strukturieren Erwartungen an ihn, sie legen bestimmte pädagogische Handlungen nahe und sie legitimieren pädagogische Maßnahmen. Jede Pädagogik enthält zumindest implizite Menschenbilder, die auf die Erziehungs- bzw. Bildungsbedürftigkeit und auf die Erziehungs- bzw. Bildungsnotwendigkeit des Menschen abheben. In der Moderne sind die Menschenbilder stark mit Subjektivität, Mündigkeit und Resilienz aufgeladen. Doch was der Mensch werden kann und soll, lässt sich immer weniger vorherbestimmen bzw. prognostizieren. Der pädagogische Umgang mit dem Nichtwissen und dem Nichtwissenkönnen gewinnt an Bedeutung.

Mimesis: Der griechische Begriff bedeutet „Darstellung", oder „Nachahmung". Ein anthropologischer Begriff, der eine Grundfähigkeit des Menschen betrifft, die für Lern- und Bildungsprozesse zentral ist. Mimetische Prozesse sind sinnlich-körperliche Prozesse der kreativen Anverwandlung, die als Bewegung auf andere Bewegungen Bezug nehmen. Sie haben dabei einen darstellenden und zeigenden Aufführungscharakter, sind gleichzeitig eigenständig und individuell sowie in ihren

Bezugnahmen auf andere Akte oder Intentionen sozial und vermittelt. Mimetische Prozesse sind in ihrer Struktur dadurch gekennzeichnet, dass in ihrem Ausdruck bzw. in ihrer Darstellung die Ähnlichkeit oder Nähe eines Menschen zu einer Sache, einer Pflanze, einem Tier oder einem Menschen virulent wird. Insofern stellt die Mimesis eine innovative Nachahmung des „Anderen", sozusagen eine „Veranderung des Ich" dar.

Moral: Der Begriff leitet sich vom Lateinischen *mos, mores* ab, das den Willen, die Vorschrift, das Gesetz, den Brauch oder die Sitte bedeutet. Traditionell sind mit der Moral folgende Fragen verbunden: Was ist ein gutes oder gelungenes Leben? Welche Gründe sprechen für diese Form des guten oder gelungenen Lebens? Welche Handlungen führen zu ihm bzw. an welchen moralischen Kriterien sollte man seine Handlungen orientieren? Moralischen Fragen geht es um das richtige Handeln nach allgemein anerkannten Werten und Normen. Pädagogisch werden folgende moralische Fragen bedeutsam: Warum soll ich erziehen? An welchen Zielen und Kriterien muss ich mein pädagogisches Handeln ausrichten? Welche Inhalte sollte ich in der Erziehung vermitteln? Anthropologisch betrachtet hat Moral die Funktion, die wechselseitige Verbindlichkeit und Anerkennung von Werten und Normen in einer Gruppe zu gewährleisten. Sie ist eine „Schutzvorrichtung" (Habermas), die der extremen Verletzbarkeit des menschlichen Lebens entgegenwirkt und eine Entwicklungsvorrichtung, die die Möglichkeiten eines guten und glücklichen Lebens für alle steigern soll.

Natur: Den Gedanke, sich bei Erziehung und Bildung an der Natur zu orientieren, lässt sich schon in der Antike finden. Hier wird die Übereinstimmung mit der Natur etwa von Aristoteles propagiert und dann von der Stoa – und hier vor allem von Seneca (1-65 n. Chr.) mit der Maxime *naturae convenientur vivere* – expliziert. Dabei ging es um eine rationale Natur des Menschen. Für Rousseau hingegen, der auch dieser Idee folgt, ist zwar der natürliche Mensch sich selbst alles, aber hier geht es nicht um den Geist, sondern um das Gefühl. Der natürliche Mensch ist derjenige, der mit einem vollkommenen Gleichgewicht von Kräften und Wünschen lebt und sich daher glücklich fühlt. Die Pädagogen der Romantik denken bei der Natur vor allem einen Verlust von Kindheit, von einer paradiesischen Natürlichkeit und Authentizität, die im Laufe des Zivilisationsprozesses in Vergessenheit geraten ist und tendenziell von den Erwachsenen zerstört wurde. Sie wollen daher pädagogisch an die Natur anknüpfen, an die gute Innen- und Eigenwelt von Kindern und Jugendlichen und an die gute, natürliche Umwelt, in der Erziehung stattfinden soll.

Optimierung: In modernen Lebensformen finden sich wohl schwerlich noch Bereiche, die frei sind vom Topos der Optimierung. Ob wir uns mit Sport, Gesundheit, Wirtschaft, Psychologie, Bildung oder Erziehung beschäftigen – überall werden wir mit der Aufforderung konfrontiert, uns selbst, unsere Arbeit oder die Institution, für die wir tätig sind, zu „verbessern". Optimierung steht für den Versuch, unter bestimmten Ausgangslagen und mit Blick auf spezifische Zielsetzungen Lösungen zu finden, die „Verbesserungen“ bedeuten. Sie steht in Zusammenhang und in Differenz zu Begriffen wie Fortschritt und Entwicklung, Perfektibilität und Perfektionismus, Gedeihen und Nachhaltigkeit. Mit der Optimierung setzt sich die Idee einer auf individuellen und kollektiven Praktiken aufruhenden, im Prinzip unbegrenzten Steigerungs- und Entwicklungsfähigkeit (von Menschen, Institutionen, Gesellschaften etc.) durch. Zumindest indirekt betrifft Optimierung aber auch Fragen der Unverbesserlichkeit, des Scheiterns und der Verschlechterung.

Performativität: Für die Erziehungswissenschaft ergibt sich ein Spektrum von Ansätzen, die in unterschiedlicher Weise die modernen sozial- und kulturwissenschaftlichen Konzeptionen des Performativen beeinflusst haben: 1. die performative Sprechaktphilosophie John Austins (1911-1960), die Aussagen als Handlungen begreift (vgl. Austin 1972); 2. die Transformationsgrammatik Noam Chomskys mit ihrer Differenz von Performanz und Kompetenz (vgl. Chomsky 1980); 3. die Kultur- und Theatertheorien der *performance art;* 4. die Genderdiskussion, in deren Verlauf Judith Butler den Begriff der Performativität als rituelle Zitierung des Geschlechts einführt und schließlich 5. der Sonderforschungsbereich „Kulturen des Performativen“ (Freie Universität Berlin), in dessen Forschungen vor allem die Momente Körperlichkeit, Referentialität, Flüchtigkeit, Kreativität, Darstellung, Emergenz und rituelle Wiederholung untersucht wurden. Die performativen Vollzüge *setzen* Wirklichkeiten in ihrer Nichtwiederholbarkeit, in ihrem Ereignis- und Präsenzcharakter. Zugleich unterläuft diese Setzung die gängige Unterscheidung einer Subjekt-Objekt-Logik, indem sie betont, dass etwas *in* Szene setzen immer auch meint, *durch* etwas in Szene gesetzt zu werden.

Rationalität: In einer anthropologischen Perspektive bezeichnet der Begriff (von lat. *ratio*, Vernunft, Verstand, Grund) eine spezifische (Wesens-)Qualität des Menschen etwa im Unterschied zum Tier oder im Unterschied zwischen rationalen (vernünftigen Erwachsenen) und irrationalen Personen (Kinder, Wahnsinnige). Die Rationalität (Vernunft, Verstand, Klugheit, Intellektualität, Intelligenz) ist nicht nur ein wesentliches Merkmal des Humanen, sondern auch Erziehungsziel. Rationalität bedeutet, sein Leben nach vernünftigen Prinzipien zu gestalten, ihm eine erprobte Struktur zu geben, seine Möglichkeiten angemessen einzuschätzen und sich die entsprechenden Mittel (Techniken) zu verschaffen, um seine Ziele effektiv und effizient zu verfolgen. Rationalität soll in allen Bereichen menschlichen Lebens Gültigkeit beanspruchen; sie hat ihre nicht aufhebbaren Grenzen im Irrationalen – in Gefühlen, im Unbewussten oder in Krankheiten.

Raum: Seit der Antike zählt der Raum in seinen unterschiedlichen Auslegungen zur *conditio humana*, so dass die Rede vom Menschen als räumliches Wesen und die Relevanz des Menschen für den Raum eine anthropologische Tatsache markieren. Pädagogisch geht es dabei um Fragen, wie Menschen Räume erfahren und erleben, mit welchen Semantiken sie sie verstehen und interpretieren, welche Inszenierungs- und Handlungslogiken sie ermöglichen und mit welchen Imaginationen Räume aufgeladen werden sowie welche Erziehungs-, Bildungs- und Sozialisationsmöglichkeiten Menschen in spezifischen Räumen haben. Anthropologisch geht es um die Frage, welche deskriptiven und normativen Menschenbilder Räumen zugrunde liegen und welche sie implizieren. Raumvorstellungen und Menschenbilder variieren historisch und bedingen sich wechselseitig. Die Beziehung des Menschen zum Raum ist – auch in Zeiten virtueller Räume – wesentlich körperlicher Natur. Räume implizieren pädagogische Macht- bzw. Herrschaftsformen. Sie setzen Grenzen des Innen und Außen, die wiederum anthropologische und pädagogische Ein- und Ausschlüsse markieren.

Sozialität: Der Mensch ist, und darauf hat die Antike schon eindringlich hingewiesen, ein *zoon politikon*, ein soziales Wesen. Bezugstheoretiker*innen wie Martin Buber (1878-1965), Hannah Arendt (1906-1975), Emmanuel Lévinas (1906-1995), Axel Honneth, Michael Tomasello und Judith Butler haben dieser anthropologischen Grundposition in ihren Werken unterschiedlich Geltung verschafft: Menschen sind von Anfang an soziale Wesen, die auf die Fürsorge und Anerkennung Anderer fundamental angewiesen sind. Soziale Beziehungen, die nicht auf egoistische, agonistische, hegemoniale oder machtsüchtige Motive zielen, konzentrieren sich in diesem Sinne um die Begriffe der wechselseitigen Bindung, der Achtung und Wertschätzung, die konstitutiv für menschliches Zusammenleben sind. Denn gemeinschaftliche Bindungen der Verantwortung und der Liebe stabilisieren die Identität. Nur in ihnen lassen sich Selbstachtung, Selbstvertrauen und Sicherheit gewährleisten, die für ein gelungenes Leben zentral erscheinen.

Subjektivität: Allzu häufig herrscht in der Anthropologie, auch in der pädagogischen Anthropologie, ein starker subjektiver Zug. Überspitzt formuliert: Der Mensch erscheint als *solitaire* (Rousseau), als sich selbst setzendes Ich (Fichte), das, allein in diese Welt geworfen (Heidegger), einsam seinen Weg der Freiheit geht (Sartre), dabei die Anderen prinzipiell als Konkurrenten erlebt (Hobbes) und sich daher ein bestimmtes Image zulegt, um sein Gegenüber zu manipulieren (Goffman). Subjekte sind selbstbewusst, selbstbestimmungs- und ausdrucksfähig. Anthropologisch gilt aber auch: Subjekte sind von anderen Menschen abhängig, Diskursen und Machtkonstellation unterworfen und selbst, da vom Unbewussten beeinflusst, keine Damen und Herren „im eigenen Haus“ (Freud). Der Gedanke der Individualität und jeweiligen Andersartigkeit der Subjekte wird in der Pädagogik erst im 18. Jahrhundert bedeutsam; er wird vor allem im Neuhumanismus und in der Romantik bestimmendes Gedankengut der Erziehung. Anthropologisch gedacht steht hinter diesen Überlegungen die Figur eines singulären, völlig einzigartigen Wesens, dass sich zwar mit anderen Menschen vergleichen lässt, aber zugleich andersartig und unvergleichlich ist.

Transzendentalität: Der Begriff meint im Sinne von Immanuel Kant die Erkenntnisbedingungen der Möglichkeit von etwas (nicht zu verwechseln mit „Transzendenz" als Übersteigen möglicher Erfahrung). Mit dem Begriff transzendental erfasst er dasjenige, was dem individuellen Bewusstsein vorausliegt, dasjenige, was vor aller Erfahrung (d.h. *a priori*) Erfahrung erst (logisch) ermöglicht. „Ich nenne alle Erkenntnis *transzendental*, die sich nicht sowohl mit Gegenständen, sondern mit *unserer Erkenntnisart* von Gegenständen, *so fern diese* a priori *möglich sein soll*, überhaupt beschäftigt" (Kant 1781/1982, S. 63). So gilt: „Die Bedingungen a priori einer möglichen Erfahrung über sind zugleich Bedingungen der Möglichkeit der Gegenstände der Erfahrung" (Kant 1781/1982, S. 170). So zielt die transzendentale Anthropologie auf die Bedingungen der Möglichkeiten von Menschsein überhaupt, und das meint bei Kant den Selbstzweckcharakter, die Würde und die Vernunft des Menschen, die diesen zum Kategorischen Imperativ verpflichten. Die Bestimmung des Menschen liegt darin, frei zu sein, sich selbst Gesetze geben zu können. Ziel der Transzendentalanthropologie von Kant ist der Versuch der Bestimmung von Freiheit und der Bestimmung des Menschen als Zweck an sich.

Unbewusstes: „*Erstens*: Das Unbewusste, von dem hier die Rede ist, meint ein lebenspraktisches Verhalten, das, weil es in Reaktion auf Einwirkungen von außen entstanden ist, auch wieder nach außen abgeleitet werden muss. Die Reaktion auf den Eindruck und das Abreagieren gehören zusammen. Wird die Wendung nach draußen verhindert, so sinken die Erlebnisse als Verhaltensimpulse ins Unbewusste und werden von dort aus wirksam. [...] *Zweitens*: Bei den ‚Inhalten' des unbewussten Handelns, die aus Realszenen hervorgingen und ihre Abfuhr in realen oder erzählten Szenen verlangen, handelt es sich um Figuren *sozialen Zusammenspiels*, um Formeln sozialen Verhaltens. Die ins Unbewusste abgesunkenen ‚Szenen' sind ja eben dadurch ‚wirksam', dass sie ‚Lebensentwürfe', ‚Verhaltensentwürfe' sind, die den Umgang des Menschen mit der Realität ‚bestimmen'. Den Therapeuten [aber auch die Pädagog*innen; J.Z.] interessieren diese Szenen vordringlich deshalb, weil sie das Verhalten des Patienten aus dem Unbewussten regulieren. *Drittens*: Das Unbewusste ist sprachlos. Die ins Unbewusste abgesunkenen Erlebniskomplexe haben den Zusammenhang mit Sprache verloren – jenen Zusammenhang von Lebensentwürfen und Selbstbestimmung, Erinnerungsvermögen, Bewusstsein, der unser Verhalten für das Nachdenken zugänglich macht. [...] Erst dann, wenn die Sprachfiguren wieder mit den unbewussten Erlebniskomplexen, den Lebensentwürfen also, verbunden sind, kann der Mensch wieder über seine Erinnerung und Praxis verfügen" (Lorenzer 1984, S. 172-174).

Verletzbarkeit: Die Humangeschichte lässt sich als Geschichte der menschlichen Stärken, der Souveränität und Resilienz, der Kompetenzen und Ressourcen, der Selbstbestimmung und des Empowerment von Individuen schreiben. Sie lässt sich aber auch als eine Geschichte der Vulnerabilität verstehen, die bisher allerdings bestenfalls in Ansätzen vorliegt. Diese Geschichte zeigt ein anderes Menschenbild bzw. ein anderes Subjektverständnis, das nicht um Souveränität und *agency*, um Integrität, Autonomie und Authentizität zentriert ist, sondern um Antastbarkeit, Passivität, Fragilität, Angewiesenheit und Dezentriertheit. Eine solche Geschichte hätte wohl vor allem die konstitutive Verletzbarkeit des Leibes, die materiellen Schädigungen bzw. die fehlenden Ressourcen, die fundamentalen Demütigungen des Psychischen und auch die fehlenden sozialen und pädagogischen Anerkennungsverhältnisse zu erörtern.

Zeit: Die Forschungen zum Thema „Zeit" haben herausgearbeitet, dass das moderne Zeitreglement bis ins frühe Mittelalter zurückreicht, in dem in den Klöstern ein Erlernen und Internalisieren zweckmäßiger und nutzenorientierter Zeitvorstellungen einsetzte. Ausschlaggebend war dabei die seit dem späten Mittelalter stattfindende neue Einteilung zwischen privater und öffentlicher Zeit. Im Anschluss daran fanden weitere Differenzierungen in individuelle bzw. ontogenetische Zeitformen auf der einen und in generationale sowie phylogenetische Zeiten auf der anderen Seite statt. Und weiter ließe sich auch von einer entwicklungspsychologischen Eigenzeit im Gegensatz zu einem soziokulturellen Zeithorizont sprechen. Es galt und gilt die „objektiven" Begrenzungen einer zunächst natürlichen (Tages- und Nacht-) Zeit, dann der abstrakteren Uhrenzeit mit multiplen Zeitprozessen religiöser, kultureller, sozialer, ökonomischer Zeit ebenso zu koordinieren wie mit den Zeiten der am pädagogischen Prozess Beteiligten und den impliziten Zeitmodellen der Pädagogik selbst. Im Mittelpunkt steht dabei das Erlernen von sozialer Zeit, von temporalem theoretischem und praktischem Wissen (Pünktlichkeit, Konzentration, Planung), von Habitualisierungen und Traditionen, von allgemeingültigen zeitlichen Erwartungen sowie die zeitliche Organisation von Lehr-Lernprozessen.